과학에서 규범으로

이영환 · 김홍범 지음

율곡출판사

책을 내며

필자의 입장에서 늘 고민하는 문제는 자신이 쓰고 있는 책이 사람들에게 어떤 도움을 줄 수 있는가 하는 점이다. 아무도 관심 없어 하는 주제를 가지고 책을 쓴다는 것은 자해행위에 가깝다. 그럼에도 불구하고 필자가 이 책을 쓰게 된 동기는 우리 사회에서 침묵하고 있지만 의식 있는 사람들이 이 책의 내용에 공감하고 자신들과 같은 생각을 하고 있는 사람들이 있다는 사실에 위안을 얻기를 바라기 때문이다.

이 책은 우리와 다음 세대들의 풍요로운 미래를 위해서는 과학적 사고의 확산이 우리 사회에 꼭 필요하다는 인식을 공유하고 있는 경제학자와 화학자가 함께 쓴 것이다. 과학이 정신과 물질이라는 양면에서 인류에게 크게 기여했다는 점과 우리 사회에서는 과학이 물질적 번영에 기여한 것만 강조될 뿐 정신적 발전에 기여한 것은 소홀하게 다룬다는 점에 대해 오랫동안 공감하고 있었다. 그리고 인간이 자신에게 부여된 이성의 힘을 확인하고 복잡한 사회에서 살아가면서 지켜야 할 원칙과 기준을 확립하는 데 과학이 상당한 역할을 했다는 것에도 동감하고 있었기 때문에 전공이 다른 두 사람이 한 주제를 놓고 순조롭게 책을 쓸 수 있었다.

필자가 오래전에 들은 우화 가운데 천국과 지옥을 묘사한 이야기가 있다. 천국과 지옥에 있는 사람들은 모두 똑같은 조건에서 똑같이 긴 젓가락을 사용하고 있다. 한 가지 차이가 있다면 천국에서는 긴 젓가락을 이용해 서로에게 음식을 먹여주고 있지만 지옥에서는 자기만 먹으려고 욕심을 부리다가 긴 젓가락으로 인해 아무것도 먹지 못한다는 점이다. 오늘날 우리 사회에는 긴 젓가락과 풍족한 음식이 모두 마련되어 있다. 이제부터 우리가 어떻게 행동하는가에 따라 우리 사회는 천국이 될 수도 있고 지옥이 될 수도 있다. 여기서 천국은 누구나 자신이 원하는 행복을 추구할 수 있는 사회로, 지옥은 모든 사람들이 탐욕의 덫에 빠져 서로를 불행하게 만드는 사회로 해석하면 될 것이다. 양식 있는 사람들이라면 누구나 자신의 행복을 추구할 수 있는 사회를 원할 것이다.

사실 이것은 의식 있는 많은 사람들이 어느 정도 공감하고 있는 문제이다. 그러나 복잡하게 얽혀 있는 현실의 이해관계로 인해 어느 누구도 보편적으로 인정받을 수 있는 해결책을 제시하지 못하고 있다. 오히려 우리 사회에서는 우리의 전통적인 가치가 무시되고 서구의 가치가 무분별하게 도입됨으로써 우리 사회의 많은 사람들이 사고와 행동의 기준을 잃고 방황하고 있으며 이로 인해 갈등이 확대되고 소모적인 논쟁만 난무하고 있다. 물질만능주의, 외모지상주의, 양극화에 따른 갈등, 청년백수들의 고민, 방향을 상실한 교육열, 특권의식의 확대, 비전을 제시 못하는 정치 등 우리 사회를 불안정하게 만드는 다양한 사회현상들이 우리 주변을 가득 메우고 있다.

우리는 이러한 미궁에 빠져 있는 현실을 타개할 수 있는 해결책을 건전한 사회규범의 확립에서 찾으려고 한다. 그래서 우리 사회에서 누구나 공감할 수 있는 사고와 행동의 기준을 과학적 사고를 기반으로 구성해보려고 시도했다. 우리의 시도가 우리 사회의 선진화에 조그만 초석이 되었으면 하는 바람이다.

이 책을 쓰기 시작했을 때 주변의 지인들은 모두 만류했다. 사회규범이라는 단어 자체만으로도 우리 사회구성원들에게는 거부감이 크다는 것이 주된 이유였다. 그렇지만 우리 사회가 선진사회로 진입하기 위해서는 누군가 한번은 다루어야 하는 주제라고 생각해서 이 책을 세상에 내놓게 되었다. 사회규범은 우리가 노래를 부를 때 지켜야 하는 음정과 박자와 같은 것이다. 사회규범을 통해 우리 사회의 조화와 균형을 달성할 수 있다는 점과 서로 지키면 지킬수록 그 효과가 눈덩이처럼 점점 더 커져서 그 혜택이 사회구성원 모두에게 골고루 돌아갈 수 있다는 점을 알리고 싶었다. 막상 탈고하고 나니 무거운 짐을 내려놓은 기분이지만 다른 한편으로는 원래 의도했던 바를 제대로 전달했는지 마음이 무거워진다. 이제 모든 것은 독자들의 판단에 맡기고자 한다.

이 책의 미흡한 초고가 완성되었을 때 끝까지 읽고 소중한 충고를 아끼지 않았던 같은 대학의 여인형 교수와 김종일 교수에게 감사의 말을 전한다. 그리고 젊은이의 관점에서 이 책의 원고를 읽고 좋은 의견을 제시해준 제자 김왕식 군에게도 감사의 말을 전하고 싶다. 끝으로 어려운 출판 여건 속에서도 흔쾌히 출간을 허락해주신 율곡출판사의 박기남 사장님, 편집을 맡아 최선을 다해준 방조일 주간과 신재혁 과장에게도 감사의 말을 전하고 싶다.

2011년 5월

남산을 바라보며

이영환 · 김홍범

차 례

4장 과학적 사고의 응용

5장 과학과 사회규범

6장 미래와 사회규범

1장

과학, 인간 그리고 규범

| 과학과 규범은 양립할 수 있을까? | 과학에 대한 오해와 편견

| 인류역사에서 과학의 위치 | 과학이 인류에게 기여한 것

개인적 다양성은 정신적, 물질적 풍요의 원천이기도 하지만 여러 가지 갈등을 초래하기도 한다. 우리가 사회공동체를 유지 · 발전시키기 위해서는 다양한 갈등을 감당할 수 있는 범위 내에서 억제하고 조절해야 한다. 과학은 우리에게 물질적 풍요를 가져다주었다. 그런데 현재 우리가 누리고 있는 물질적 풍요가 다수의 선량한 사회구성원들에게 행복을 약속하고 우리 후손들에게 더 나은 미래를 보장해줄지 의문이다. 건전한 사회를 유지하려면 지식과 믿음, 이성과 감성의 적절한 조화가 이루어지는 가운데 신뢰와 공유의 정신에 바탕을 둔 사회규범이 필요하다. 과학적 사고는 이러한 사회규범이 우리 사회에 정착하는 데 불가결한 요소이다. 과학발전이 우리 사회에 물질적 풍요를 가져다주었고 자유의 확대에 기여한 것이 사실이지만 과학적 사고가 우리 생활 가운데 깊이 뿌리내리지 못한 것은 안타까운 일이다.

과학과 규범은 양립할 수 있을까?

인간은 선천적인 본성nature과 후천적인 양육nurture의 차이 때문에 서로 다를 수밖에 없다. 이것은 과거에도 그랬고 앞으로도 그럴 것이다. 자연을 형성하는 기본단위인 원자는 모두 같은 반면 사회를 구성하는 기본단위인 인간은 모두 다르다. 이러한 면에서 자연(물질세계)과 사회(인간세계)는 근본적으로 다르다. 그럼에도 불구하고 자연현상과 사회현상에는 일정 부분 공통점이 있다. 이것이 여기서 논의할 주제의 배경이다.

사회적 관점에서 볼 때 인간의 다양성은 긍정적인 면과 부정적인 면을 가지고 있다. 서로 다르기 때문에 개개인의 능력에 따라 역할을 분담할 수 있으며 다른 사람과의 교역을 통해 자신에게 부족한 것을 보충할 수 있는 것은 긍정적인 면이다. 여기서 교역은 상품의 교환을 포함해 사람들 간 대화와 소통을 통한 정신적, 정서적 교류까지 포함하는 것으로 보면 된다. 반면 다른 사람을 제대로 이해할 수 없기 때문에 사람들 간의 관계에서 여러 가지 갈등이 발생하는 것은 부정적인 면이다. 생로병사라는 피할 수 없는 원초적인 고통을 제외한다면 살면서 우리가 겪는 대부분의 고통은 사람들 간의 관계에서 비롯된다. 이러한 관계에는 부모 · 자식관계, 이성관계, 친구관계, 직장상사나 부하 및 동료와의 관계 등 우리가 일상적으로 부딪히는 모든 관계가 포함된다. 이와 같이 다양한 사람들이 모여 만든 사회는 우리에게 즐거움과 고통을 동시에 제공하는 관계장關係場이다.[1] 이 가운데 우리 모두가 원하는 것은 행복한 삶을 살아갈 수 있는 사회이다.

인간은 홀로 살아갈 수 없는 사회적 동물이다. 우리는 역사적 경험을 통해 함께 모여 공동체를 이루고 서로 협력하면서 살아가는 것이 자신의 생존과 자손의 번영에 필수적이라는 사실을 알게 되었다. 이것을 깨닫게 될 때까지 적지 않은 시간이 걸렸다. 인류역사의 초기에 사람들은 홀로 살면서 모든 문제를 해결해야 했다. 이러한 자급자족시대에 모든 책임은 자신에게 있기 때문에 다른 사람을 비난하거나 원망할 수 없었지만 사회공동체를 형성하면서부터 상황이 달라졌다. 사람들 간에 수평적 또는 수직적 관계가 형성되었고, 이로 인해 끊임없이 갈등과 불협화음이 발생했다. 이러한

1 여기서 장(field)이란 중력이 물체에 영향을 미치는 공간을 중력장이라 하고, 전자기파가 전달되는 공간을 전자기장이라 할 때와 같은 의미이다. 전혀 모르는 사람들 간에는 아무런 교류가 일어나지 않는다. 그렇지만 사람들 간에 관계가 형성되면 이로 인해 서로 영향을 미치게 된다. 그리고 그 영향력은 상호 관계의 강도(强度)와 애증(愛憎)의 크기에 따라 달라진다. 이러한 면에서 사람들 간에 어떤 관계장이 형성되어 있는지 여부가 중요하다.

경향은 공동체가 커지고 복잡해지면서 더욱 악화되었다. 인류역사 이래 수많은 크고 작은 전쟁이 이것을 입증하고 있다.

국가 간의 전쟁이나 내란으로까지 발전하지는 않더라도 공동체를 형성해 살아가면서 사람들 간의 관계에서 발생하는 여러 가지 갈등으로 인해 삶이 불편해지고 불행해지는 경험을 피하기 어려운 것이 우리 현실이다. 우리가 공동체를 유지하는 한 이러한 갈등을 피할 수 없다. 그렇지만 어떤 경우에도 우리가 감당할 수 있는 범위 안으로 갈등을 억제해야 할 것이다. 사회적 갈등 해소는 물론이고 사회의 융성을 위한 필수조건으로서 모든 문명사회는 그 사회에 적합한 사회규범social norms을 가지고 있었다. 사회구성원들의 동의와 지지를 얻은 사회규범은 사회발전에 크게 기여했는데 그 대표적인 사례를 현재의 서구나 일본 등에서 찾아볼 수 있다.

상식 있는 사람이라면 사회규범이 무엇을 의미하는지 대강 알고 있을 것이다. 일반적으로 사회규범은 사회구성원들이 사회생활을 하면서 지켜야 하는 준칙準則인 관습, 도덕 및 법 규범을 총칭한다. 이 가운데 관습과 도덕에 기반을 둔 규범이 여기서 말하는 사회규범을 구성한다. 그리고 건전한 사회규범의 덕목에는 무엇이 포함되어야 하는지도 알고 있을 것이다. 우리가 교과서에서 배웠던 "거짓말을 하지 마라", "서로 신뢰하고 협력하라", "약자를 배려하라", "자신의 권한을 남용하지 말고 절제하라", "다른 사람의 사생활을 침해하지 마라", "매사에 공정하게 행동하라"는 것들이 건전한 사회규범을 구성하는 주요한 덕목이라는 데 이의를 제기할 사람은 없을 것이다. 여기서 사람들은 묵시적으로 우리 사회에 어떤 사회규범이 필요한지 잘 알고 있다고 가정한다. 따라서 "건전한 사회규범은 무엇인가?"에 대해 논의하는 것이 이 책의 주제가 아니다. 필자의 관심사는 "어떻게 하면 우리 사회에 건전한 사회규범을 정착시킬 수 있는가?"에 있다.

필자가 어렸을 때 재미있게 읽은 이야기 가운데 덴마크의 작가 안데르센H. Andersen이 쓴 「벌거벗은 임금님」이란 우화[2]가 있다. 이 우화는 두 명의 사기꾼이 왕에게 비단과 금으로 만든 옷을 만들어 바치겠다고 제안하면서 시작된다. 그리고 자신들이 만드는 옷은 너무 섬세하기 때문에 오직 현명한 사람에게만 보인다고 강조한다. 드디어 옷이 완성되어 왕이 옷을 입으려는데 자신의 눈에는 옷이 보이지 않았다. 그렇지만 주위의 신하들 모두 옷이 훌륭하다고 칭찬하자 왕 자신도 신하들에게 어리석게 보이기 싫어 옷을 입은 것처럼 행동하게 된다. 왕이 새 옷을 입고 행진을 하자 주변에 모인 많은 사람들 또한 어리석게 보이기 싫어 왕의 새 옷에 대해 찬사를 아끼지 않았다. 그런데 군중 가운데 있던 한 순진한 아이가 갑자기 왕이 벌거벗었다는 사실을 지적하자 그때서야 비로소 모든 사람들이 왕이 벌거벗었다는 사실을 인정하게 되었다.

---

2 이 우화의 원제는 "The emperor's new clothes"이다. 영어 제목은 새 옷을 강조하고 이와 대조적으로 우리말 번역은 벌거벗었다는 점을 강조한다. 이렇게 대비해 보니 서구 사람들과 우리나라 사람들의 사고방식의 차이가 드러나는 것 같다.

자신들이 만든 옷은 현명한 사람에게만 보인다는 사기꾼의 주장을 사람들이 맹목적으로 받아들였다는 점이 이 우화의 핵심이다. 실제로 어리석기 때문에 이 사실을 감추기 위해서 옷이 보이는 것처럼 행동한 사람이 있었을 것이다. 그런데 문제는 왕의 옷이 보이지 않는다는 것을 알고 있는 현명한 사람들조차도 다른 사람들이 자신을 어리석게 보는 것이 두려워서 또는 이러한 상황을 이용해 개인적인 이익을 얻기 위해서 옷이 보이는 것처럼 행동했다는 사실이다.[3] 필자는 어렸을 적에 그저 재미있는 이야기 정도로 이해했지만 지금 생각해보니 이 우화는 필자가 이 책에서 주장하고 싶은 중요한 의미(거짓 옷, 사기꾼, 진실을 외면하는 사람들, 그리고 순수한 마음을 가진 어린 아이)를 상징적으로 묘사하고 있다. 오늘날 우리 사회가 겪고 있는 사회규범의 왜곡이나 훼손의 정도는 이 우화와 비슷한 상황이 아닌가 하는 생각이 든다.

이제 이 우화의 관점에서 우리 사회를 생각해보자. 사기꾼들이 만들어낸 존재하지 않는 거짓 옷과 같은 배금주의, 성공 지상주의 그리고 외모만 중시하는 사회풍토 등의 거짓된 가치관들이 마치 사회의 주류를 이루는 생각인 것처럼 마음이 여린 사람들이나 어

---

3 이 우화에 등장하는 사람들의 태도를 몇 가지로 분류할 수 있다. 첫째는 진짜 어리석은 사람들, 둘째는 옷이 거짓인 것은 알지만 남들 눈에 어리석게 보이지 않으려는 사람들, 셋째는 옷이 거짓인 것을 알고 이것을 이용해 사리사욕을 채우려는 사람들, 넷째는 옷이 거짓인 줄 알지만 굳이 이 사실을 외면하는 사람들이다. 이와 같이 사회에는 하나의 진실을 놓고도 여러 가지 태도를 가진 사람들이 공존하게 된다. 만약 건전한 사회규범이 확립되어 있다면 이와 같이 분열되지는 않을 것이다.

리석은 사람들을 현혹시키고 있다. 이미 수천 년 인류역사에서 수많은 지성인들(성인, 철학자, 종교인, 문학가)은 이러한 것들이 인생을 풍요롭게 할 수 없다는 사실을 수없이 얘기했지만 유독 우리 사회에서는 이러한 소중한 교훈들이 모두 교과서적 지식이라고 매도되고 있는 실정이다. 우리는 이러한 현실을 어떻게 받아들여야 할 것인가? 우리 사회가 진정 바람직한 방향으로 가고 있는지 의문을 떨칠 수 없다.

과거 교과서에 쓰인 정신을 지키면서 살았던 조상들이 물려준 소중한 정신적 가치보다는 과시적인 물질적 풍요에 현혹되어 사회에 불만을 토로하거나 더 나아가 부모를 비난하는 자식을 꾸짖지 못할 정도로 사회가 혼란스럽다면 우리의 사회규범에는 분명 커다란 문제가 있는 것이다. 우리가 지향해야 하고 자식들이 살아갈 미래 사회에서는 분명히 교과서대로 살아가려고 노력하는 사람들이 다수이고 또한 그런 노력을 자랑스러워하는 풍토가 조성되어야 한다. 이러한 사회가 되기 위해서는 무엇보다도 거짓과 위선을 통해 이익을 얻으려는 사기꾼들이 사라져야 하며 왜곡된 현실을 알면서도 외면하던 사람들이 스스로 반성할 줄 알아야 한다. 이제 이것을 어떻게 실현할 수 있는지 논의할 단계가 되었다.

인류역사에서 사회를 지탱해온 두 개의 큰 축은 지식과 믿음이었다.[4] 여기서 지식은 이성적 사고를 통해 다양한 자연현상을 분석

4 필자는 전부터 인간에게는 과학적 지식 못지않게 믿음도 중요하다고 생각해왔다.

하고 해석하여 얻은 지적 결과물을 말한다. 반면 믿음은 이성적으로는 이해할 수 없는 자연현상에 대해 직관이나 감성에 기초해 형성한 신념 또는 고정관념을 말한다. 이러한 의미에서 시대와 지역에 따라 지식의 수준과 내용, 그리고 믿음의 종류와 강도強度에 차이가 있었지만 이 두 가지는 늘 공존해왔다.

인류역사 초기에는 지식이 풍부하지도 않았으며 보편적으로 공유되지도 못했다. 물론 고대의 뛰어난 문명이었던 수메르 문명, 이집트 문명 등에서 발견할 수 있는 지식의 수준은 결코 무시할 수 없는 것이었다.[5] 그렇지만 그것은 특정 계층에 국한되었던 지식이라는 한계가 있었다. 따라서 인류역사 초기에 사회를 지탱해온 중

인간도 하나의 생명체로서 자연법칙에 따라 태어나면 반드시 죽어야 하는 유한한 존재이고, 나아가 주변에서 일어나는 모든 일들을 과학적으로 다 이해할 수 없다는 한계 때문에 어떤 초월적인 존재에 대한 믿음을 형성하게 된다. 그리고 이러한 믿음은 자연스럽게 사회구성원들이 공유하게 되면서 엄청난 영향력을 행사하게 된다. 이러한 의미에서 믿음도 인간과 사회에 불가피한 요소이다. 그런데 최근 레베카 코스타(Rebecca Costa)는 자신의 저서 『지금, 경계선에서』(장세현 옮김, 쌤앤파커스, 2011)에서 과거 위대한 문명들의 공통적인 몰락 원인을 설명하는 과정에서 지식과 믿음의 균형을 강조하고 있다. 코스타의 주장은 인간이 지식을 포기하고 맹목적인 믿음에 의존할 때 문명의 파멸을 초래했다는 것이다. 물론 코스타의 논지가 이와 같이 단순하지는 않지만 지식과 믿음의 불균형에서 과거 문명의 몰락과 오늘날 우리가 당면한 문제의 본질을 찾으려는 시도 자체는 매우 흥미롭다.

5 이러한 이유로 수메르 문명과 이집트 문명을 세운 주체는 외계인이거나 전설의 국가인 아틀란티스가 대홍수로 멸망할 때 살아남은 지식인들이라는 근거를 알 수 없는 주장들이 등장했던 것이다. 그만큼 이들 문명의 수준은 당시의 보편적인 지적 수준을 훨씬 능가하는 것이었다. 필자는 고대의 찬란했던 문명 시대라 할지라도 일반인들의 지식수준은 높지 않았다고 생각한다.

추는 신화나 주술 및 종교 등으로 대표되는 믿음이었다. 이것이 절정에 이르렀던 시대가 바로 중세였다.

인쇄술의 발달로 지식이 널리 공유되기 시작하면서 이성적 사고가 점점 보편화되기 시작했고 여기에 가속도를 붙인 것이 바로 르네상스 운동이었다. 이로부터 근대적 합리주의가 태동했으며 과학 발전이 촉진되었다. 그 후 경제발전이 이루어지면서 지식의 중요성이 더욱 강조되었다. 그 결과 믿음보다는 상대적으로 지식이 사회를 지탱하는 중추적인 역할을 하게 되었다. 물론 오늘날에도 일부 국가에서는 지식보다도 믿음이 사회를 유지하는 데 더 중추적인 역할을 하고 있다. 이러한 의미에서는 오늘의 사회가 과거의 사회보다 더 다양하다고 볼 수 있다.

사회는 개인들이 모여 만든 공동체이다. 그렇지만 부분의 합이 전체가 아닌 것처럼 사회는 단순히 개인들의 합이 아니다. 그 이유는 공동체에서는 사람들 간에 다양한 관계들이 형성되는데 이들 간의 상호작용으로 인해 어떤 결과가 발생할지 예측하기 어렵기 때문이다. 요즈음 용어로 표현하자면 오늘날 사회는 하나의 복잡계complex system이다. 그렇다고 해서 이것이 사회적으로는 개인의 이성과 감성이 별다른 의미를 갖지 못한다는 것을 의미하지는 않는다. 단지, 복잡한 사회현상을 이해하는 데는 사회적 이성이나 사회적 감성이라는 용어가 더 적합하다고 생각한다. 여기서 사회적 이성은 사회의 전반적인 의식수준을 대변하는 것으로, 사회적 감성은 한 사회의 집단정서를 대변하는 것으로 이해하면 된다.

필자는 건전한 사회를 만들기 위해서는 지식과 믿음, 이 두 가지의 적절한 조화가 절실하다는 사실을 강조하고 싶다. 이것은 곧 이성과 감성의 적절한 조화를 의미한다. 여기서 말하는 지식은 자신의 이익만을 생각하는 사이비 지식이 아니라 객관적이고 투명한 과학적 지식이다. 그리고 믿음은 특정 종교에 기반을 둔 신앙이 아니라 오랜 세월 동안 형성된 관습과 전통에 의해 확립된 고정관념 또는 사회정서를 말한다. 다행스럽게도 지식에 관해서는 사회적으로 합의된 기준이 있어서 초등학교, 중 · 고등학교 그리고 대학교에서 가르치고 있다. 그런데 믿음과 관련해서는 이러한 기준이 존재하지 않는다. 사람들은 자신의 경험과 자신이 속한 집단의 관습과 이해관계에 따라 자기 나름대로의 믿음을 형성하는 경향이 있다. 그 결과 서로 수용하기 어려운 파편화된 믿음이 사회에 만연하게 되면 커다란 부작용을 초래하게 된다. 우리가 경험하고 있는 지역감정이나 학벌 등이 대표적인 예이다.

지식이 요구되는 경우에 믿음을 강요한다든가, 믿음이 필요한 상황에 지식을 강조하는 것은 이들 간의 적절한 조화를 훼손하는 일이다. 예를 들어 맹장염에 걸린 사람에게는 신속한 수술이 필요한 것이지 낳게 해날라고 기도하거나 굿을 하는 것은 바람직하지 않다. 반면 임종을 앞 둔 사람에게는 편안한 마음으로 생을 마감할 수 있도록 도와주는 것이 바람직하지 사후 세계에 대한 논리적 분석이 필요한 것이 아니다. 만약 이러한 혼동이 사회 전반에 걸쳐 만연한다면 사회는 엄청난 혼란에 빠지게 되며 극단적인 경우에는 해체될 수도 있다. 따라서 사회구성원들이 행복한 삶을 누리기 위해서는 지식과 믿음을 적절하게 통제하고 조절할 수 있는 다른 무엇이 필요하다. 필자는 이것이 바로 누구나 수용할 수 있는 건전한 사회규범이라고 생각한다.

건전한 사회규범은 특정인이 결정해 사회구성원들에게 강요할 수 있는 대상이 아니다. 이것은 사회구성원들이 오랜 시간 동안 일정한 가치를 공유하는 가운데 자생적으로 생겨나는 질서의 일부이다. 그런데 이와 같이 사회규범이 형성되는 과정에는 우리가 가지고 있는 지식과 믿음이라는 두 가지 요소가 반영된다. 시대와 지역에 따라 지식이 우세한 가운데 사회규범이 형성된 경우도 있었고 그 반대의 경우도 있었다. 전자의 경우가 극단으로 흐르면 계몽주의적 관점에서 이상적인 사회를 설계할 수 있다는 독선에 빠질 위험이 존재한다. 한때 전체주의나 공산주의가 득세할 수 있었던 것이 이러한 대표적인 사례이다. 후자의 경우 특정 집단의 믿음만이 옳다는 착각에 빠져 광기狂氣가 사회를 지배하게 된다. 유태인 학살이나 마녀사냥 같은 비극적인 사건은 이러한 대표적인 사례이다.

「벌거벗은 임금님」 우화에서 어린 아이는 있는 그대로 자신이 본 것을 얘기해 거짓을 밝힘으로써, 사람들의 맹목적인 믿음을 깰 수 있었다. 수많은 사람들이 똑같은 사실(벌거벗은 임금님)을 보았어도 이 사실이 각자의 생각과 의도에 따라서 얼마든지 왜곡될 수 있다. 과학은 바로 우화 속의 어린 아이와 같이 관찰된 사실을 거짓 없이 밝히는 것을 기본으로 한다. 특히 자연과학은 사람의 마음이 만들어낼 수 있는 왜곡을 최대한 배제하면서 누구나 수긍할 수 있는 참지식을 추구해왔다. 참지식이란 자연현상과 우리 자신에 대한 객관적인 이해에 도움을 주는 일체의 지적 산물을 말한다. 이러한 의미에서 참지식은 곧 과학적 지식을 의미한다. 우리가 야만의 단계를 극복하고 인간성을 회복하는 데 과학적 지식이 획기적으로 기여했다.

필자는 이러한 과학적 지식의 축적방법과 원리가 우리 사회에 보편적으로 적용할 수 있는 사회규범을 재확립하는 데 유용한 기준을 제공할 수 있다고 믿는다. 사회규범에 포함되어야 할 가치의 핵심은 사회구성원이라면 누구든 수용할 수 있는 약속 내지는 준칙이어야 한다는 것이다. 일부만이 지키는 준칙은 사회규범이 될 수 없다. 이것은 과학의 표준화와 재현성의 관점에서 볼 때 명백한 사실이다. 사회구성원들의 다양성 가운데 특히 세대 간의 격차는 어느 사회에서도 쉽게 해결되기 어려운 문제이다. 이러한 세대 간의 격차는 과학의 포용성으로부터 해결방안을 얻을 수 있다. 건전한 사회규범은 이것을 준수하는 사람들에게 다른 사람의 행동을 예측할 수 있게 해주어야 한다. 그러면 이를 바탕으로 사람들은 합리적인 계획을 세울 수 있다. 그렇지 않은 경우 사람들은 불확실성에 직면하게 되는데, 이것은 개인과 사회 모두 피하고 싶어 하는 상황이다. 다른 사람들의 행동을 예측할 수 있는 경우 사회가 얻을 수 있는 혜택을 가장 잘 보여주는 사례는 바로 과학이 제공하는 예측력을 이용해 우리가 이룩한 놀라운 발전이다.

궁극적으로 사회규범이 잘 지켜지기 위해서는 사회 전반에 신뢰가 형성되어 있어야 한다. 우리 사회에서 신뢰를 회복하고 널리 확대시키는 방법으로 과학이 급속하게 발전하는 계기를 마련해준 공유정신을 확대 · 적용할 수 있다. 인류역사와 비교해볼 때 아주 짧은 기간에 해당하는 지난 100여 년 동안 우리가 생존을 위해 어쩔 수 없이 무시했거나 왜곡시켰던 사회규범을 원래의 모습으로 돌려놓는 노력을 해야 할 시기가 왔다. 필자는 이 책을 통해서 이러한 시도를 하려고 한다.

과학에 대한 오해와 편견

과학을 의미하는 영어 단어 science는 지식을 의미하는 라틴어 scientia에서 유래했다. 오늘날 과학은 단순히 지식을 의미하지는 않는다. 보통 과학은 '검증 가능한 방법을 이용해 얻어진 반증 할 수 있는 지식의 체계'를 말한다. 이러한 의미에서 과학은 참지식의 체계라 할 수 있다. 여기서 '참' 지식을 강조하는 이유는 사이비 지식과 구분하기 위해서이다.[6] 이러한 의미에서 과학은 전통적으로 자연과학을 의미한다. 오늘날 사회과학도 과학의 한 분야로 정착했으므로 과학이라는 용어를 사용하더라도 큰 무리는 없다. 그렇지만 이 책은 기본적으로 자연과학의 전통에 입각해 과학의 여러 측면을 다룰 것이다.

사람들은 일상생활에서 과학과 상반되는 것으로 '미신'을 떠올린다. 어느 정도 교육을 받은 지식인들조차 과학은 물질을 다루고

6 이 책에는 과학적 지식이라는 용어가 자주 등장한다. 과학의 어원을 지식이라 할 때 과학적 지식은 지식다운 지식, 즉 참지식을 의미하는 것으로 이해하기 바란다.

미신은 정신을 다루기 때문에 이 두 분야는 양 극단을 대표한다고 생각한다. 그러나 이것은 정확한 구분이 아니다. 과학이 반드시 물질만을 다루는 것은 아니며 미신이 반드시 정신세계에 국한되는 것은 아니다. 오히려 과학과 상반되는 것으로는 반과학anti-science이나 사이비 과학pseudo-science을 들 수 있다.[7] 이들은 전통적인 과학의 한계를 강조하고, 이를 극복한다는 명분을 내세웠지만 결과적으로는 과학의 기본 정신을 부인하고 있는 실정이다. 진실은 영원하지만 거짓은 결코 그럴 수 없는 것처럼 이들의 한계가 속속 드러나고 있다.

우리 사회가 서구로부터 과학을 받아들이는 과정에서 과학의 중요성을 강조하게 된 것은 주로 미신과의 비교를 통해서였다. 이러한 의미에서 이제부터 과학을 제대로 이해할 필요가 있다. 우리는 일반적으로 미신보다는 과학이 낫다고 배워왔지만 과연 그 차이점을 잘 알고 있는지 의문스럽다. 미신은 보통 앞일을 예측하거나 복을 빌 때 또는 액운을 막고자 할 때 믿는 경향이 있다. 사람들은 자신의 미래가 불확실하고 불안할 때 미신을 믿음으로써 심리적 안정을 얻으려 한다. 점을 친다든가, 무당을 불러 굿을 하는 것이 그

7 여기서 반과학은 과학에 의한 해석과 예측 가운데 일부는 사실로 인정하지만, 한계가 명백하기 때문에 그 한계를 넘어서게 되면 과학은 신뢰할 수 없다고 보는 입장을 말한다. 이에 해당하는 것으로는 신과학, 창조과학 등을 들 수 있다. 사이비 과학은 과학의 외양을 갖추고는 있지만 결코 과학적이라 할 수 없는 입장을 말한다. 이에 해당하는 것으로는 지적 설계론을 들 수 있다. 어떻게 불리든 과학의 기본 정신을 왜곡한다는 점에서는 다를 바가 없다.

런 예이다. 사이비 종교에 빠지는 것도 마찬가지이다. 이 모두가 사람의 무지와 불안한 마음을 이용해 부당 이익을 추구한다는 점에서 차이가 없다.

현재 의학계에서는 이러한 심리적 안정이 치료 효과가 있을 뿐만 아니라 우리들의 몸과 마음에도 상당한 영향을 미친다는 사실을 받아들이고 있다. 이른바 위약효과placebo effect를 인정한다. 물론 맹장 수술을 해야 하는 환자의 경우라면 당연히 병원에 가야지 무당을 찾아 가서는 안 된다. 우리는 이러한 경우 무엇이 바람직한지 분명히 판단할 수 있다. 그렇지만 말기 암 환자가 마지막으로 굿을 한번 해보고 싶다고 했을 때 이것은 과학적이 아니니까 안 된다고 말하는 것이 타당한지 생각해볼 문제이다. 예를 들면 예방접종을 통해서 병에 걸리지 않는 데는 예방약의 병리적 효과뿐만 아니라 예방 주사를 맞았으니 걱정할 필요가 없다는 심리적 안정도 적지 않게 기여한다는 사실을 생각해보라. 이와 같이 사람에게는 과학이 제공하는 지식만이 아니라 마음을 안정시키는 믿음도 중요하다.

그동안 우리 사회에서는 과학이 지식을 통해서만 인간과 사회에 기여해온 것으로 인식되어 왔다. 그리고 우리는 과학이 가져다 준 물질적인 풍요에 도취되어 과학에 내해 맹목적 믿음을 형성함으로써 새로운 미신을 받아들인 것은 아니었는지 생각해봐야 한다. 과학을 맹목적으로 신봉하는 것은 또 다른 미신을 믿는 것과 다를 바 없기 때문이다. 이러한 의미에서 우리는 위대한 물리학자 아인슈타인A. Einstein이 "종교 없는 과학은 절름발이이다. 과학 없는 종교는 장님이다"라고 한 말을 음미해볼 필요가 있다.[8]

또한 우리는 물질적 풍요에 도취되어 유교사상이 지배했던 과거의 우리 사회를 폄하貶下하고 우리 조상들과는 비교도 안 되는 첨단사회에 살고 있다는 자만에 빠져 있는 것은 아닌지 생각해보아야 할 것이다. 필자가 우려하는 것은 우리나 우리 후손들이 정신적으로는 별로 진보하지 않은 사회에서 살면서 감각적으로 느끼는 물질적인 풍요에 중독되어 자신들이 과거 조상들보다 훨씬 더 나은 정신세계에서 살고 있다고 착각하고 있지 않은가 하는 점이다.

이러한 관점에서 영국의 저명한 종교학자 암스트롱K. Armstrong이 독일 철학자 야스퍼스K. Jaspers의 말을 인용해 기원전 900년부터 기원전 200년까지를 '축의 시대'Axial age라 불렀다는 것은 의미심장하다. 이 시대에 세계의 네 지역, 그리스, 이스라엘, 중국, 인도에서 인류의 위대한 정신적 전통이 탄생했으며 그 후 우리는

---

8 아인슈타인이 어떤 상황에서 이 말을 했는지는 모르겠지만 말년에 한 것으로 알려져 있다. 원문은 "Science without religion is lame. Religion without science is blind"이다. 여기서 그의 말을 인용한 이유는 과학은 지식을 대변하고 종교는 믿음을 대변하기 때문이다. 일부 사람들은 아인슈타인의 말을 특정 종교와 신을 신봉하는 증거로 해석하기도 하지만 필자의 생각은 그렇지 않다. 평생 과학적 진리를 추구해온 위대한 천재로서 과학적 지식만으로는 이해할 수 없는 그 무엇의 신비로움을 이와 같이 표현한 것이라 생각한다. 이러한 의미에서 아인슈타인도 지식과 믿음의 조화를 인정했다고 할 수 있다.

이 시대의 영적 수준을 넘지 못하고 있다고 한다.[9] 필자도 암스트롱의 지적에 동감한다. 현재 우리의 정신적, 영적 수준은 결코 축의 시대를 넘지 못하고 있다. 아니 오히려 그 시대에 훨씬 미치지 못하고 있다는 것이 더 정확한 표현일 것이다. 우리는 과학기술의 발전에 도취되어 이 명백한 사실을 인식하지 못하고 있을 뿐이다. 이러한 이유로 현재 우리가 역사상 유래 없는 물질적 풍요를 누리고 있지만 과연 이것이 대다수 선량한 사회구성원들의 행복과 번영을 약속하고 있는지, 다음 세대는 우리보다 더 나은 사회에서 살게 될 것인지에 대한 의문을 떨칠 수 없다.

최근 200여 년에 걸쳐 과학이 급속하게 발전함으로써 인류에게 제공한 가장 큰 선물은 생명을 연장시켜 준 것이다. 1856년 당시 부가가치가 매우 높은 물질이었던 염료의 합성과 대량생산법이 영국의 과학자인 퍼킨W.H. Perkin에 의해서 개발되면서 자연에서 얻던 물질을 인위적으로 만들어낼 수 있는 길이 열렸다. 그리고 우연한 계기로 염료에 사용되던 유기화합물들이 사람들의 통증완화를

9 카렌 암스트롱(Karen Armstrong)은 자신의 저서 『축의 시대』(정영목 옮김, 교양인, 2010)에서 이 시대에 중국에서는 유교와 도교, 인도에서는 힌두교와 불교, 이스라엘에서는 유일신교, 그리스에서는 철학적 합리주의가 탄생했다는 점을 강조한다. 붓다, 소크라테스, 예레미야, 공자, 맹자 등이 이 시대 정신적 발전의 핵심 인물들이다. 그녀의 지적이 아니더라도 오늘을 살고 있는 우리가 과거의 사람들보다 정신적으로 높은 수준에 있다고 확신할 수 없다. 여러 가지 문명의 이기(利器)를 이용한다는 점에서는 물질적으로 우월한 입장에 있지만 인간의 본성에 대한 통찰 면에서는 결코 그들을 능가한다고 말할 수 없기 때문이다.

포함한 약리효과가 있다는 사실이 밝혀졌으며, 이것은 인류의 최대 소망인 무병장수를 위한 의약품의 개발로 연결되었다. 이어서 프랑스 과학자 파스퇴르L. Pasteur가 눈에 보이지 않는 세균을 발견함으로써 의약품 개발은 한 단계 더 발전하게 되었다. 과거에는 세균의 존재를 몰랐기 때문에 전염에 대처를 할 수 없었고, 외과적 치료를 받다가 화농 같은 이차 감염으로 많은 사람들이 죽었다. 여기서 한걸음 더 나아가 세균 감염을 막기 위한 위생이라는 개념이 생겨나게 되었다.

생명연장이라는 과제는 과학적 호기심과 성취감은 물론 경제적 부를 동시에 달성할 수 있었기 때문에 과학자들과 자본가들은 서로 협력하여 효율적인 생리활성물질의 합성과 개발에 연구를 집중했다. 다양한 물질의 합성방법이 개발되는 과정에서 물질에 대한 더 많은 이해가 요구되었고, 이로 인해 자연의 여러 가지 현상을 이해하기 위해 다양한 분야에서 과학이 획기적으로 발전하게 되었다. 창조주가 만들어 놓은 자연물로부터 추출해서만 이용하던 인간이 이제는 직접 물질을 만들어내게 됨으로써 이제까지는 상상할 수 없었던 거대한 물질세계의 문이 열리게 된 것이다. 이러한 시도는 오늘날 과학을 이용해 물질뿐만 아니라 생명체를 만들어내려는 노력으로까지 확대되고 있는 실정이다.

초기 과학자들은 망원경을 이용해 우리가 상상 속에서만 알고 있었던 거대한 우주의 존재를 확인했고 현미경을 이용해 육안으로는 볼 수 없는 작은 세균들이 존재하는 또 다른 세계가 있다는 것을 관찰하게 되었다. 우리가 일상생활에서 보는 백색광은 빨강, 주황, 노랑, 녹색, 파란색, 남색 그리고 보라색으로 나눌 수 있다는 것과 눈에는 보이지 않는 적외선, 자외선, 엑스선 등이 있다는 것도 밝혀지게 되었다. 이렇게 우리 눈으로는 관찰할 수 없는 크고 작은 세계가 우리 생활에 직·간접적으로 영향을 미칠 수 있다는 사실로부터 우리가 감지하지 못하는 또 다른 물리적 세계가 존재한다는 것을 깨닫게 되었다.

물질세계에 대한 우리의 감지능력이 불완전하다는 생각은 프로이드S. Freud를 비롯한 여러 정신과학자들의 노력을 통해 정신세계에는 우리가 인식하지 못하는 무의식의 세계가 있다는 것을 밝혀내는 원동력이 되었다. 이와 같은 과학은 물질에 대한 감지능력과 정신에 대한 인식능력의 한계를 보여줌으로써 우리가 알지 못하는 것을 인정하고 그것을 이해하는 방법을 찾아낼 수 있는 새로운 사고방법, 즉 과학적 사고를 할 수 있는 기반을 제공하게 되었다. 여기서 과학적 사고란 과학적 지식을 기반으로 한 논리적인 추론을 통해 문제를 해결하려는 사고방식을 말한다.

과학은 우리가 사고의 폭을 넓히는 데 획기적으로 기여함으로써 과거의 인류와 현재의 인류는 과학적 사고라는 측면에서 엄청난 격차를 보여주고 있다. 우리는 과학의 도움으로 과거에는 초자연현상으로 간주되어 도저히 이해할 수 없었던 것들을 논리적으로 이해할 수 있게 되었다. 물론 아직까지 과학이 밝히지 못한 여러 가지 현상들이 존재하지만 언젠가는 대부분 밝혀질 것으로 예상되고 있다. 이와 같이 과학은 물질적인 풍요만을 제공한 것이 아니라 생각하는 방법을 포함해 인간의 정신세계에 대한 이해의 폭을 넓혀주었다는 사실이 더 중요하다.

최근 신경과학이 비약적으로 발전해 인간 정신활동의 원천인 뇌를 부위에 따른 역할과 작용으로 이해하려는 연구가 활발하게 진행되고 있다. 인간의 정신활동 자체를 뇌를 구성하고 있는 세포들의 생체반응작용으로 분석할 수 있게 됨으로써 우리 자신을 더 많이 이해할 수 있게 되었다. 그 결과 인간의 생각이나 정신활동이란 단지 뇌의 신경세포들 간의 전기·화학적인 작용에 불과하다는 주장이 제기되고 있는 실정이다. 심지어는 인간의 종교활동을 관장하는 뇌의 영역이 존재한다고 주장함으로써 인간의 영적 활동조차도 뇌의 작용에 불과하다고 해석하기도 한다. 물론 신경과학자들 가운데 이러한 주장에 반대하는 사람들도 다수 존재한다. 뇌에 대한 과학적 연구는 아직도 초보적인 단계에 있으므로 앞으로 더 많은 연구가 진행되어야 어떤 결론에 도달할 수 있을 것이다.[10]

---

10 인간의 뇌에 관한 연구는 최근 매우 활발하게 전개되고 있다. 그렇지만 아직도 초기 단계에 머물러 있다는 것이 많은 학자들의 생각이다. 지금까지 이루어진 뇌에 관한 연구에 의해 인간의 생각, 의식, 정신활동조차 뇌의 작용에 불과하다는 주장이 널리 수용되고 있다. 노벨상을 수상한 제럴드 에델만(Gerald Edelman)의 『신경과학과 마음의 세계』(황희숙 옮김, 범양사, 2007), 『세컨드 네이처』(김창대 옮김, 이음, 2006)는 이러한 시각을 정리한 대표적인 저술들이다. 박문호의 『뇌, 생각의 출현』(휴머니스트, 2008) 또한 이러한 시각에서 의식의 진화를 뇌의 작용이라는 관점에서 상

여기서 인간의 정신활동과 관련해 뇌에 대한 과학적 분석을 거론하는 이유는 인간이 이룩한 과학은 이제 크게는 우주, 작게는 소립자의 차원을 넘어서 우리 자신에 대한 탐구로까지 그 영역을 넓히고 있음을 강조하기 위해서이다. 우주에 존재하는 모든 것이 과학적 사고의 대상이다. 그렇다고 해서 과학적 사고를 통해 모든 문제를 해결할 수 있다는 것은 아니다. 과학에 대한 지나친 믿음은 과학만능주의라는 또 다른 독선을 초래할 수 있음을 잊지 말아야 한다. 여기서는 단지 과학적 사고를 통해 진리에 조금 더 가까워질 수 있다는 사실을 말하려는 것뿐이다.

그러면 우리 사회는 과학을 어떻게 받아들이고 있는지 생각해보자. 우리 사회는 아직도 과학은 물질을 다루는 분야라는 편견을 가지고 있다. 이를 보여주는 대표적인 사례로는 고등학교에서 여전히 학생들을 이공계와 인문 · 사회계로 나누어 가르치고 있는 것을 들 수 있다. 이러한 전통은 대학으로도 이어져 인문 · 사회계열 학과에서는 자연과학의 기본원리를 가르치지 않고, 자연계열 학과에

세하게 설명하고 있다. 그렇지만 이에 대한 반론도 만만치 않다. 마리오 뷰리가드(Mario Beauregard)가 공저한 『신은 뇌 속에 갇히지 않는다』(김영희 옮김, 21세기북스, 2010)는 이러한 입장을 대표하는 저술이다. 필자는 뇌에 관한 전문가가 아니므로 뇌에 관한 지금까지의 연구를 정확하게 소개하기는 어렵다. 그렇지만 과학적 관점에서 볼 때 뇌에 관한 연구는 아직도 초기 단계이므로 어떤 결론을 내리기에는 시기상조라고 생각한다. 섣부른 결론은 사람들의 생각을 오도(誤導)함으로써 예상치 않는 혼란과 피해를 초래할 수 있다. 이러한 의미에서 모든 것은 궁극적으로 물질이라는 유물론을 철저하게 신봉하는 것이 과연 올바른 과학적 자세인지 생각해보아야 한다.

서는 인문 · 사회과학의 기초를 가르치지 않는다. 물론 교양과목을 이용해 형식적으로는 서로 교류하고 있는 것처럼 보이지만 사실상 이들 분야 간의 교류는 막혀 있다고 봐야 한다. 이러한 사실에 비추어 볼 때 현재 우리나라에서 학문 간의 벽을 허물고 통합적인 연구를 통해 더 높은 차원의 진리에 도달하려는 통섭consilience을 기대한다는 것은 요원한 일이다.[11] 이것 또한 우리가 과학을 잘못 받아들이고 있는 명백한 증거라 할 수 있다.

자연과학이 자연현상과 물질을 다루면서 과학적 지식을 급속하게 축적해온 것은 사실이다. 그렇지만 이러한 과학적 지식을 축적할 수 있었던 원동력인 과학적 사고는 기독교 정신과 함께 서구사회를 지탱하고 있는 중요한 두 축임을 명심해야 한다. 나아가 과학

---

11 통섭(統攝)이란 용어가 우리나라에 처음 알려진 것은 미국 하버드 대학의 저명한 사회생물학자인 에드워드 윌슨(Edward Wilson)의 저서 『통섭 : 지식의 대통합』(최재천 · 장대익 옮김, 사이언스북스, 2005)이 소개된 이후일 것이다. 미국을 비롯한 몇몇 국가에서는 학문 간의 장벽을 허물고 서로 지식을 공유하는 가운데 자연현상과 사회현상을 더 잘 이해할 수 있는 지식의 대통합을 추구하고 있다. 우리나라에서도 이런 추세에 동참하려는 노력이 절실하게 필요하다고 본다. 한편 단순히 학문의 통합을 넘어서 과학, 예술 그리고 종교에 대한 통합적 이해와 인간의 삶의 조화를 모색하는 것이 진정한 통섭이라고 더 큰 차원에서 정의하는 사람도 있다. 최민자의 『통섭의 기술』(모시는 사람들, 2010)은 이런 입장을 대표하는 저작이다. 이 책은 에드워드 윌슨이 말하는 통섭은 서구의 이원론적 사고의 한계를 벗어날 수 없다고 지적하면서 정신과 물질, 신성과 이성을 통합하는 일원론적 관점에서만이 진정한 통섭을 달성할 수 있다는 견해를 제시하고 있다. 그래서 통섭은 統攝이 아니라 通涉이라는 의미로 이해해야 한다고 주장했다. 우리가 진지하게 고민해야 할 문제이다.

적 사고는 서구에서 시민사회가 출현하고 이를 바탕으로 민주주의가 발달할 수 있었던 정신적 기반을 제공했다는 사실을 주목할 필요가 있다. 우리 사회는 이 점을 간과하는 경향이 있다.

우리나라가 과학 후진국이라고 말하는 것은 과학기술이 뒤떨어져서가 아니라 우리나라 사람들의 가치관에 과학적 사고가 반영되지 못했기 때문이다. 그 이유 중 하나로 지나치게 단기간에 우리 사회에 민주주의가 도입되었고, 아울러 급속하게 경제발전이 이루어졌다는 점을 지적할 수 있다. 우리나라는 짧은 기간 동안 일제강점기, 한국전쟁, 군사쿠데타, 민주화운동 등 실로 다양한 사회적 격변을 경험했기 때문에 우리는 새로운 사고방법으로서 과학적 사고를 훈련하고 받아들이는 자체가 불가능한 환경에 처해 있었다. 우리는 생존을 위해서 멀게는 일제의 압제로부터의 독립, 한국전쟁 후 초토화된 국토의 복구, 그리고 가깝게는 빈곤 탈출을 위한 경제발전이 사회구성원이 추구해야 할 최우선 과제가 될 수밖에 없었던 시대적 상황에 처해 있었다. 이러한 과정을 거치면서 우리가 이룩한 경제적 번영에 도취되어 사람들은 오직 물질적인 풍요만을 숭배하고 정신적 가치를 무시하는 경향을 갖게 되었다. 사랑과 신뢰로 맺어져야 하는 결혼에서 혼수를 가지고 다투는 배금주의가 난무하고 보수와 인격 양면에서 현저하게 부당한 대우를 받고 있는 비정규직 노동자문제를 방치하는 천민자본주의 풍토에서는 과학적 사고가 뿌리를 내릴 수 없었다. 돈을 추구하고 재산을 축적하는 데는 오히려 과학적 사고가 장애요인으로 간주되었기 때문이다.

이와 같이 우리 사회는 과학이 사회발전에 기여했던 가장 중요하고 가치 있는 부분을 제대로 이해하지 못하고 있다. 이러한 점에서 우리는 미신을 비과학적이라고 무시할 만큼 과학적 사고로 무장 되어 있는지 반성할 필요가 있다. 그리고 합리적 이성에 기초한 과학적 사고란 무엇이고 이것은 우리 사회발전을 위해서 어디서, 얼마만큼, 그리고 왜 필요한 것인가 하는 질문에 대한 답을 모두 같이 찾아보아야 한다.

인류역사에서 과학의 위치

우리는 과학과 기술의 전성시대에 살고 있다. 인류역사상 지금처럼 과학과 기술이 우리의 삶을 풍요롭게 한 적이 없다. 매일 새로운 과학적 발견이 이루어지고 있으며, 이를 응용한 신기술로 우리 생활은 더욱 안전하고 편리해지고 있다. 그리고 이러한 추세는 앞으로도 더욱 가속화될 것이다.[12] 인류에게 지대한 공헌을 한 기술의 발전 또한 모두 과학적 탐구를 바탕으로 이루어졌다는 사실에 비추어 볼 때 과학, 특히 자연과학이 인류에게 기여한 바는 말로 표현할 수 없을 정도이다.

과학은 과학자들의 열정과 피나는 노력을 바탕으로 비약적인 발

---

12 미래학자인 레이 커즈와일(Ray Kurzweil)은 자신의 저서 『특이점이 온다』(김명남외 옮김, 김영사, 2008)에서 각종 지료를 이용해 지금까지 과학과 기술의 발전이 가속적으로 이루어졌음을 밝히고, 미래에도 유전공학, 나노공학 및 로봇공학 등이 중심이 되어 엄청나게 빠른 속도로 기술변화가 진행될 것으로 예측하고 있다. 이로 인해 인간생활에 돌이킬 수 없는 변화를 가져오는 시기를 그는 특이점(singularity)이라 불렀다. 그의 예측대로 미래에 과학과 기술의 발전이 이루어질지 단정할 수 없지만 그 속도가 점점 빨라질 것이라는 데는 대부분 동의할 것이다.

전을 이루었다. 자연은 우리에게 그 법칙을 스스로 드러내지 않는다. 과학의 역사는 실로 숨어 있는 자연법칙을 발견하려는 인간의 끊임없는 도전의 역사이다. 그럼에도 우리는 아직까지 자연(우리 자신도 자연의 일부이다)이 감추고 있는 법칙의 일부만을 발견했을 뿐이다. 과학자들은 바로 이러한 발견의 역사의 주인공으로서 사회적으로 정당한 대접을 받고 있는지 여부와는 상관없이 줄기차게 과학적 탐구를 계속하고 있다. 우리는 과학 · 기술자들에게 적지 않은 빚을 지고 있음을 인정해야 한다. 부정할 수 없는 명백한 사실을 인정하고 이를 바탕으로 행동하는 것은 우리가 건전한 사회를 형성하기 위해서 필요한 기본적인 가치이다. 그리고 우리 사회가 이러한 가치를 효과적으로 보존할 수 있는가를 탐구하는 것 또한 이 책의 주제이기도 하다.

과학의 역사를 어디까지 소급할 수 있는가에 대해서는 여러 견해가 있을 수 있다. 여기서 이 문제를 다루는 이유는 과학사와 관련된 논의를 하려는 것이 아니라 인류역사에 비추어 과학의 역사가 상대적으로 얼마나 짧은지 생각해보기 위해서이다. 그러면 우리는 최근의 과학발전이 인류역사에서 얼마나 획기적인 사건인지 이해할 수 있을 것이다.

과학을 과학적 사고에 바탕을 두고 자연현상에 대한 보편적인 진리를 탐구하는 분야라고 넓게 정의한다면 과학의 역사는 기원전 6세기경 그리스의 철학자 탈레스Thales로 대표되는 밀레토스학파와 수학자이며 신비주의자였던 피타고라스Pythagoras가 창시한 피

타고라스학파까지 소급할 수 있을 것이다. 그 후 상당히 오랜 동안 과학의 공백기가 있었으며 근대적 의미에서 과학의 출현은 유럽에서 르네상스가 시작된 이후 등장한 이탈리아의 과학자 갈릴레오G. Galileo에서 찾을 수 있다. 이러한 의미에서 본격적인 과학의 역사는 대략 400여 년 정도로 추정된다. 그리고 일단의 사람들이 동시다발적으로 과학적 탐구에 몰두하기 시작한 것은 지금부터 불과 200여 년에 지나지 않는다. 인류 최초의 문명이라 알려진 고대 메소포타미아 지방의 수메르 문명이 기원전 3000여 년경에 시작되었음을 감안한다면 본격적인 과학의 역사는 매우 짧다 할 수 있다.[13]

인류역사에서 가장 광범위하게 그리고 지속적으로 영향을 미친 두 분야를 지적하라면 과학과 종교를 들 수 있다. 이것은 앞에서 지적했듯이 모든 문명을 지탱했던 두 개의 기둥이 지식과 믿음이라는 사실과 일맥상통한다. 과학은 지식을 창출하고 종교는 믿음을 형성하기 때문이다. 그리고 이들은 때로는 상보적으로 때로는

---

13 수메르 문명에 관한 세계적 권위자인 새뮤얼 노어 크레이머(Samuel Noah Kramer)의 저서 『역사는 수메르에서 시작되었다』(박성식 옮김, 가람기획, 2010)에 의하면 최초의 학교, 최초의 법전, 최초의 의학서, 최초의 철학을 포함해 39가지가 수메르에서 시작되었다 한다. 수메르 문명이 의학이나 철학에 관한 기록을 남겨 놓았지만 오늘날 의미에서 과학의 시작이라고는 보기 어렵다. 아무튼 과학적 사고의 씨앗이 오랜 옛날부터 존재했다는 사실은 인간에게 또 다른 희망의 원천이다. 우리는 역사적으로, 문화적으로 그리고 생물학적으로 과학적인 사고를 할 수 있는 종(種)인 것이다.

대립하는 가운데 인류에게 적지 않은 영향을 미쳐왔다. 인류 초기에는 종교가 인간 생활의 거의 모든 면을 지배했지만 현대에 이르러 과학이 독자적인 영역을 구축한 가운데 종교 이상으로 인류에게 큰 영향을 미치고 있다.

종교는 인류역사만큼이나 오랜 전통을 가지고 있으면서 서로 다른 종교 간에 끊임없이 마찰이 있었고, 이것이 때로는 전쟁으로까지 발전하기도 했다. 인류역사상 수많은 크고 작은 전쟁들이 종교 때문이라는 사실은 인간의 영적 평화를 추구한다는 종교의 본질에 비추어 볼 때 대단히 역설적이다. 이러한 역사적 사실은 믿음에 포함된 주관적 요소가 어떤 부작용을 초래할 수 있는지 보여준다.

반면 과학은 여러 분야가 서로 상보적인 관계를 유지하면서 기존의 과학적 지식을 포용하는 가운데 지속적으로 발전해왔다는 점이 다르다. 종교와 과학은 그 관심 영역이 다르며 지향하는 세계가 다르기 때문에 동일한 기준에 의해 비교하거나 평가할 수 있는 대상이 아니다. 종교와 과학 간의 갈등은 모두 이 두 분야가 전적으로 다른 목적, 다른 언어, 다른 논리에 근거하고 있다는 사실을 잘못 이해했기 때문에 비롯된 것이다. 창조론과 진화론 간의 갈등은 그 대표적인 사례이다. 이러한 갈등의 배경에는 대부분 종교적 근본주의자들의 탐욕이 자리 잡고 있다. 그렇지만 종교와 과학 간의 관계를 본격적으로 탐구하는 것이 이 책의 관심사가 아니다. 여기서는 단지 종교와는 달리 과학은 인종이나 민족, 그리고 시대를 초월해 인류의 보편적인 복지에 기여했다는 점을 강조하려는 것

이다.[14]

과학은 과학자들의 전유물이 아니다. 과학은 보편적, 객관적 진리를 추구하려는 모든 사람들이 공유해온 하나의 지식체계이며 사고방식이다. 물론 오늘날과 같은 과학의 시대를 열게 된 것은 위대한 과학자들의 끈질긴 노력의 결과임을 부정할 사람은 없다. 중세 암흑기에 등장한 코페르니쿠스의 지동설, 갈릴레오의 과학적 탐구, 행성들의 운동 원리를 규명한 뉴턴의 중력이론, 다양한 종의 기원에 관한 다윈의 진화론, 맥스웰의 전자기이론, 아인슈타인의 상대성이론으로 이어져 내려온 과학적 탐구의 역사는 실로 경탄할 만하다. 광대한 우주의 한 모퉁이에 자리 잡은 태양계의 한 행성에 불과한 지구에 인간이라는 영장류가 탄생해 자신의 본성을 이해하고 나아가 자신을 탄생시킨 우주를 지배하는 법칙을 발견하는 단

14 종교와 과학은 때로는 서로 협력하기도 하고 때로는 서로 대립하는 가운데 지금까지 공존해왔다. 르네상스 시대 이래 과학이 발전하면서 과학이 종교를 대체할 것으로 예상되었지만 처음에는 그렇지 않았다. 이 당시 과학은 자연철학이라 불렸으며 과학적 발견은 신의 섭리를 드러내는 것으로 간주되었다. 뉴턴은 이러한 전통을 대표하는 학자였다. 심지어 진화론을 제안한 다윈조차 신을 부정하지 않았다. 그 후 계몽주의 시대에 접어들면서 인간의 이성에 대한 무한한 신뢰가 싹트면서 과학은 무신론과 연결되기도 했다. 그렇지만 이성의 한계를 인정한다면 이성의 영역 밖에 있는 문제를 다루는 종교에 대해 단정적인 결론을 내리는 것은 과학적인 태도가 아니라고 생각한다. 이러한 의미에서 김용준의 『과학과 종교 사이에서』(돌베개, 2005)는 종교와 과학의 공존을 모색한 대표적인 저술이다. 카렌 암스트롱도 『신을 위한 변론』(정준형 옮김, 웅진 지식하우스, 2009)에서 역사적 맥락에서 과학과 종교와의 관계를 심도 있게 분석했다. 필자는 이러한 진지한 노력을 바탕으로 과학과 종교 간의 관계를 이해하려는 태도가 바로 과학적이라고 생각한다.

계에 이르렀다는 것은 대단한 업적이다. 아인슈타인의 말대로 "우주에서 가장 이해할 수 없는 것은 다름 아니라 인간이 우주를 이해할 수 있다는 사실이다."

과학자들이 인류에 공헌한 바는 단순히 그들이 이룩한 위대한 발견에 그치지 않는다. 그들은 인간의 이성이 가진 잠재적 능력을 보여줌으로써 우리 모두가 이성의 힘을 믿도록 용기를 주었다. 나아가 누구나 과학적 발견을 인정하도록 권위를 부여했다. 그 결과 우리는 안심하고 과학적 지식을 공유하게 되었으며 자신이 의식하든 안 하든 과학적으로 사고하는 습관을 형성하게 되었다. 이것이야말로 과학이 사회발전에 기여했던 중요한 측면이며, 이 책에서 다루고자 하는 핵심 주제와 밀접하게 관련되어 있다.

과학이 인류에게 기여한 것

이러한 과학발전을 이끈 원동력은 무엇인가? 그것은 무엇보다도 과학자들의 지적 호기심과 자신들이 발견한 과학법칙이 인류발전에 기여할 수 있으리라는 자부심에서 찾을 수 있다. 이와 같이 그 동기는 간단 · 명료했지만 지난 200여 년 동안 과학이 인류에게 미친 긍정적인 영향은 실로 광범위하고 엄청나다. 그런데 우리는 과학이 이룩한 놀라운 성과와 혜택을 당연한 것으로 간주하려는 경향이 있다. 이것은 생명을 유지하는 데 물이나 공기가 절대적으로 중요하지만 일상생활에서는 거의 그 중요성을 느끼지 못하는 것과 같다. 그렇지만 조금만 생각해보면 다양한 과학 분야에서 이룩한 놀라운 성과가 우리의 삶을 얼마나 풍요롭게 하는지 알 수 있다. 이것은 다음과 같이 몇 가지로 정리할 수 있다.

첫째, 과학은 인류의 생명연장에 절대적으로 기여했다. 과거에 비해 지구상 모든 나라에서 인간의 평균수명이 크게 늘어난 것이 이를 단적으로 증명해준다. 각 나라마다 과학발전의 정도에는 큰 차이가 있었으며 그 격차는 앞으로도 상당 기간 유지될 것이다. 그렇지만 시간이 지남에 따라 많은 나라가 과학의 성과를 공유하게 되었고, 그 결과 다양한 신약들과 치료법들이 개발될 것으로 기대하고 있다. 최근에는 유전공학이 발달해 불치병 치료에 청신호를 보내고 있다. 물론 이것은 과학과 거대한 제약회사들의 자본이 결합했기 때문에 가능했지만, 그렇다고 해서 과학의 공로가 평가절하 되는 것은 아니다. 여기서 중요한 점은 대부분의 사람들이 과학발전으로 가능해진 의료혜택을 받고 있다는 사실이다. 예를 들어 페니실린과 같은 의약품이 개발됨으로써 인종이나 성별과는 무관하게 수많은 사람들의 생명을 건질 수 있었다.

둘째, 과학은 인구 증가에 꼭 필요한 식량증산에 결정적인 기여를 했다.[15] 일찍이 영국의 맬더스T. Malthus는 자신의 인구론에서 "식량은 산술급수적으로 증가하지만 인구는 기하급수적으로 증가하기 때문에 인류에게 커다란 재앙이 닥칠 것"으로 예견했다. 그리고 이러한 통찰이 다윈의 진화론에 결정적인 모티브를 제공했다. 그렇지만 그의 예언과는 달리 지구상의 모든 인구를 부양할 수 있을 정도의 식량생산이 가능해진 것은 오로지 과학의 공로이다. 과학은 비료, 제초제, 살충제 등을 개발하여 일정한 토지에서 생산량

---

15 저명한 물리학자인 리처드 파인만(Richard Feynman)도 자신의 저서 『과학이란 무엇인가?』(정무광 · 정재승 옮김, 승산, 2008)에서 이 점을 특별히 강조하고 있다. 과학의 발달은 오늘날 우리의 풍요로운 삶을 가능하게 한 원동력이다.

을 극대화할 수 있는 과학적 영농법을 제공했다. 일부 지역에 아직도 기아선상에 있는 사람들이 많이 존재하는 것은 식량이 절대적으로 부족해서가 아니라 권력투쟁과 이기심으로 인해 인간이 재앙을 만들어서이다. 그리고 과학은 식량증산만이 아니라 인류에게 필요한 다양한 가공식품을 개발하고 저렴하게 공급하는 데도 크게 기여했다. 이러한 과정에서 불량식품이 등장하거나 비만의 원인을 제공하는 등 부작용이 없는 것은 아니지만 이것은 과학의 부작용이 아니라 자본주의의 문제일 뿐이다. 과학은 전반적으로 인류의 먹거리 문제를 해결하는 데 결정적인 기여를 했다.

셋째, 과학은 새로운 기술발전의 이론적 근거를 제공함으로써 18세기에는 산업혁명의 동인動因이 되었으며 오늘날에는 유전공학, 나노공학, 컴퓨터공학, 정보 · 통신공학 등 첨단 분야에서 획기적인 기술발전의 원동력이 되고 있다. 이로 인해 인류는 물질적으로 그 어느 시대보다 풍요로운 삶을 살고 있다. 오늘의 물질적 풍요는 모두 과학에서 비롯된 것이다. 그리고 과학적 발견이 기술혁신으로 이어져 대량생산을 실현하는 과정에서 자본주의 경제체제의 역할이 중요했다. 이러한 의미에서 현재 인류가 누리고 있는 번영이 모두 과학에서 비롯된 것이라 할 수는 없지만 과학의 발전이 없었다면 기술발전과 대량생산도 불가능했다는 사실에는 변함이 없다. 자본은 이윤추구의 논리에 따라 적절하게 과학적 발견을 응용했을 뿐이다. 자본은 이기적인 목적을 가지고 대량생산을 실현했다는 점에서 과학적 발견의 동기와는 뚜렷이 구분된다.

넷째, 과학은 인류에게 물질적 풍요만이 아니라 정신적 풍요를 가져다주었다. 이미 지적했듯이 과학은 물질세계만을 다루는 것으로 오해하는 경향이 있다. 실제로 많은 과학자들이 우주에 존재하는 것은 궁극적으로 물질뿐이라고 생각하는 유물론자들이다. 그렇지만 이것이 궁극적인 진실인가에 대해서는 아직 단정하기 어렵다. 유물론적 입장을 지지한다고 해도 과학발전으로 인간의 정신세계가 더 풍부해진 것만은 부인할 수 없을 것이다. 왜냐하면 과학은 인간이 단순히 물질로 환원할 수 없는 이성에 눈을 뜨게 하는 데 결정적으로 기여했기 때문이다. 인간이 이성을 자각한 후 비로소 자신이 누구인지, 인간에게 자유가 얼마나 소중한지, 다른 사람들을 어떻게 대하는 것이 바람직한지 알게 되었다. 과학발전이 없었다면 인간의 의식수준은 여전히 주술적인 믿음에 의존하는 원시적인 수준에서 헤어나지 못했을 것이다. 인간이 이성적인 존재로서 사고하고 행동하도록 하는 데 과학이 기여한 바는 실로 엄청나다 할 수 있다.

이상 과학이 인류에게 기여한 것을 몇 가지로 나누어 살펴보았다. 한마디로 요약하자면 과학은 과학적 지식의 축적을 통해 정신과 물질, 양면에서 인류에게 커다란 변화를 가져다 주었다. 이러한 변화는 앞으로도 더욱 빠르게 진행될 것이다.

근대적인 의미에서 과학이 탄생한 이후 초기에는 소수의 전문적인 과학자들만이 과학적 지식을 공유했다. 그러던 것이 인쇄술과 운송수단의 발달로 보다 많은 사람들이 과학적 지식을 공유할 수 있게 되었다. 이러한 과정은 처음에는 서서히 진행되다가 점점 가속이 붙는 특성이 있다. 그러다가 일정한 임계수준을 넘어서는 순간, 이것은 하나의 시대정신이 되어 모든 것을 변화시킬 수 있었다. 인간이 이성의 힘을 믿게 되었다는 것은 실로 엄청난 변화의 서막이었던 것이다. 이것은 많은 사람들이 과학적 지식을 공유함으로써 가능하게 되었다.

과학적 지식이 축적되고 공유됨으로써 나타나는 자연스러운 현상은 과학적 사고가 널리 확산되는 것이다. 이를 통해 사람들의 의식수준이 한 단계 상승하게 되면 반드시 이에 걸맞는 사회변혁이 발생하기 마련이다. 프랑스혁명과 산업혁명은 그 대표적인 사례이다. 프랑스혁명이 인간의 존엄성을 일깨운 사건이라면 산업혁명은 인간을 물질적 속박으로부터 자유롭게 해준 사건이다. 이러한 일련의 사건을 통해 인간은 기본권에 눈을 뜨게 되었으며 이를 바탕으로 서구에서는 시민사회가 출현했고 민주주의제도가 정착할 수 있었다. 이러한 의미에서 과학적 사고는 자연현상에 국한하지 않고 인간의 보편적인 의식수준을 한 단계 높이는 데 결정적으로 기여했다고 생각한다.

오늘날 하나의 지식체계로서 과학은 더 이상 소수 과학자들의 전유물이 아니다. 과학적 발견을 주도한 위대한 과학자들이 우리의 사고의 지평을 넓히는 데 크게 기여한 과학적 사고방법은 이제는 과학뿐만 아니라 인문분야와 사회분야에도 활발하게 적용되고 있다. 필자는 과학이 인간으로 하여금 과학적으로 사고할 수 있게 해줌으로써 인간의 보편적인 의식수준을 향상시키는 데 결정적으로 기여했다는 사실을 강조하고 싶다.[16] 과학적 사고의 보편화야말로 과학이 인류에게 제공한 가장 소중한 선물이다. 이러한 맥락에서 우리는 다음 세대에 물려줄 정신적 유산인 과학적 사고를 널리 확산시키는 데 더 많은 노력을 기울여야 할 것이다.

---

16 미국의 정신과 의사이자 저명한 영성 운동가인 데이비드 호킨스(David Hawkins)는 자신의 저서 『의식혁명』(이종수 옮김, 한문화, 2006)에서 20세기에 인류의 보편적인 의식수준을 한 단계 높인 사건으로 과거 소련의 수상이었던 고르바초프의 페레스트로이카와 글라스노스트에 의해 소련이 개방되었던 것을 들고 있다. 소련이 붕괴됨으로써 자본주의와 공산주의 간의 이데올로기 투쟁이 종식되었으며, 이로 인해 인류가 정치적으로나 정신적으로 더욱 자유롭게 되었다는 점은 부인하기 어렵다. 이에 덧붙여 우리가 과거에 비해 높은 의식수준을 유지할 수 있는 데는 과학이 기여한 바가 크다는 것이 필자의 생각이다.

2장

과학적 사고의 의의

▎과학적 모형의 의의 ▎과학적 사고의 특성

▎과학적 사고의 한계

과학은 관찰할 수 없는 세계에 대한 모형을 구축한 후 이것을 이용해 우리가 관찰하는 현상들을 체계적으로 해석하려는 시도이다. 우리는 모형 의존적 방법으로 현실을 이해하고 있다는 사실을 인정해야 한다. 모형을 이용하는 과학적 방법론의 특성으로는 표준화, 재현성, 예측력, 포용성 그리고 실행력을 들 수 있다. 과학적 지식이 창출되고 급속하게 확산되는 데 표준화가 크게 기여했다. 사회현상에 대한 객관적인 평가를 위해서는 사회구성원 대다수가 인정할 수 있는 기준에 대한 합의가 이루어져야 하는데 여기에 표준화의 원칙을 응용할 수 있다. 재현성은 복잡해보이는 사회현상을 초기조건에 따라 분류하고 그 해결방안을 모색하는 데 유용하게 적용될 수 있다. 이미 발견된 지식을 기반으로 새로운 것을 유연하게 수용하는 포용성이나 객관적으로 공인된 절차에 따라 실험이나 관찰을 진행할 수 있는 과학의 실행력은 우리 사회의 문제에 대한 해결방안을 찾는 데 적용할 수 있다. 이러한 과학적 방법의 특성에도 불구하고 과학적 사고가 전부가 아니라는 한계를 잊어서는 안 되는 이유는 인간은 이성 외에도 감성을 지닌 존재이기 때문이다.

과학적 모형의 의의

과학은 관찰이나 실험을 위해 적절한 모형model을 구축하는 것으로부터 시작된다. 자연과학은 자연현상을 해석하고 예측할 수 있는 정교한 모형을 개발해왔다. 그리고 이러한 모형은 고정된 것이 아니라 과학적 사고의 수준이 높아짐에 따라 계속 개선되어 왔다. 이것은 물리학, 화학, 생물학 등 자연과학의 발달사를 보면 명백하다. 사람들은 때로는 현실을 있는 그대로 관찰하고 분석하려고 한다. 그런데 현실을 있는 그대로 이해하려면 관련된 변수가 너무 많아 어떤 결론도 얻지 못하는 경우가 대부분이다. 이러한 경우 우리가 할 수 있는 일은 고작 이미 일어난 결과를 설명explanation하는 것이다. 이것은 일어난 결과를 해석interpretation하는 것과 근본적으로 다르다. 설명은 단순히 어떤 일이 발생했는지 서술하는 데 그치기 때문에 앞으로 어떤 일이 일어날지 예측하는 데 별 도움이 되지 않는다. 반면 해석은 관찰자가 자신의 모형을 이용해 발생한 결과를 논리적으로 이해하고 앞으로 일어날 일을 예측할 수 있는 근거를 제공한다. 해석은 과학적 사고와 밀접하게 관련되어 있기 때문에 이들 간의 차이를 이해하는 것이 중요하다.

해석은 주관적이고 창의적인 개념에 해당하는 반면, 설명은 그렇지 않다. 그렇다고 해서 해석보다 설명이 더 객관적이라는 의미는 아니다. 설명한다는 것은 문자 그대로 관찰자가 느낀 바를 서술할 뿐, 논리적으로 인과관계를 밝히는 것이 아니다. 왜냐하면 설명은 어떤 모형에도 근거를 두고 있지 않기 때문이다. "태양은 동쪽에서 떠서 서쪽으로 진다"라고 말하는 것은 관찰되는 자연현상에 대한 설명에 해당한다. 반면 "지구는 태양을 중심으로 공전하면서 동시에 자전하므로 우리는 태양이 동쪽에서 떠서 서쪽으로 지는 것으로 관찰한다"고 말하는 것은 해석에 해당한다. 이러한 해석을 통해 우리는 태양뿐만 아니라 별들의 움직임에 대해서도 예측할 수 있다.

해석은 과학자의 개인적인 견해를 제시하는 것이라 할 수 있다. 그렇지만 과학자는 자의적인 판단에 기초해 해석하는 것이 아니라, 최대한 객관성을 유지하는 가운데 자신의 모형에 기초해 견해를 제시하는 것이다. 예를 들어 유명한 교향곡을 연주할 때 지휘자에 따라 곡에 대한 해석이 다르다고 하지 설명이 다르다고 하지 않는다. 똑같은 베토벤의 교향곡이라도 헤르베르트 폰 카라얀의 해석과 레너드 번스타인의 해석이 다를 수 있다. 과학은 과학자에 의해서 '창의적'으로 만들어진 모형을 이용해 자연현상을 해석한다는 점에서 창의력이 생명인 예술과 일맥상통하는 면이 있다.

해석은 미래를 예측하기 위한 전 단계이다. 해석이 없이는 어떤 예측도 불가능하기 때문이다. 따라서 우리가 만드는 모형이 얼마나 창의적인가에 따라 관찰하는 현실에 대한 해석이 달라지며, 미래에 대한 예측도 달라진다. 그렇기 때문에 과학자들은 적당한 모형이 아니라 보다 더 창의적인 모형을 만드는 데 많은 노력을 기울여 왔다. 여기서 창의적인 모형이란 기존의 모형과는 다른 관점에서 자연현상을 관찰하는 가운데 다른 모형보다 더 많은 자연현상을 이해하도록 해주는 모형을 말한다.

누구도 과학의 분석대상인 자연이나 물질을 있는 그대로 관찰할 수 없다. 예를 들어 우리는 물질의 기본단위인 원자 자체를 직접 관찰할 수 없다. 우리는 단지 적절한 원자모형을 이용해 관찰된 결과들을 해석할 뿐이다. 이때 관찰된 결과들을 정확하게 해석해줄수록 더 좋은 모형으로 간주된다. 그 결과 현재 채택되고 있는 원자모형이 표준모형으로서 널리 사용되고 있는 것이다. 물은 두 개의 수소 원자와 한 개의 산소 원자가 결합한 것이라는 분자모형을 이용해 우리는 물의 성질을 정확하게 이해하고, 조건에 따라 물이 어떻게 변하는지 예측할 수 있다. 이러한 원칙은 모든 과학 분야에 그대로 적용된다. 이와 같이 모형은 현실 자체는 아니지만 현실을 해석할 수 있는 강력한 수단이다. 그렇지만 만고불변의 모형은 없으며, 우리가 관찰할 수 있는 현상들을 더 잘 해석해주는 모형만이 살아남을 수 있을 뿐이다. 이러한 의미에서 과학적 모형은 편견이나 주관으로부터 자유로울 수 있다. 왜냐하면 여기에는 특정인의 이기심이나 탐욕이 개입할 여지가 없기 때문이다.

여기서 관찰 대상인 자연현상과 모형 간의 관계를 다시 생각해 볼 필요가 있다. 우선 모형이 존재하기 때문에 자연현상을 해석할 수 있는 것이 아니라 자연현상이 존재하기 때문에 이를 이해하기 위해 모형이 개발되었다는 점이 중요하다. 모형이란 분석대상인 자연을 효과적으로 설명하기 위한 수단에 불과한 것이지 그 자체가 목적이 아니다. 나아가 어떤 모형을 채택하는가에 따라 자연현상에 대한 이해의 정도가 달라진다. 예를 들어 흔히 천동설과 지동설은 정반대 모형으로 간주된다. 그렇지만 해가 동쪽에서 떠서 서쪽으로 진다는 사실을 설명하는 데는 어떤 모형을 채택하더라도 문제없다. 단지 과학적 관점에서 볼 때 지동설이 우리가 관찰하는 사실을 더 잘 설명해줄 뿐만 아니라 훨씬 간결하다는 점에서 더 적절한 모형으로 간주된다.

사실 다른 예를 들 것 없이 우리 자신이 현실을 인식하는 하나의 모형이라는 사실을 이해해야 한다.[1] 우리 뇌는 감각기관을 통해 얻는 각종 신호를 처리해 우리가 관찰하는 현실을 창조해낸다. 예를 들어 우리 뇌는 눈의 망막으로부터 얻는 2차원의 자료를 처리해 3

1 여기서 현실이란 실재(reality)를 의미한다. 단지 우리가 현실이라는 용어에 훨씬 더 익숙해 있기 때문에 편의상 이것을 사용할 뿐이다. 실재란 모든 사물의 있는 그대로의 본래 모습으로서 철학자 칸트(I. Kant)가 말한 물자체(Ding an sich)에 해당한다고 할 수 있다. 우리는 결코 실재를 관찰할 수 없다. 단지, 실재에 대한 우리 뇌의 해석을 따를 뿐이다.

차원의 영상을 만들어낸다. 우리는 이것을 우리 주변의 현실로 인식하는 것이다. 우리가 인식하는 것은 뇌를 통해서 형성한 이미지일 뿐 현실 자체가 아니다. 우리 뇌는 다른 감각기관이 제공하는 정보도 마찬가지 방법으로 처리한다. 이와 같이 우리 자신이 현실을 이해하는 하나의 모형이다. 다른 동물들은 다른 모형을 이용해 현실을 이해할 것이다. 따라서 그들이 인식하는 현실과 우리가 인식하는 현실은 당연히 다르다. 그렇다고 해서 우리가 현실을 더 정확하게 인식한다고 단정할 수 없다. 각자 다른 모형을 이용해 현실을 달리 인식할 뿐이다. 관찰의 가장 기본적인 단계에서부터 우리를 포함해 모든 생명체는 주변의 현실을 파악하기 위한 자신만의 모형을 가지고 있다. 따라서 우리가 어떤 모형을 채택하는가에 따라 현실에 대한 이해가 달라질 수밖에 없다. 이러한 의미에서 객관적이면서 독립된 실재實在로서 현실이란 존재하지 않는다는 결론을 얻게 된다. 이것이 바로 모형 의존적인 실재론model-dependent realism의 의미이다.[2] 그리고 이것은 이성의 한계를 인정하는 것이

---

2 영국의 저명한 천체물리학자인 스티븐 호킹(Stephen Hawking)은 세계적으로 주목을 받은 공저서 *The Grand Design*(Bantam Books, 2010) 3장에서 이 점을 특히 강조하고 있다. 여기서 그의 주장을 인용하는 이유는 이것이 그가 처음 제시한 새로운 현실 인식이어서가 아니라 최근까지도 과학자들 사이에 공유되고 있는 중요한 현실 인식임을 강조하기 위해서이다. 모형 의존적인 실재라는 아이디어는 새로운 것이 아니다. 우리는 결코 절대적으로 객관적인 현실을 관찰할 수 없다는 한계를 인식한다면 누구든 자신의 주장을 펼 때 조금은 더 겸손해질 수 있다고 생각한다. 그러면 다른 사람의 견해에 더 귀를 기울이게 될 것이다.

기도 하다.

모형 의존적인 실재를 인정한다는 것은 곧 절대적이고 객관적인 진실이란 사실상 불가능하다는 것을 의미한다. 우주에 존재하는 모든 것들은 상대적이고 주관적인 해석의 범위를 벗어날 수 없다. 따라서 우리가 관찰하는 현상들을 가장 잘 해석해주는 모형을 추구하는 것이 우리가 할 수 있는 최선이다. 이것이 우리가 과학으로부터 얻을 수 있는 중요한 교훈 가운데 하나이다. 누구도 현실에 대한 해석을 바탕으로 미래를 완벽하게 예측하는 모형을 구축할 수 없다. 그래서 우리는 더 나은 모형을 구축하기 위해 지식을 공유하고 협력해야 한다. 이 원칙은 우리가 더 나은 사회를 만들고자 하는 경우에도 그대로 적용된다.

사람들은 시대와 지역에 따라 나름대로의 사회모형을 구축해왔다. 그렇지만 어느 시대, 어느 지역에나 적용될 수 있는 일반적인 사회모형이란 있을 수 없다. 현재 우리는 우리만의 사회모형을 갖고 있다. 예를 들어 우리가 자유민주주의를 바탕으로 한다고 할 때 이것은 우리가 추구하는 사회모형의 기본원칙을 밝힌 것이다. 그렇지만 이것만으로는 우리 사회가 어떠한 상태에 있고 앞으로 어떻게 변할지 예측하는 데 별 도움이 안 된다. 따라서 현실을 분석하고 미래를 예측하는 보다 구체적인 사회모형이 필요하다.

이러한 관점에서 볼 때 경제학은 과학적인 방법을 이용해 경제현실을 분석하고 미래를 예측하기 위해 다양한 경제모형을 개발해왔다고 할 수 있다. 그런데 지금까지 어떤 경제모형도 과학적 모형으로서의 요건을 충족할 만큼 경제현실을 정확하게 분석하고 예측하지 못했다. 특히 어떤 경제모형도 최근의 금융위기를 예측하지 못했다는 점에서 과학적 모형으로서 한계가 드러났다. 이를 계기로 경제학에서는 새로운 경제모형을 추구하려는 진지한 노력이 이루어지고 있다. 이와 같이 모형이란 고정된 것이 아니라 현실에 대한 적절한 해석을 제공하는지 여부에 따라 얼마든지 달라질 수 있다.

이와 같이 과학적 방법론을 사회현상에 적용해 모형을 만들고 이것을 이용해 미래를 예측하는 데는 분명 한계가 있다. 그렇지만 이러한 노력이 무의미한 것은 아니다. 중요한 것은 고정관념이나 편견을 배제함으로써 현실을 가장 잘 해석하고 예측해주는 모형을 만드는 것이다. 비록 100% 확실하게 사회현상을 해석하고 미래를 예측해주는 모형이 불가능하더라도 그 가능성을 높일 수 있다면 이러한 모형은 여전히 과학적 모형으로서 가치를 유지할 수 있다. 우리는 이를 위해 모든 방법론을 적용할 수 있는 열린 자세를 가져야 한다. 이 경우 가장 큰 장애요인은 우리가 보유하고 있는 근거 없는 고정관념 내지 믿음이다. 이러한 고정관념을 극복하고 모든 과학적 지식을 동원해 복잡한 사회문제를 해결할 수 있는 모형을 만들려는 노력이 무엇보다도 중요하다.[3]

---

3 앞에서 인용했던 레베카 코스타는 자신의 저서에서 바로 이러한 점을 강조하고 있다. 코스타는 '이기적 유전자'로 유명해진 영국 옥스퍼드 대학의 진화생물학자인 리처드 도킨스(Richard Dawkins)가 창안한 용어인 밈(meme)의 개념을 이용해 복

이상 언급한 것과 같이 과학은 관찰할 수 없는 세계에 대한 모형을 구축한 후 이것을 이용해 우리가 관찰하는 현상들을 체계적으로 해석하려는 시도이다. 우리가 관찰하는 현실은 우리가 수립한 모형이 적합한가를 판정하는 유일한 기준이다. '관찰할 수 있는 것' observable과 '관찰할 수 없는 것' unobservable 간의 관계를 분석해 어떤 규칙이나 법칙이 성립하는지 탐구한다는 의미에서 과학은 현실을 인식하는 기본적인 틀을 제공한다. 우리는 사회 여러 분야에 이러한 방법론을 적용할 수 있다.[4] 예를 들어 우리가 관찰할 수 있는 것은 사람의 말이나 글, 그리고 행동이다. 따라서 우리는 이

잡한 사회문제의 해결을 가로막는 대표적인 다섯 가지 슈퍼밈(super meme)을 지적하고 있다. 슈퍼밈이란 복잡한 사회문제의 해결을 가로막고 있는 근거 없는 믿음 또는 고정관념이라고 보면 된다. 따라서 이러한 슈퍼밈들로 인한 한계를 극복할 수 있는 모형을 만드는 것이 시급하다. 필자는 코스타가 제시한 다섯 가지 슈퍼밈에 대해 전적으로 동의하는 것은 아니다. 이러한 슈퍼밈은 코스타가 지적한 것보다 더 다양하다고 본다. 그렇지만 기본적으로는 코스타의 아이디어에 동의한다. 근거 없는 고정관념이 부동의 믿음으로 변질되어 사람들의 이성을 마비시킨다면 그런 사회에는 희망이 없기 때문이다. 이것이 우리가 포퓰리즘(populism)을 경계하는 이유이다.

4 예를 들어 최근에 복잡성이론(complexity theory)을 적용하면 불규칙해보이는 여러 가지 자연현상 및 사회현상에서 어떤 규칙성(regularity)을 발견할 수 있다는 주장이 널리 인정받기 시작했다. 그렇지만 이 이론에서 제공하는 자기조직화의 원리가 과연 복잡한 현상을 이해하는 데 가장 적합한 이론인지에 대해서는 아직도 충분히 검토할 필요가 있다. 예를 들어 최근 마크 뷰케넌(Mark Buchanan)은 자신의 저서 『사회적 원자』(김희봉 옮김, 사이언스북스, 2010)에서 인간을 하나의 원자에 비유하면서 물리학의 원리를 적용해 다양한 경제현상을 설명하려 시도했다. 이러한 시도가 아직까지 견고한 이론으로 자리 잡지는 못했지만 기존의 경제이론의 한계를 극복하려는 시도로서 충분히 가치 있다고 본다. 궁극적으로 우리에게 중요한 것은 특정한 모형이 아니라 현실을 더 잘 분석하고 예측해주는 모형이다.

와 같이 관찰할 수 있는 것들을 제대로 분석해 그 사람의 진정한 의도가 무엇인지 알아낼 수 있는 방법이 필요하다. 실제로 사람들 간의 상거래나 정치인들의 행동과 관련해 그들의 숨겨진 의도나 계획을 정확하게 알아야 하는 경우가 종종 있다. 이를 위해서 적절한 모형을 고안해야 한다.

과학적 모형을 구축하는 방법으로는 전통적으로 연역적 방법과 귀납적 방법을 들 수 있다. 그렇지만 이것은 어디까지나 과학적 모형을 구축하는 단계에서의 차이일 뿐, 모형의 타당성은 궁극적으로 실험이나 관찰에 의해 뒷받침되어야 한다는 의미에서 귀납적인 성격이 강하다. 예를 들어 아인슈타인의 일반상대성이론은 순전히 수학적, 논리적 추론에 의해 정립된 이론이다. 그렇지만 과학자들이 이 이론의 타당성을 인정하게 된 것은 빛이 태양 주변에서 굴절한다는 사실을 관측을 통해 확인한 이후였다.[5] 이러한 의미에서 과학적 모형은 궁극적으로 관찰에 의해 뒷받침되어야만 하나의 이론으로 인정받는다. 어떤 연역적 추론에 입각한 모형도 결국 실험과 관찰을 통해 검증되어야 한다는 의미에서 과학적 모형은 귀납적

---

5 아인슈타인은 1905년에 특수상대성이론을 발표했고, 10년이 지난 1915년에 일반상대성이론을 발표했다. 당시 학자들은 그의 이론을 인정하지 않고 있다고 1919년 개기 일식을 이용한 관측을 통해 일반상대성이론이 옳다는 사실을 인정하게 되었다. 그 후 1921년 아인슈타인에게 노벨 물리학상이 수여되었는데 그 이유는 일반상대성이론 때문이 아니라 1905년에 발표한 광전효과에 관한 업적 때문이었다. 당시만 해도 일반상대성이론의 진위를 의심하는 분위기가 완전히 해소되지는 않았던 것 같다.

성격이 강하다고 할 수 있다. 이것이 이 책에서 귀납적 방법론을 해석하는 방법이다. 사실 귀납적 방법론의 타당성과 한계는 과학철학의 오랜 주제이다. 여기서는 이 문제와 관련된 형이상학적인 논쟁을 하려는 것이 아니고 단지 귀납적 방법이 중요하다는 사실을 강조하려는 것이다. 그리고 이 방법은 과학만이 아니라 여러 가지 사회현상에도 널리 응용할 수 있다.

이러한 관점에서 볼 때 환원주의reductionism[6]가 과학발전에 상당히 기여했음은 부인하기 어렵다. 분석 대상을 더 이상 나눌 수 없는 작은 단위까지 나누어 분석함으로써 전체를 이해할 수 있다는 생각은 서구에서 발달한 분석적 방법론의 진수를 보여준다. 예를 들어 물리학에서 물질을 더 이상 나눌 수 없는 최소 단위까지 나누어 분석함으로써 물질의 본성을 밝히는 데 커다란 진전을 이루었다. 이러한 방법은 화학, 유전공학, 분자생물학을 포함한 여러 분야에서 널리 응용되어 왔다. 그렇지만 전체는 단지 부분의 합이 아니라는 반론도 끊임없이 제기되어 왔다. 사물의 본질을 파악하는 데 환원주의에 입각한 철저한 분석만이 전부가 아니며 사물 전체

---

6 사물을 최소 단위까지 나누어 분석함으로써 사물 자체의 본질을 이해하려는 과학적 방법론을 말한다. 이 방법론에 따르면 전체란 부분의 합에 불과하다. 환원주의는 특히 물리학에서 널리 사용되어 물질의 본질을 이해하는 데 크게 기여했다. 강입자가속기를 이용해 물질의 본성을 이해하려는 시도는 바로 환원주의적 방법론을 대변한다고 할 수 있다. 유전자를 분석하면 사람의 본성을 이해할 수 있다는 것도 환원주의적 방법론에 해당한다. 따라서 환원주의는 사물을 총체적으로 이해하려는 전일주의나 지식의 통합을 주장하는 통섭과는 반대 입장을 대변한다.

를 관통하는 논리나 진실을 이해해야 한다는 전일주의holism[7] 또한 나름대로 설득력을 가지고 있다. 이것은 환원주의의 한계를 극복하기 위한 대안이다. 관찰 대상 자체에 대한 깊은 통찰을 바탕으로 그 본성을 이해하려는 전일주의 또한 우리에게 많은 시사점을 제공해준다.

우리는 부분과 전체 가운데 어느 하나에 치우치지 않고 양자를 통합하는 모형을 추구함으로써 우리가 추구하는 궁극적인 진리인 객관적인 실재에 더 가까이 다가갈 수 있다. 이것이 진정한 의미의 중용이고, 균형 잡힌 사고라 할 수 있다. 예를 들어 사회를 구성하는 최소 단위는 개인이다. 우리는 개인의 사고와 행동에 대한 철저한 분석을 통해 어느 정도 사회현상을 이해할 수 있다. 그렇지만 사회는 단순히 개인들의 합이 아니다. 전체로서 사회는 그 나름대로의 법칙과 논리가 있다. 따라서 부분으로서 개인과 전체로서 사회, 두 대상에 대한 이해를 변증법적으로 통합해야 사회현상을 제대로 이해하고 적절한 해결방안을 제시할 수 있다. 이것이 바로 우

---

7 간단히 말해 이것은 "전체는 부분의 합이 아니다"라는 입장에서 사물을 이해하려는 방법론이다. 예를 들면 인간은 60조 개의 세포로 이루어져 있지만 세포를 하나하니 이해한다고 해서 인간을 이해할 수 있는 것이 아니다. 이와 같이 생물학, 경제학, 사회학 등 다양한 분야에서 전체를 구성하는 각 부분의 특성을 이해한다고 해서 전체를 온전하게 이해할 수 있는 것이 아니라는 주장이 상당히 설득력을 얻고 있다. 특히 환원주의가 주류인 물리학에서 전일주의의 관점에서 자신의 이론을 전개한 학자들의 주장은 음미할 가치가 있다. 이러한 입장을 대표하는 사람 가운데 양자물리학자인 데이비드 봄(David Bohm)의 『전체와 접힌 질서』(이정민 옮김, 시스테마, 2010)와 장회익의 『삶과 온생명』(솔, 2004)은 충분히 주목할 만한 내용을 담고 있다.

리가 과학적 방법론에 관심을 갖는 이유이다. 예를 들어 복잡성이론[8]을 적용해 무질서해보이는 사회현상으로부터 일정한 패턴이나 규칙을 발견해 현실에 대한 이해를 높이고 미래를 보다 정확하게 예측하려는 것도 이러한 노력의 일환이다.

필자는 우리가 당면하는 모든 문제에 과학적 방법론을 적용함으로써 항상 해결방안을 얻을 수 있다고 생각하지는 않는다. 누구나 인정할 수밖에 없는 객관적인 실재란 존재하지 않는다는 사실을 다시 한 번 강조하려는 것이다. 우리는 모형 의존적 방법으로 현실을 이해할 수밖에 없다는 과학적 방법론의 특성과 한계를 인정해야 한다. 과학은 우리에게 겸허한 자세로 자연을 인식할 것을 요구한다. 나아가 복잡하게 얽혀 있는 인간관계에 바탕을 두고 있는 다

---

8 복잡성이론은 카오스이론(chaos theory)을 바탕으로 수많은 구성요소가 상호작용을 하는 시스템에서 어떻게 구성요소의 특성과는 다른 새로운 현상과 질서가 나타나는지 연구하는 분야이다. 카오스이론은 프랑스의 수학자 앙리 푸앵카레(Jules-Henri Poincaré)가 최초로 카오스현상을 발견한 후 1963년 에드워드 로렌츠(Edward Lorenz)가 기상현상으로부터 카오스의 이면에 있는 질서구조를 발견하면서 폭넓게 연구되기 시작했다. 복잡성이론은 카오스이론과 비선형동학 등을 적용해 복잡한 시스템에서 나타나는 창발적이고 규칙적인 패턴을 발견함으로써 자연과학의 영역을 넘어 다양한 사회현상에 적용되고 있다. 한마디로 불규칙성 속에 있는 규칙성(regularity among irregularities)을 발견하려는 이론적 시도라 할 수 있다. 또한 환원주의적 분석과는 달리 전일주의적인 접근을 통해 복잡한 시스템을 이해하려는 시도이기도 하다. 복잡성이론의 대상인 복잡계에서는 "전체는 부분의 합보다 크다"라는 명제가 성립한다. 카오스이론에 대해서는 에드워드 로렌츠(Edward Lorenz)의 『카오스의 본질』(박배식 옮김, 파라북스, 2006), 제임스 글리크(James Gleick)의 『카오스』(박배식 옮김, 누림, 2006)를 추천하고 싶다. 그리고 복잡계이론에 대한 소개로는 윤영수 · 채승병의 『복잡계개론』(삼성경제연구소, 2010)을 권한다.

양한 사회현상을 이러한 관점에서 이해함으로써 현실 문제에 대한 이성적인 해결방안을 모색할 수 있다. 어느 누구도 현실 문제를 완벽하게 해결할 수 있는 지식을 보유할 수 없다는 사실을 잊지 말아야 한다. 우리는 자신의 모형에 입각해 현실을 해석하고 해결방안을 제시할 뿐이다. 인간의 오만함은 모두 이 사실을 망각하는 데서 비롯된다.

이러한 관점은 특히 정치와 관련해 우리에게 많은 것을 생각하게 한다. 우리나라의 경우 정당제도가 정착한 이래 지금까지 국익이나 국민복지와 관련된 법안이나 정책에 대해 여당과 야당의 입장이 일치했던 적이 거의 없었다. 여 · 야의 의견이 일치했던 경우는 오직 국회의원 자신들의 세비인상안건을 통과시킬 때였다. 야당은 항상 여당의 정책을 비판함으로써 정치적 입지를 강화하려 했고 여당은 항상 야당의 비판을 일축함으로써 정치적 우위를 과시하려 했을 뿐이다. 이러한 극단적인 대립은 정치발전을 지연시킬 뿐만 아니라 국민을 혼란에 빠뜨리고 정치에 무관심하게 만든다. 이러한 파행적인 현실을 극복하기 위한 출발점은 자신의 견해, 즉 자신의 모형에 명백한 한계가 있다는 사실을 인정하는 것이다. 그리고 이러한 인식을 바탕으로 보다 완성된 모형을 만들어가야 한다. 과학은 다양한 사례를 통해 이것만이 진정한 발전의 원천임을 보여주었다. 이와 같이 과학적 사고가 우리 사회 현실에서 적용될 수 있는 영역은 다양하다.

여기서 우리는 과학적 방법론으로 인정받기 위해서 필요한 반증주의falsificationism[9]에 대해 살펴볼 필요가 있다. 반증주의에 의하면 어떤 진술이나 이론이 과학적인 것으로 간주되기 위해서는 그것의 오류가능성을 입증할 수 있어야 한다. 만약 우리가 어떤 이론을 반박하는 증거를 발견한다면 그 이론은 객관적인 과학이론으로서 위상을 상실하게 된다. 반면 어떤 기준에 의해서도 기존 이론을 반박하는 증거를 발견하지 못한다면 일반적인 이론으로서 위상을 갖게 된다. 우리가 접하게 되는 다양한 진술 가운데는 과학적으로 반증할 수 있는 것도 있고 그렇지 않은 것도 있다. 반증 불가능한 명제는 과학의 대상이 될 수 없다는 사실이 중요하다. 예를 들면 "우주를 창조한 신이 존재한다"는 명제나 "인간은 자유의지를 가지고 있다"라는 명제는 반증 불가능하다. 이것은 그럴 수도 있고 그렇지 않을 수도 있기 때문이다. 반면 뉴턴의 중력법칙이나 아인슈타인의 일반상대성원리는 반증 가능하다. 그런데 지금까지 어느

9 반증주의는 과학철학자인 칼 포퍼(Karl Popper)가 제시한 과학적 방법론으로서 확증(confirmation)보다는 반증 가능성을 통해 하나의 과학적 명제가 참인지 여부를 판단하려는 시도이다. 따라서 반증주의는 전통적인 방법론인 귀납법 대신 연역법을 이용해 과학적 사실을 발견하는 데 기여했다. 반증주의에 의하면 모든 진술(statement)은 '반증 가능한 진술'과 '반증 불가능한 진술'로 구분할 수 있는데 이 가운데 반증 가능한 진술만이 과학적 진술이다. 반증 가능한 진술에 대해 더 이상 반증을 발견하지 못한다면 그것은 진실로 입증된다. 이러한 의미에서 과학적 사실은 대부분 반증 가능한 진술에 해당한다. 그렇지만 과학적 사실로 확립된 것 가운데는 반증 불가능한 진술도 있다는 점에 반증주의의 한계가 있다. 반증주의에 대한 간략한 소개로는 제임스 레디먼(James Ladyman)의 『과학철학의 이해』(박영태 옮김, 이학사, 2010)를 추천한다.

누구도 이들의 이론을 반박할 수 있는 증거를 발견하지 못했으므로 이들의 이론은 과학적으로 타당한 것이다.

우리가 과학적 사고를 강조하는 것은 반증 가능성이라는 열린 사고를 지지하기 때문이다. 누구도 반박할 수 없는 명제를 제시한 것처럼 주장하는 경우 과연 이것이 과학의 관점에서 수용 가능한지 판단하려면 반증주의를 적용해야 한다. 그렇지 않은 경우에는 과학이라는 명칭을 함부로 사용해서는 안 된다. 이러한 의미에서 인문과학이나 사회과학이라는 용어는 부적절하다고 할 수 있다. 물론 이러한 용어를 사용하는 것이 지금은 하나의 관행이 되어 있지만 이로 인해 사람들이 혼란을 겪을 수 있음을 잊지 말아야 한다. 과학이 제공하는 객관성, 엄밀성, 공정성 등이 훼손될 수 있기 때문이다. 이와 같이 과학이라는 용어를 사용하려면 그만큼 세심한 주의를 기울여야 하는데 현실은 그렇지 않다. 우리는 적지 않은 사람들이 과학이라는 이름하에 과학에 반하는 말과 행동을 하는 것을 자주 목격할 수 있다.

우리가 사회현상에 과학적 방법론을 적용하려는 경우 특히 반증주의가 제기하는 문제를 유의할 필요가 있다. 왜냐하면 어떤 사회현상에 대해서도 반박할 수 있는 논리를 개발할 수 있기 때문이다. 모든 사람들이 만장일치로 합의할 수 있는 사회현상은 존재하지 않는다. 예를 들어 경제가 불황인가 아니면 호황인가에 대해서도 사람마다 자신의 모형에 근거해 다양하게 해석할 수 있다. 우리는 최근 금융위기로 인한 세계적인 경기침체를 통해 이러한 사례들을 자주 보았다. 어떤 사람은 이제는 불황에서 탈출했다고 해석하는 반면, 다른 사람은 여전히 더블 딥double dip의 가능성이 높다고 주장한다. 어떤 사람들은 분배가 우선이라고 주장하고, 다른 사람들은 성장이 우선이라고 주장한다. 어떤 사람들은 시장에 대한 정부의 규제를 더욱 강화해야 한다고 주장하고, 다른 사람들은 정부는 시장에 대한 규제를 최소화해야 한다고 주장한다. 이러한 사례를 열거하자면 끝도 없다. 어떤 주장이든 일부 반박하기 어려운 요소를 포함하고 있기 때문에 반증 가능하지 않다.

그렇다고 해서 사회현상에 대해 과학적 방법론을 적용하는 것이 잘못된 일이라고 단정할 수는 없다. 반증 가능성의 요건을 엄격하게 적용할 수 없다고 하더라도 이 요건을 상대적으로 더 잘 만족하는 사회모형이 무엇인지 판단할 수 있다면 여전히 과학적 방법론을 적용할 수 있다. 따라서 우리는 다양한 사회모형 가운데 반증 가능성의 관점에서 가장 적절한 모형을 선정해 적용하면 된다. 이러한 과정에서 각 분야에서 지도적 위치에 있는 사람들이 이러한 원칙에 따라 현실을 해석하고 해결방안을 마련한다면 더 나은 사회를 만들 수 있을 것이다.

예를 들어 작은 정부가 바람직한가 하는 문제를 논의할 때 정부는 비효율적이고 시장은 효율적이므로 정부는 작을수록 바람직하다고 주장할 수 있다. 이것을 지지하는 사례를 발견할 수 있기 때문이다. 그런데 최근의 세계적 규모의 금융위기는 이러한 주장을 반박할 수 있는 증거를 제공했다. 왜냐하면 정부가 시장에 적극적으로 개입한 후에 비로소 금융위기가 진정되었기 때문이다. 그렇지만 이것 또한 정부가 항상 시장에 적극적으로 개입해야 한다는 주장을 정당화하지는 않는다. 시장이 정상적으로 작동하고 있는 경우 정부가 개입한다면 오히려 비효율을 초래한다는 것은 이론적으로나 역사적으로 입증되었기 때문이다. 따라서 반증 가능성의 관점에서 우리가 제기해야 하는 적절한 문제는 "우리 사회에 가장 적절한 시장과 정부의 조합은 무엇인가?"이다. 즉, 어떻게 시장과 정부가 역할을 분담하면 작은 정부를 지지하는 사람들과 큰 정부를 지지하는 사람들 모두 반박하기 어려운 시장경제모형을 만들 수 있는지 고민해야 한다. 이것이 반증주의적 시각에서 과학적 방법론을 사회에 적용할 때 우리가 고려해야 할 점이다.

과학적 사고의 특성

표준화

실험과 관찰을 통해 얻은 과학적 지식이 급속하게 확산되고 이것을 바탕으로 다시 새로운 지식이 창출되는 선순환이 이루어지게 된 데는 표준화standardization가 크게 기여했다. 표준화란 시간과 장소와 무관하게 누구에게나 적용될 수 있는 통일된 기준을 마련하는 것을 말한다. 그리고 이것은 사람들의 작업 효율을 높여준다는 점에서 바람직하다.[10] 이러한 점에서 효율성을 무시하고 사람들에게 임의적인 척도를 강요하는 획일화와는 근본적으로 다르다.

---

10 최근 우리가 자주 들었던 표준화의 사례로는 근거리 무선통신 방식인 블루투스라든가 휴대 인터넷 전송방식의 표준화 또는 4세대 이동통신의 표준화와 같이 주로 정보 · 통신기술과 관련된 것들이다. 과거 VCR의 표준화가 주요 쟁점이었던 적이 있었다. VCR방식의 표준화를 놓고 일본 소니사의 베타 방식과 나머지 전자회사들의 VHS방식이 경합했다. 결과적으로 시장은 VHS방식을 표준모형으로 채택되었지만 이 과정에서 적지 않은 사회적 낭비가 있었다. 이와 같이 표준화는 불필요한 자원의 낭비를 막아주는 역할을 한다.

표준화의 대표적인 예는 도량형의 표준화이다. 이것은 인류역사에서 다양한 시대, 다양한 국가에서 여러 차례 시도되었지만 궁극적으로는 1899년 제1차 국제 도량형 총회에서 국제적 협의가 이루어졌다. 그 후 언제, 어디서, 누가 측정했더라도 사람들은 실험과정과 실험결과를 신뢰하고 공유할 수 있게 되었다. 우리가 관찰할 수 있는 모든 대상에 표준화의 원칙을 적용할 수 있는 것은 아니지만 과학에서는 가능한 한 모든 측정단위를 표준화하려 한다. 특히 측정단위의 표준화로 우리는 실험에 적용되는 온도, 압력, 물질의 양과 같은 실험조건을 공유할 수 있게 되었을 뿐만 아니라, 때와 장소에 상관없이 동일한 물질이 실험에 사용될 수 있었다. 예를 들면 물을 실험에 사용할 때는 어느 실험실에서나 섭씨 영도에서 얼고 섭씨 백도에 끓는 일정한 성질을 가진 물을 사용함으로써 재현성 있는 실험결과를 공유할 수 있게 되었다. 같은 물질을 가지고 연구하고 있다는 확신을 줌으로써 모든 연구자들이 서로의 연구결과를 신뢰하고 공유하도록 하는 가장 중요한 조건이 충족되었던 것이다.

실험을 통해 변화나 차이를 관찰하고 이것을 정량적으로 표현하는 것을 과학에서는 측정measurement이라 한다.[11] 이러한 측정을

11 측정은 단순히 사물의 크기나 무게를 재어 본다는 의미가 아니다. 양자물리학자인 데이비드 봄은 측정과 관련해 상당히 의미 있는 설명을 했다. 측정은 일정한 척도(measure)를 이용해서 일정한 기준을 넘어섰는지 여부를 확인하는 작업이다. 그에 의하면 치료를 뜻하는 라틴어 '메데리'(mederi)에서 의학(medicine)이 나왔는데, 이 단어는 척도에서 유래했다고 한다. 몸이 건강하려면 몸의 모든 부분과 작용에 적

통해 얻은 실험결과는 숫자로 표현된다. 이것은 우리가 만든 기준에 근거해서 결정된 상대적인 값에 해당한다. 비록 정확하게 숫자로 표현되지만 이 값들은 서로 비교하기 위한 값으로서 의미가 있는 것이지 절대적인 값이 중요한 것은 아니다. 우리가 과학적 사실이 객관적이라고 믿는 이유는 그것이 숫자로 표현되어서가 아니라 우리 모두가 합의한 기준criteria이 있기 때문이다.

우리는 어떤 사실에 관해 단순히 말로 설명하는 것보다 숫자로 표현된 자료를 더 신뢰하는 경향이 있다. 왜냐하면 말보다는 숫자가 더 객관적이고 과학적이라고 생각하기 때문이다. 물론 숫자로 표현된 자료의 경우 주관적인 해석의 여지가 작아지므로 좀 더 객관적일 수 있다. 그렇지만 숫자로 표현된 것이 항상 더 객관적이라고 단정할 수는 없다. 숫자는 객관적이고 합리적인 기준을 만들기 위해 도입된 수단일 뿐이다. 중요한 것은 기준을 정하는 것이다.

그런데 사람들은 숫자가 제공하는 의미를 잘못 이해하는 경우가 많다. 그 이유는 숫자로 표현된 경우라도 절대적인 값이 중요한 경우와 상대적인 서열이 중요한 경우를 구분해야 하는데 그렇지 않기 때문이다. 몇 가지 사례를 들어보자. 먼저 학교에서 학생들의

용할 수 있는 적절한 내부 척도가 있어야 한다는 말이다. 또한 절제(moderation)라는 말도 같은 뿌리에서 나왔으며 명상(meditation)도 전체 사고과정을 이리저리 재어 본다는 뜻으로서 척도와 같은 뿌리에서 나왔다고 한다. 단어의 어원을 밝혀 여러 가지 용어들 간의 관계를 바탕으로 논리를 전개하는 그의 관점은 흥미롭다. 이에 관해서는 그의 저서 『전체와 접힌 질서』(이정민 옮김, 시스테마, 2010)을 참조하길 바란다.

성적을 바탕으로 석차를 매기는 경우를 생각해보자. 편의상 100명의 학생이 있는 경우를 가정하자. 그러면 1등부터 100등까지 석차를 매길 수 있다. 이때 중요한 것은 상대적인 서열이지 등수의 차이가 아니다. 1등이 2등보다 두 배 공부를 잘하는 것이 아니라 단지 2등보다 앞섰을 뿐이다. 그 차이는 아주 작을 수도 있고 클 수도 있다. 이때 이들 간의 절대적 차이가 중요한 것이 아니라 상대적 서열이 중요할 뿐이다.

오늘날 누구나 통계가 중요하다는 것을 알고 있다. 통계란 표본을 이용해 모집단의 알려지지 않은 속성을 추론推論하는 것을 돕는 수치화된 자료이다. 여론조사는 통계를 이용하는 대표적인 사례이다. 그런데 통계자료를 만드는 과정부터 시작해 통계자료를 해석하는 경우에 이르기까지 특정한 목적 때문에 통계자료를 조작할 가능성이 상존한다. 그 결과 통계자료와 현실인식 사이에는 커다란 격차가 발생할 수 있다. 예를 들어 공식적인 통계자료에 의하면 물가상승률이 얼마 되지 않지만 체감물가는 상당히 오른 경우가 여기에 해당한다. 사실 우리는 일상생활에서 이러한 사례를 얼마든지 발견할 수 있다. 그 이유는 통계기법의 한계도 있지만 통계자료를 만드는 과정에 주관적인 가치판단이 개입할 수도 있기 때문이다. 그렇기 때문에 권위 있는 기관이 만든 통계자료가 아니라면 객관성을 보장할 수 없다.

시장경제에는 모든 재화와 서비스의 가격이 형성되어 있다. 우리는 재화나 서비스의 가격이 그것의 본질적인 가치를 반영하는 것으로 간주할 수 있다. 그런데 가격은 고정된 것이 아니라 끊임없이 변하는 경우가 대부분이다. 주가나 환율, 그리고 유가 등이 대표적인 예이다. 가격이 변하는 주된 이유는 수요와 공급에 변화가 있기 때문이다. 이 과정에 투기적인 요인이 개입하면 가격과 가치 사이에 격차가 발생한다. 이러한 경우 가격은 상품의 본질적인 가치를 반영하지 못한다. 시장경제에서는 이러한 일이 자주 발생하고 있다. 이것은 가격이라는 숫자를 상품의 본질적인 가치를 반영하는 객관적인 숫자로 간주하기 어렵다는 것을 의미한다. 이것 또한 숫자 표현이 객관성을 상실할 수 있는 사례에 해당한다.

이와 같이 숫자는 누구나 이해할 수 있는 가장 쉬운 언어이지만 과학에서 숫자로 인해 오해가 생기기도 한다. '1 + 1 = 2'라는 것은 누구나 알고 있는 사실이지만 실제 과학에서는 '1 + 1 = 0'이 되기도 하고, '1 + 1 = 1'이 되기도 하다. 예를 들어 사인곡선sine curve과 코사인곡선cosine curve을 합치면 서로 상쇄되어 0이 된다. 또한 두 개의 파동의 마루와 마루가 합쳐지면 더 큰 파동이 되고 마루와 골이 합쳐지면 서로 상쇄되어 파동이 사라진다. 그리고 물방울이 다른 물방울과 합치면 큰 물방울 하나가 되기도 한다. 이렇게 과학은 모든 가능성을 열어두는데 실제로는 '1 + 1 = 2'만 과학적이라고 가르치고 있기 때문에 과학에 대한 오해가 생길 수 있다.

여기서 표준화와 획일화는 전혀 다른 개념이라는 사실을 분명히 이해해야 한다. 과거 우리나라에서 도량형을 통일한다고 하면서 전통적으로 사용되던 단위들인 평, 리, 돈, 관, 축 등 우리 고유의 도량형 단위들을 공식적으로는 모두 폐지했다. 행정적 편의 때문에 그랬지만 이것은 표준화의 취지가 왜곡되어 획일화로 이어진 대표적인 사례이다. 예를 들어 우리나라에서는 현재 실질적으로 면적의 단위로 평坪과 제곱미터m²가 함께 사용되고 있다. 공식적으로는 제곱미터가 사용되고 있지만 일반인들은 평에 더 익숙하다. 이러한 현실을 무시하고 미터법만 고집하는 것은 획일화에 해당한다. 이에 반해 여러 선진국에서는 여전히 자기 나라 고유의 도량형 단위를 미터법과 병행하여 사용하고 있다. 미국이나 영국은 아직도 길이의 단위로 피트와 야드, 그리고 무게의 단위로 파운드를 병행해 사용하고 있지만 이로 인해 사회적으로 혼란이 발생하지 않고 있다.

우리는 과학발전을 추구하면서 동시에 이러한 행동을 하는 것에 대해 냉정히 반성해볼 필요가 있다. 중요한 것은 표준화이지 획일화가 아니기 때문이다. 획일화는 특정 집단의 이해관계에 의해 일정한 기준을 강요하는 것을 말한다. 예를 들어 1970년대 우리나라에서 실시했던 장발단속이라든가, 중·고교 학생들에게 동일한 교복착용을 의무화하는 것, 특정한 이데올로기를 강요하는 것 등이 획일화에 해당한다. 반면 각종 전자기기의 규격을 통일하는 것은 표준화에 해당한다. 획일화는 사람들의 창의성을 저해함으로써 사회 전반의 비효율을 증가시키는 반면, 표준화는 상호교류와 다른 기기機器 간의 호환성을 뒷받침함으로써 창의성을 강화하고 사회 전반의 효율을 높일 수 있다. 따라서 획일화를 지양하고 표준화를 지원해야 한다는 원칙은 과학 분야에서만이 아니라 사회 여러 분야에서 반드시 고려해야 할 중요한 문제이다.

우리는 이러한 원칙을 사회에 적용할 수 있다. 사회현상을 객관적으로 평가하기 위해서는 우선 사회구성원 모두가 인정할 수 있는 기준에 대한 합의가 이루어져야 한다. 예를 들면 "부당이득이란 직무와 관련된 권한을 사회적으로 용납되는 범위를 넘어 남용해 얻는 이득을 말한다"라는 것도 하나의 기준이 될 수 있다. 이것이 사회적 관점에서 본 표준화이다. 또는 "자기가 하기 싫은 일을 남에게 시키지 말라"든가 "자신이 대접을 받고 싶은 데로 남을 대접하라"는 것도 사회적 관점에서 사람들의 행동에 대한 하나의 기준이 될 수 있다. 이와 같이 누구나 서로에게 이로운 공통의 행동원칙을 수용한다면 이것이 하나의 기준이 되어 그만큼 다른 사람들의 행동을 예측할 수 있게 된다. 그럼으로써 사회구성원 모두 불필요한 비용은 줄이고 혜택은 늘릴 수 있다.

물론 사회현상에 대해서는 과학의 경우처럼 정교한 표준화가 이루어지기는 어렵지만 그 기본정신은 적용할 수 있다. 사람마다 무엇이 객관적인가에 대한 기준이 다를 수 있다. 그리고 이러한 기준에 격차가 클수록 사회적으로 어떤 합의를 도출하기 어렵다. 따라서 견해가 다르다는 이유 때문에 서로 비난하기 전에 누구나 동의할 수 있는 일정한 기준을 만드는 노력을 해야 한다. 그런데 이러한 기준은 한두 사람의 노력으로 만들 수 있는 것이 아니다.

적어도 이러한 기준을 지키는 것이 바람직하다고 생각하는 사람들이 사회에서 다수를 차지할 때까지는 정부, 언론 및 비정부단체 NGO의 지속적인 노력이 요구된다. 예를 들어 버스나 지하철에서 노약자를 보면 젊은이가 자리를 양보하는 것이 당연한 것으로 간주된다. 이러한 경우 몇 살부터 노인으로 분류되어야 하는지를 따지지 않고 어림잡아 노인으로 보이면 자리를 양보하는 경우가 많다. 이러한 단순한 행위에도 나름대로 표준화된 기준이 형성될 수 있다.

최근 우리나라에서 오랫동안 시행되던 좌측통행을 우측통행으로 바꾸려 하고 있다. 이것은 표준화의 원칙이 적용될 수 있는 전형적인 경우이다. 보행자의 관점에서는 좌측이든 우측이든 누구나 한 가지 원칙을 지키면 서로 부딪히지 않고 걸을 수 있기 때문에 차이가 없다. 그런데 누군가 우측통행이 사회적으로 더 효율적이라는 주장을 했고, 이것이 받아들여져 현재 우측통행을 실시하고 있다. 아직 사람들이 익숙하지 않아 과거처럼 좌측통행을 하는 사람들과 우측통행을 하는 사람들이 섞여 있어 지금은 다소 무질서하다. 그렇지만 일정 시점이 지나면 우측통행이 대세가 될 것이다. 그때 우측통행은 보행의 표준화된 기준으로 자리 잡을 것이다.

여기서 중요한 것은 이러한 기준들이 어떤 과정을 거쳐 만들어졌는지와는 별개로 일단 사회에서 채택되면 누구에게나 엄격하게 적용되어야 한다는 점이다. 그리고 사회구성원 대다수가 이것을 지킨다면 궁극적으로 이러한 기준들이 사회규범의 일부로 확고한 위치를 차지하게 될 것이다. 사람은 다른 사람을 모방하는 것이 유리한 경우가 많다는 것을 본능적으로 알고 있다. 그래서 이성적 판단보다 모방하려는 심리가 우세한 경우도 자주 발생한다. 진화론적 관점에서 보더라도 모방이 개체의 번식에 유리했다는 증거가 많이 있다. 이러한 사실을 감안할 때 사회규범은 누구나 수용할 수 있는 기준에 입각해 형성되어야 한다. 사회규범은 바로 이러한 기준들의 비공식적인 체계이다.

재현성

재현성reproducibility은 과학적 발견이 갖추어야 할 가장 기본적인 특성이다. 어떤 과학적 발견이 사람에 따라, 그리고 시간과 장소에 따라 달라진다면 재현성이 없는 것이다. 물론 여기에는 초기조건이 같아야 한다는 것이 전제되어 있다. 만약 재현성이 성립하지 않는다면 어떤 것도 과학적 발견으로 받아들여지지 않는다. 초기조건이 달라지면 과학적 발견의 내용 또한 달라지지만 이 경우에도 재현성은 그대로 성립해야 한다. 물리학, 화학, 생물학, 의학, 유전공학, 컴퓨터공학 등 모든 과학 분야에서 확고한 위치를 차지하고 있는 이론들은 모두 뛰어난 재현성을 보인다. 그러나 과학이라고 해서 항상 100%의 재현성을 보이는 것은 아니다. 분야에 따라 차이는 있으며 일정한 범위까지는 오차를 인정한다. 이것을 '허용오차'라 한다.

자연에서 관찰할 수 있는 간단한 형태의 재현성으로는 주기성 periodicity을 들 수 있다. 시계추의 흔들림 같이 일정한 시간이나 공간에서 동일한 현상이 반복되는 것을 주기성이라 하는데, 이것은 우리가 생각하는 것보다 훨씬 더 다양하게 자연에서 발생하고 있다. 가령 매일 낮과 밤이 바뀌는 것이나 매년 사계절이 바뀌는 것, 그리고 우리들의 심장이 쉬지 않고 규칙적으로 뛰는 것도 이에 해당한다. 전통적으로 우리는 자연에서 일어나는 다양한 현상에서 이러한 주기성을 찾으려고 노력했고, 그렇게 찾아낸 주기성을 바탕으로 미래를 예측하고 대비해왔다. 예로부터 달이나 별자리를 연구하는 천문학이 발달했고 여기서 얻은 지식을 농사에 응용한 것은 재현성을 이용한 대표적인 사례이다. 이렇게 인간은 자연에서 주기성을 발견함으로써 자연의 순환법칙들을 확립해 자연에 대한 이해를 넓혀 나갔다. 사람들은 이러한 주기성을 탐구하는 과정에서 우연히 관찰되거나 발견된 사실이라도 초기조건이 충족되면 똑같이 재현될 수 있다는 것을 이해하게 되었다. 그리고 이러한 경험이 물리적 세계에 대한 과학연구의 출발점이 되었다.

과학적 진실인지 여부를 검증할 수 있는 중요하고 확실한 방법은 '재현할 수 있는 사실'과 '재현할 수 없는 사실'을 구분하는 것이다. 따라서 다른 사람에 의한 엄격한 검증이 필요한 경우 재현성이 가장 중요한 척도가 되었다. 재현성이 확인된 것은 과학적 사실로서 가치를 인정받을 뿐만 아니라 실험실에서 얻은 결과를 대량으로 재현할 수 있게 해줌으로써 대량생산을 가능하게 했다. 나아가 우리는 이렇게 확립된 재현성을 바탕으로 더 복잡하거나 아직 발견되지 않은 자연현상을 다룰 수 있게 되었다. 현대 과학자들은 자연계에는 재현성 있는 과학적 사실로 알려진 것보다 알려지지 않은 새롭고 흥미로운 현상들이 훨씬 더 많이 존재한다고 믿고 있다.

우리가 알고 있는 주기성은 언제, 어디에나 적용되는 것은 아니다. 예를 들어 사계절이 있다는 것은 우리나라에는 적용되지만 적도와 남극에는 적용되지 않는다. 따라서 주기성보다 더 일반적인 재현성을 발견하기 위해서는 더 나은 접근 방법이 요구된다. 여기에 도입되는 개념이 바로 조건condition 또는 요인factor이다. 조건이란 어떤 사실이 발생하기 위해서 필요한 독립적인 요소를 말한다. 과학에서는 관심 있는 현상이 있을 때 우선 그것이 일어나는 데 영향을 미친 조건들을 구분하는데, 이것은 분석화학을 비롯해 모든 과학의 기본원리에 해당한다. 이렇게 해서 얻어진 조건들을 최대한 독립적으로 상호 영향을 미치도록 세분화한 후, 그 조건들을 하나씩 변화시켜 특정한 조건이 특정한 현상이 발생하는 데 기여하는 정도를 연구한다. 그리고 이렇게 얻은 결과로부터 중요한 조건과 그렇지 않은 조건을 구분한다. 어떤 현상에 영향을 미치는 여러 조건들 가운데 더 중요한 조건을 선별하는 과정을 우선순위priority를 부여한다고 한다. 이와 같이 특정한 현상에 영향을 미치는 정도에 따라 필요한 조건들은 선별하고 이 조건들의 우선순위를 가린 후 중요한 조건을 중심으로 실험모형을 최적화optimization함으로써 그 현상을 재현할 수 있게 된다.

예를 들어 특정한 유기화합물을 만드는 경우 여러 가지 원료의 배합비율, 실험실의 온도와 습도, 가열 시간을 유지하는 것이 중요한 조건들에 해당한다. 이 경우 가장 중요한 조건이 여러 가지 원료의 정확한 배합비율이라면 여기에 우선순위가 주어진다. 따라서 다른 사람이 실험을 반복해도 동일한 유기화합물을 얻으려면 무엇보다도 배합비율을 정확하게 유지해야 한다.

이러한 과정과 원리는 사회현상에도 적용될 수 있다. 일상에서 발생하는 다양하고 복잡한 사회현상의 경우 이것을 그대로 받아들이지 말고 이러한 현상이 발생하게 된 조건들을 구분하는 작업이 먼저 이루어져야 한다. 그 다음 이 조건들 가운데 이미 발생한 현상에 미치는 영향의 경중을 가려 이것들을 적절하게 통제한다면 겉으로 보기에는 복잡하게 보이던 현상도 잘 조절될 수 있을 것이다. 개인들이 일상생활에서 자신에게 영향을 미치는 여러 조건들을 분류한 후 이것들의 우선순위에 따라 대처한다면 이것이 바로 과학적으로 문제를 해결하는 출발점이다.

우리는 삶에 영향을 미치는 여러 사회문제에 이러한 원칙을 적용할 수 있을 것으로 기대한다. 예를 들어 다음 세대에게 바람직한 사회를 만들어 주기 위해서는 부의 공정한 분배, 제한된 사유재산제도, 지속적인 경제성장, 부정 · 부패의 척결, 적절한 삼권분립이라는 조건 등이 필요하다고 하자. 이 가운데 부의 공정한 분배에 우선순위가 있다고 사회적 합의가 이루어지면 무엇보다도 부의 공정한 분배를 실현하는 데 노력을 집중해야 한다.

반과학이나 사이비 과학이라 불리는 분야에서는 이러한 재현성이 성립하지 않는다. 점을 치거나 굿을 하는 행위가 과학적이지 못한 이유는 재현성이 성립하지 않기 때문이다. 동양의학에 비해 서양의학이 과학의 한 분야로 확고한 위상을 차지한 이유도 바로 재현성 때문이다. 어떤 환자에게 어떤 약을 투여하면 어떤 결과가 발생할지 예측할 수 있다. 그 이유는 수많은 임상실험을 통해 거의 동일한 결과가 발생한다는 사실이 검증되었기 때문이다. 열이 높은 사람이 아스피린을 먹으면 열이 떨어진다는 것이 이러한 사례에 해당한다. 때로는 과학적 방법론으로 무장한 것처럼 보이는 사이비 과학은 재현성이라는 기준을 통과하지 못하기 때문에 과학으로서의 지위를 얻지 못하는 것이다. 우리 주변에는 과학의 이름을 이용해 많은 사람들을 유혹하려는 시도가 빈번하다. 그 이유는 과학은 재현성을 통해 사람들의 신뢰를 얻기 때문이다. 우리는 무엇이 과학적이라고 평가하기 전에 과연 어느 정도 재현성이 성립하는지 판단해야 할 것이다.

엄격한 재현성이 성립하는 분야는 자연과학에 한정되어 있다. 사회과학 분야에서는 이러한 엄격한 재현성을 확인하기 어렵다. 사회는 개인들로 구성되어 있다. 개인을 원자에 비유한다면 사회는 하나의 거대한 유기체이다. 자연과학에서는 원자의 특성을 알면 물체의 성질을 알 수 있다. 그렇지만 사회를 구성하는 원자로서의 개인은 모두 다르다. 그리고 이들 간에 형성되는 네트워크는 너무 다양해 일반적인 예측의 한계를 넘어선다. 또한 사회는 나름대로 자기조직화 원리가 적용되는 실체이다. 이러한 경우에는 우리가 고려해야 할 조건들이 너무 많기 때문에 이들을 적절하게 통제한다고 해도 항상 동일한 결과를 달성할 수는 없다. 그렇지만 오차를 최소화하는 노력은 가능할 것이다. 역사는 반복된다고 하는 것도 과학에서 말하는 재현성과 유사하다. 우리는 재현성의 원리를 이용해 복잡해보이는 사회현상들을 분류하고 분석함으로써 이에 대한 적절한 대응방안을 모색할 수 있을 것이다.

예측력

재현성에 근거해 발전해온 과학적 사고의 다른 특징으로 예측력 predictability을 들 수 있다.[12] 아직 일어나지 않은 미래에 대한 예측은 주기성이나 재현성과 밀접하게 관련되어 있다. 왜냐하면 주기성이나 재현성에 의해 이미 검증된 과학적 결과의 조건들이 확인

---

12 예측에 해당하는 영어 단어로는 prediction과 forecast를 들 수 있다. 그런데 forecast는 대체로 통계자료를 이용해 미래에 어떤 일이 벌어질 것인지 추론한다는 의미가 강하다. 그래서 일기예보나 경기예측에서는 forecast라는 용어를 사용한다. 반면 prediction은 논리적 추론에 의해 미래에 어떤 일이 벌어질 것인지 예측한다는 의미가 강하다. 과학적 방법론은 자신이 이용하는 모형에 입각해 미래에 어떤 일이 발생할지 예측하는 것을 중요한 요소로 간주한다는 점에서 prediction이 더 적합한 용어라고 생각한다.

되면, 이를 바탕으로 앞으로 어떤 결과가 발생할지 예측할 수 있기 때문이다. 따라서 과학에서는 조건들의 종류와 조건들이 결과에 미치는 영향을 알고 있다면 아직 일어나지 않은 사건의 결과도 예측할 수 있다고 믿는다. 물론 이러한 예측이 오차범위를 벗어나는 경우도 종종 발생한다. 그렇지만 우리는 이러한 경험을 통해 재현성에 영향을 미치는 조건들에 대한 지식을 더 심화시킬 수 있으며 그럼으로써 미래를 더 정확하게 예측할 수 있게 된다.

예측력은 미래에 일어날 일에만 적용되는 것은 아니다. 과학에서는 이미 존재하지만 아직 발견되지 않은 사실이나 물질에 대해서도 예측이 가능하다. 이러한 예측을 특별히 '신기한 예측'novel prediction이라 부른다. 이러한 예측을 가능하게 하는 과학적 사고방법은 더욱 중요한 의미를 갖는다. 예를 들면 이미 알려진 자연계 원소들의 주기성에 근거해 만들어진 초기 주기율표를 바탕으로 멘델레에프D. Mendeleeff는 그 당시 아직 발견되지 않았던 원소들의 존재를 예측했다. 그리고 아직 발견되지 않았던 원소들의 물성도 예측하여 다른 화학자들이 실험실에서 이들을 발견하는 데 좋은 길잡이 역할도 했다.

그러면 이러한 예측은 어떻게 가능했을까? 우리는 실험을 통해 관찰된 결과로부터 최대한 많은 데이터를 얻은 후 이것을 이용해 규칙성regularity을 발견하려고 한다. 주기성은 간단한 형태의 규칙성이라고 할 수 있다. 일정한 규칙성이 발견되면 이것을 기반으로 다른 물질이나 사실에 대해 예측할 수 있게 된다. 나아가 이러한 규칙성을 방정식으로 정리할 수 있으면 우리는 이 방정식을 이용해 실험실에서는 재현하기 힘든 극한영역에서 예상되는 결과를 예측할 수 있게 된다. 예를 들어 일상적인 조건인 1기압과 섭씨 20도 정도의 실온에서 온도가 내려가면 기체는 부피가 줄어든다는 것이 오래전에 관찰되었다. 일반화학에서는 이것을 샤를과 게이-뤼삭의 법칙Charles and Gay-Lussac Law이라 부른다.

영국의 과학자 켈빈W.T. Kelvin은 이렇게 일상의 데이터로부터 얻은 이 법칙을 바탕으로 부피와 온도 간의 관계를 나타내는 그래프를 작성한 결과 기체의 부피가 0인 값으로 연장하면 언제나 섭씨 영하 273도를 얻을 수 있다는 사실을 발견했다. 실제로 온도가 내려가면 기체는 액화가 되어서 부피가 0이 되지는 않지만 켈빈은 그래프상에서 부피가 0이 되는 상태의 온도를 유추했다. 섭씨 영하 273도는 그 당시 여건에서는 상상도 못할 실험조건이었고, 이러한 극한의 자연계에 대한 지식은 거의 없었다. 그런데 일상생활의 관찰을 통해 얻은 단순한 과학법칙으로부터 섭씨 영하 273도라는 극단적인 경우가 존재할 가능성을 예측했고 이것은 나중에 확인되었다. 이것을 절대온도라고 하며 이론적으로 도달할 수 있는 최저온도다. 이와 같이 잘 알고 있는 데이터에서 얻어진 수식을 이용해 우리가 아직 알지 못하는 영역의 값을 예측하는 것을 외삽법extrapolation이라 한다.

우리가 일상생활에서 여러 가지 판단을 내리는 과정에 과학의 예측력을 응용할 수 있다. 우리는 미래에 좋은 결과를 얻기 위해서 현재 여러 가지 결정을 내려야 하는 경우가 많다. 만약 과학의 재현성이나 예측력을 적용할 수 있다면 의사결정과정이 순조로울 것이다. 그러나 재현성이나 예측력을 적용하기에는 특정한 사회현상을 유발하는 조건들의 우선순위에 대한 지식이 아직도 많이 부족하다. 따라서 우리가 미래에 가능한 한 좋은 결과를 얻기 위해서는 적절한 기준에 근거해 판단해야 한다. 이러한 판단 기준은 과학에서 재현성 있는 결과를 얻기 위해 필요한 조건에 비유될 수 있다.

적절한 기준에 근거해 판단한다면 과학에서 성취한 것과 같이 미래에 일어날 여러 사회현상들에 예측력을 적용할 수 있는 범위를 점점 넓힐 수 있다. 이러한 실현 가능성이 큰 예측을 통해 우리는 미래에 대한 불확실성을 줄이고 적절하게 대비할 수 있게 된다. 나아가 가까운 미래에 대한 예측뿐만 아니라 아직 도래하지는 않았지만 우리 자손들의 번영을 위해서 만들어야 하는 새로운 사회에 대한 예측도 가능하게 될 것이다. 우리가 과학적 방법론의 특성을 정확하게 이해해야 하는 이유는 다양한 사회현상을 이해하는데 이것을 유용하게 적용할 수 있기 때문이다. 따라서 사회현상을 예측하기 위한 판단 기준을 어떻게 만들어야 하는가가 우리가 추구하는 사회규범의 중요한 요소가 되어야 할 것이다. 우리는 이와 관련된 다양한 사례를 검토할 필요가 있다.

미래나 아직 알려지지 않은 미지의 세계에 대한 예측력은 과학을 종교나 예술과 확연하게 구분짓는 특성이다. 물론 특정 종교를 믿는 사람들 중에는 미래에 어떤 일이 발생할지 예측할 수 있다고 주장하는 사람도 있다. 그렇지만 이것은 단지 종교적 믿음일 뿐 과학에서 요구하는 엄밀성이나 재현성을 발견할 수 없다. 반면 사회과학 분야 가운데 일부에서는 재현성이나 예측력을 어느 정도 보유하고 있다고 할 수 있다. 경제학은 그 대표적인 분야이다. 예를 들어 우리는 적절한 모형을 이용해 이자율을 몇 퍼센트 인상하면 가계대출이 몇 퍼센트 감소할 것이라고 일정한 오차범위에서 예측할 수 있다. 그리고 이것은 한번만 성립하는 것이 아니라 초기조건이 같다면 반복해서 유사한 결과를 관찰할 수 있다.

그런데 대부분의 경제현상에 대해서는 정확한 예측이 불가능하거나 어렵다. 최근의 금융위기는 그 대표적인 사례이다. 현존하는 어떤 경제모형도 세계적 규모의 금융위기가 발생할 것이라고 예측하지 못했다.[13] 경제현상에 대한 정확한 예측이 가능하다면 경기변동도 피할 수 있으며 자산가격의 폭등이나 폭락도 피할 수 있다. 이러한 현상이 주기적으로 되풀이되고 있다는 것은 그만큼 경제현

13 미국 뉴욕대학의 누리엘 루비니(Nouriel Roubini) 교수는 금융위기를 정확하게 예측했다고 해서 세계적인 명성을 얻은 사람이다. 그렇지만 그가 사용한 경제모형을 이용한다고 해서 앞으로 발생할 어리 가지 경제위기를 정확하게 예측할 수 있다고 보기는 어렵다. 어쩌다 한 번 정확하게 예측하는 것은 점쟁이도 가능하다. 얼마 전 남아프리카 월드컵에서 독일의 문어가 우승팀을 족집게처럼 맞추어 화제가 된 적이 있다. 그렇지만 신통력이 있는 문어라도 앞으로 벌어질 월드컵에서 어떤 팀이 우승할지 정확하게 예측할 수는 없다. 따라서 단순히 운이 좋아 정확하게 예측한 것과 과학적 분석을 바탕으로 정확하게 예측하는 것은 구분되어야 한다.

상에 대한 예측이 어렵다는 것을 의미한다. 주기적으로 반복된다는 것은 어느 정도 주기성이 있다는 의미이다. 따라서 이러한 경우 초기조건을 알면 어느 정도 예측이 가능할 것으로 예상할 수 있다. 그렇지만 서로 다른 수많은 개인들로 구성된 사회에는 과학모형에는 없는 복잡한 네트워크가 형성되어 서로 영향을 미친다. 그리고 어느 누구도 이러한 상호작용의 결과를 일정한 오차 범위 내에서 예측하기 어렵다. 그렇기 때문에 주기적으로 발생하는 경기변동이라도 피하기 어려운 것이다. 경제학이 과학으로서 한계를 갖는 이유는 예측력이 부족하기 때문이다. 그렇지만 경제학자들은 끊임없이 새로운 경제모형을 시험하고 있다. 경제학이 사회에 기여하려면 예측력이 높은 모형을 개발해야 한다. 이를 위해서는 어떤 조건이 충족되었을 때 예측력이 높은 모형을 만들 수 있는지 깊이 연구해야 한다. 기존의 경제모형들이 모두 예측에 실패했다면 전혀 새로운 모형을 추구해야 할 것이다.[14]

포용성

과학이 다른 분야와 확연히 다른 특성으로 포용성catholicity을 들 수 있다. 일찍이 뉴턴은 자신의 과학적 발견을 겸손하게 표현해

14 복잡계이론을 바탕으로 앞으로 사회에서 어떤 일이 벌어질 것인지 예측하려는 시도도 여기에 포함된다.

"내가 남들보다 조금 더 멀리까지 내다볼 수 있었던 것은 거인들의 어깨 위에 올라선 덕분이었다"고 말했다. 이 말은 과학의 포용성을 단적으로 보여준다. 과학 이외의 분야에서는 대부분 기존 관점을 부정하고 새로운 관점을 제시하는 것이 자연스러운 관행이었다. 예를 들면 낭만주의, 사실주의, 초현실주의 등의 사조는 모두 기존의 시대정신을 부정하는 가운데 새롭게 등장했다. 최근 유행했던 포스트모더니즘은 이러한 관행의 절정을 보여준다. 이것은 특히 문학이나 음악, 미술 등 예술분야에서 두드러진 현상이다. 그렇지만 과학의 경우는 다르다. 물론 과학에서도 기존 이론을 전면 부정하는 가운데 새로운 이론이 등장했던 사례가 없는 것은 아니다. 그렇지만 과학은 기존의 과학이론을 수용해 더 일반화된 이론을 제시하는 전통을 가지고 있다. 이것은 우리가 배워야 할 중요한 덕목이다.

새로운 과학적 사실들이 발견되면서 과학법칙이나 과학이론이 끊임없이 발전해왔다. 이러한 과정에서 특기할 점은 새로운 법칙이나 이론은 기존의 것을 부정하기보다는 새로 발견된 과학적 사실을 해석할 수 있고, 그 적용 범위가 더 넓은 방법을 제안하면서 발전해왔다는 사실이다. 예를 들어 화학에서 이상기체 방정식은 반 데어 발스Van der Waals의 방정식으로 대체되었다.[15] 뉴턴의 중

15 이상기체 방정식은 $PV = nRT$이다. 여기서 P =압력, V =부피, n =몰수, R =기체상수, T =절대온도를 나타낸다. 이 식에서 n이 일정하면 압력과 부피의 곱은 항상

력이론은 아인슈타인의 일반상대성이론으로 대체되었다. 그렇지만 이것이 곧 뉴턴의 중력이론이 전적으로 틀렸다는 것을 의미하지는 않는다. 단지 각 이론의 적용 범위가 다른 것뿐이다. 독일의 물리학자인 클라우지우스R. Clausius가 제안한 엔트로피entropy 공식은 오스트리아의 물리학자인 볼츠만L. Boltzmann이 제안한 공식으로 대체되었다.[16] 그 이유는 클라우지우스의 공식이 틀려서가 아니라 볼츠만의 공식이 더 일반적인 차원에서 엔트로피를 측정할 수 있기 때문이었다. 사회에서는 기존의 법과 제도를 폐기하고 새로운 법과 제도를 제정하는 것이 관행이지만 과학의 법칙은 나중에 등장한 법칙이 앞의 법칙을 포용하면서 그 적용 범위를 넓혀 왔다.

온도에 비례한다. 그런데 이 식은 높은 압력과 낮은 온도에서는 잘 적용되지 않는다는 것이 알려졌다. 그래서 반 데어 발스가 압력과 온도 항목을 보정하여 더 일반적으로 사용할 수 있는 다음과 같은 방정식을 제안했다.(a와 b는 기체의 종류에 따른 상수이다.)

$$\left(P+\frac{an^2}{V^2}\right)(V-nb)=nRT$$

그렇다고 해서 $PV=nRT$가 틀렸다고 하지 않는다. 단지 이 식은 압력이 낮거나 온도가 높은 제한된 조건에서 성립한다고 해석한다.

16 통계 열역학적 관점에서 엔트로피는 열역학적 계(界)의 통계적 무질서도를 나타낸다. 열역학 제2법칙은 바로 "닫힌계(closed system)에서 총 엔트로피(무질서도)는 항상 증가하거나 일정하지 절대로 감소하지 않는다"는 것이다. 이것은 곧 우주는 점점 더 무질서해지는 방향으로 나아가고 있으며 결코 그 반대방향으로 움직이지 않는다는 비가역적인 성질을 나타낸다. 왜냐하면 우주는 하나의 닫힌계이기 때문이다. 반면 지구는 태양으로부터 에너지를 공급받는 열린계이므로 이 법칙이 적용되지 않는다.

과학의 포용성은 코끼리를 만져본 후 그 느낌을 기술한 장님들의 우화에 비유할 수 있다. 우화에서는 코끼리의 다리를 만져보고 기둥과 같다고 표현하거나 배를 만져보고 벽이라고 표현한 장님들이 코끼리를 잘못 묘사한 것으로 되어 있다. 그렇지만 이 우화에서 중요한 점은 코끼리는 장님들이 생각한 것보다 훨씬 더 큰 물체였다는 사실이다. 따라서 장님들의 관찰이 틀렸다고 할 수는 없다. 그들이 묘사한 것들은 모두 코끼리가 가지고 있는 특징들이었다. 과학자의 입장에서 보면 각각의 장님은 나름대로 정확하게 코끼리를 묘사한 것이고, 이것은 다음 세대 과학자들이 코끼리를 이해하는 데 중요한 자료가 될 것이다. 여기서 필자는 특히 과학적 사실의 진정성에 대해 깊이 생각해야 한다는 점을 강조하고 싶다. 사람에 따라서 관찰이나 실험결과가 다른 것은 얼마든지 수용할 수 있는 일이지만 개인적인 영달을 위해 이것을 임의로 조작하는 것은 절대로 용납될 수 없는 일이다. 이것은 새로운 과학적 발견을 통해 인류에게 기여한다는 숭고한 목적을 가지고 헌신하는 수많은 선량한 과학자들에게 좌절감을 안겨주고 그들의 시간과 노력을 헛되게 만드는 반사회적이고 반과학적 행위이기 때문이다.

이러한 포용정신은 과학만의 특별한 전통이 되었다. 이미 알고 있는 지식을 기반으로 하지만 새로운 것을 유연하게 수용하면서도 기존 이론의 가치를 부정하지 않는 포용성은 과학이 급속하게 발전하게 된 중요한 원동력이 되었다. 과학에서는 비록 재현성이 조금 부족하더라도 과거에 축적된 지식이나 경험이라도 특별한 조건에서 얻은 소중한 자료로서 가치가 있다고 믿었다. 나중에 등장한 과학자들은 자신의 취사선택능력을 바탕으로 이러한 지식이나 경험을 유용하게 활용함으로써 새로운 법칙이나 이론을 개발하는 데 많은 시간과 노력을 절약할 수 있었다. 이것은 우리가 알고 있는 온고이지신溫故而知新의 진정한 의미와 일맥상통한다.

그러면 과학의 이러한 특성을 우리 사회에 적용한다면 무슨 말을 할 수 있겠는가? 우리는 우리나라가 세계적으로 그 유례를 찾기 어려울 정도로 빠르게 발전한 것에 대해 자부심을 갖고 있다. 정부가 항상 이 점을 강조해왔으며 누구도 이에 대해서는 부정적인 입장을 취하지 않는다. 그렇지만 균형 잡힌 사고를 하는 사람이라면 이에 대해 일방적으로 동의하지는 않을 것이다. 어떤 사회든 급격하게 발전하는 과정에서는 반드시 문제가 발생하기 마련이다. 이때 발생하는 문제 가운데 미래를 위해 치명적인 것은 기존의 가치체계가 무너진 후 새로운 가치체계가 형성되지 못한 것이다. 이른바 가치체계의 공백이 발생한 것이다. 그리고 이것이 바로 우리가 현재 처해 있는 상황이라는 것이 필자의 생각이다.

우리는 과거의 유교적 전통이나 가치체계를 맹목적으로 부정하는 데 익숙해 있다. 그 결과 이제는 어떤 것도 일반적인 가치체계로 받아들이지 못하게 되었다. 우리에게는 포용성이 부족한 것이다. 그리고 그 원인으로는 물질적으로 지나치게 빠르게 발전한 것을 지적하지 않을 수 없다. 물질과 정신의 비대칭과 불균형이 심화되었고, 이로 인해 어떤 가치체계도 일반적으로 수용될 수 없었다.

이러한 상황을 극복할 수 있는 방법은 온고이지신, 즉 기존의 가치 가운데 현재에도 바람직한 것을 선별해 수용하고 새로운 상황에 맞는 가치를 추가해 통합된 가치체계를 추구하는 것이다. 사회현상을 이해하는 데 이러한 포용성을 적용할 수 있다는 것 자체만으로 우리가 점점 더 이성적으로 생각한다는 증거이다. 왜냐하면 진정 과학적 사고는 기존의 가치 가운데 적절한 것을 선별해 새로운 가치체계의 일부로 수용하는 것이기 때문이다. 그리고 이러한 과학적 사고야말로 우리 사회에서 필요로 하는 이성적 사고의 바탕이다. 이것이 앞으로 우리가 추구해야 할 방향이다.

실행력

우리는 과학적 발견을 통해 얻은 지식을 다양한 방법으로 현실에 응용하고 있다. 그런데 우리가 얻은 지식은 현실에 직접적으로 응용할 수 있는 것과 간접적으로 응용할 수 있는 것으로 구분할 수 있다. 그런데 모든 과학적 지식은 결국 현실에 응용된다는 점에서 본질적으로 차이가 없다. 이렇게 구분하는 이유는 과학적 지식의 특성을 더 잘 이해하기 위해서이다. 전자는 과학적 지식이 기술과 결합하는 경우에 해당하며 후자는 우리의 사고에 영향을 미치는 경우에 해당한다. 전자공학의 발달로 축적된 과학적 지식은 오늘날 우리의 일상생활에 필수적인 TV나 휴대폰을 상용화하는 데 결정적으로 기여했다. 반면 아인슈타인의 일반상대성원리는 직접 우리의 일상생활에 응용되지는 않았지만 시공간에 대한 우리의 사고를 근본적으로 바꿔놓았다. 이와 같이 모든 과학적 지식은 직 · 간접적으로 우리의 일상생활에 반영되고 있다. 이러한 의미에서 과학적 지식은 모두 실행 가능성을 갖춘 지식이다.

과학적 지식이 이러한 특성을 가질 수 있는 것은 분야에 따라 방법상의 차이는 있지만 나름대로 정교하며 실행 가능한 절차를 따르기 때문이다. 예를 들어 단계별로 적절한 실험 장비를 이용해 새로운 지식의 발견에 다가갈 수 있다. 이러한 단계를 거쳐 얻은 지식은 엄격한 실험과정을 거친 것이므로 객관적인 진실로 받아들일 수 있다. 나아가 역설계를 통해 실험과정 어딘가에 문제가 있는지도 검증할 수도 있다. 그 외에 다양한 표본을 수집한 후 객관적인 기준에 의해 이들을 분류하고 해석함으로써 과학적 지식을 얻을 수도 있다. 또한 현실에서 얻은 구체적인 자료를 통계적으로 처리함으로써 과학적 지식을 얻을 수도 있다. 실험을 통해서든 통계적 처리를 통해서든 누구도 반증할 수 없는 결과를 얻으면 과학적 지식으로서 인정받게 된다. 이와 같이 엄격한 과정을 거쳐 확립되기 때문에 과학적 지식은 현실에 응용될 수 있는 것이다. 이것을 과학적 지식의 실행력implementability이라 부를 수 있다.

이와 같이 실행력은 우리 생활과 밀접하게 관련되어 있다. 여러 단계를 거쳐 과학적 지식을 발견하는 과정에서 어느 한 단계라도 오류가 있으면 안 되며 이렇게 얻은 지식은 현실에 응용할 수 있는 특성을 갖는다. 오늘날 우리가 이용하고 있는 수많은 제품들을 생각해보라. 간단한 제품부터 복잡한 제품에 이르기까지 그 출발점은 모두 동일하다. 어떤 것도 과학적 지식에 의존하지 않는 것이 없다. 이러한 사실은 곧 과학적 지식은 실행력이 있다는 의미한다. 역으로 과학적 지식을 얻는 과정에 우연과 추측에 근거한 요소가 포함되어 있다면 이러한 지식은 쉽게 현실에 응용될 수 없을 것이다. 재현성도 부족할 뿐만 아니라 어떤 결과를 초래할지 예측할 수 없기 때문이다. 예를 들어 유전자 조작 기술이 발달해 이것을 식품에 응용하는 경우 사람에게 어떤 영향을 미칠지 아직 확실하게 밝혀지지 않았다. 이러한 지식은 아직 실행력을 확보하지 못한 것으로 간주된다.

이와 같이 일단 과학적 지식으로서 확고한 위상을 갖게 되었다는 것은 어떤 분야에 어떤 방식으로 응용되더라도 우리에게 예상하지 못한 피해를 주지 않는다는 것을 의미한다. 그렇지 않는 과학적 지식은 하나의 가설hypothesis 또는 추측conjecture에 불과하다. 예를 들어 양자역학이 밝혀낸 소립자에 관한 지식은 반도체나 컴퓨터 제조에 응용되어 획기적인 성과를 보여주고 있다. 나아가 기술자들은 다양한 분야에서 축적된 이러한 지식을 결합해 새로운 기술혁신을 주도하고 있다. 따라서 이러한 지식은 과학적 지식으로서 확고한 위상을 갖고 있다. 그렇지만 줄기세포를 이용해 난치병을 치료하는 방법은 그렇지 않다. 이러한 지식을 현실에 응용하기 까지는 더욱 엄격한 실험을 통한 검증이 필요하다.[17]

필자는 과학적 지식의 이러한 특성을 사회현상에도 적용할 수 있다고 생각한다. 우리가 사회를 유지 · 발전시키기 위해서 필요한 것은 추상적인 선언이나 실행 불가능한 명령이 아니다. 우리에게 필요한 것은 현실에 응용할 수 있는 구체적인 준칙이다. 이것은 사회규범이 제대로 역할을 하기 위해서는 반드시 실행할 수 있는 것이어야 한다는 것을 의미한다. 과학적 지식이 실행력을 통해 우리의 일상생활과 불가분의 관계를 맺고 있듯이 사회규범도 실행력을 확보함으로써 우리의 일상생활 속에 확고하게 자리 잡을 수 있도록 해야 한다.

---

17 몇 년 전 온 나라를 떠들썩하게 했던 줄기세포 관련 논문 조작사건을 생각해보라. 엄격한 실험 과정을 거치지 않고 얻은 결과는 결국 문제가 될 수밖에 없다. 이렇게 얻은 지식을 현실에 응용한다면 어떤 재앙이 발생할지 아무도 모른다.

과학적 사고의 한계

우리는 과학적 사고가 모든 문제를 해결해주는 마법의 방망이인지 생각해볼 단계에 왔다. 이것은 곧 모든 것을 과학적 사고의 기반인 이성에 입각해서 판단해야 하는가, 그리고 이성은 항상 완벽한 해결방안을 제시해줄 수 있는가 하는 말로 바꿔 표현할 수 있다. 이미 여러 번 강조했듯이 인간은 이성과 감성을 함께 소유한 존재이다. 이성은 지식을 추구하고 감성은 믿음과 연결되어 있다. 이성은 맞는 것과 틀린 것을 구분하려 하고 감성은 좋은 것과 싫은 것을 구분하려 한다. 내가 어떤 종교를 믿을 때는 그것이 좋기 때문이지, 객관적으로 맞다고 판단해서가 아니다. 내가 $E=mc^2$이라는 방정식을 인정하는 것은 이것이 맞기 때문이지, 좋아서가 아니다. 이와 같이 우리는 때로는 맞고 틀린 것을 구분하려 하는 반면 때로는 좋고 나쁜 것을 구분하려 한다. 이 모두가 우리가 살아가는 데 없어서는 안 될 요소임은 틀림없다.

이 두 가지 요소가 서로 상보적으로 작용할 때 비로소 인간은 인간답게 행동할 수 있으며 사회는 하나의 공동체로서 지속될 수 있다. 이성의 자리를 감성이 차지하거나 그 반대의 경우 인간은 결코 인간적일 수 없으며 사회는 공동체로서의 특성을 상실할 것이다. 이성은 모든 것을 의심하고, 분석하고, 분별하는 과정을 통해 우주의 궁극적인 이치를 추구한다. 이러한 이성의 힘을 바탕으로 과학이 발달했고, 이러한 과학의 발전에 기반을 둔 물질문명의 융성은 민주주의와 자본주의로 이어졌다. 오늘날 우리가 향유하고 있는 대부분의 풍요로움은 대부분 이성의 힘에 의해 실현되었다 해도 틀린 말은 아니다. 그렇다고 해서 이러한 사실이 이성의 무한한 힘을 강조하는 것은 아니다. 오히려 이성의 힘과 함께 이성의 한계를 인식하는 것이 중요하다.[18]

---

18 지금까지 이성을 바탕으로 인류가 이룬 업적은 놀랍다. 그렇지만 이러한 업적을 쌓는 과정에서 한편으로는 이성의 한계를 드러내는 발견도 있었다. 이성 스스로 자신의 한계를 밝힌 것이다. 이러한 범주에 들어가는 대표적인 사건으로는 세 가지를 들 수 있다. 첫째는 베르너 하이젠베르크(Werner Heisenberg)의 불확정성원리(Ucertainty principle)이고, 둘째는 케네스 애로(Kenneth Arrow)의 불가능성정리(Impossibility theorem)이며 셋째는 쿠르트 괴델(Kurd Gödel)의 불완전성정리(Incompleteness theorem)가 바로 그것이다. 불확정성원리에 의하면 우리는 "전자와 같은 소립자의 위치와 속도를 동시에 측정할 수 없다." 이것은 관찰자는 관찰대상으로부터 완벽하게 분리될 수 없다는 것을 의미한다. 따라서 이 세상에는 관찰자의 관찰행위라는 주관적 행동으로부터 자유로운 것은 하나도 없다. 불가능성정리는 "수많은 사람들의 선호를 집계해 누구나 인정할 수 있는 기준을 만족하는 하나의 사회선호를 형성하는 것은 불가능하다"는 것이다. 이것은 인간이 어떤 투표방식을 고안해도 거기에는 반드시 모순이 있다는 것을 의미한다. 불완전성정리는 "모순이 없는 모든 공리계에는 참이지만 증명될 수 없는 명제가 존재하며, 또한 그 공리계는 자신의 무모순성을 증명할 수 없다"는 것으로 요약된다. 이와 같이 인간의 이성은 놀라운

역사적으로도 이성의 힘을 지나치게 과신한 경우에는 항상 부작용이 발생했다. 18, 19세기의 계몽주의는 과학과 이성의 발달에 크게 기여했다. 그렇지만 이성의 힘을 과신한 사람들은 이성의 힘으로 모든 것을 계획하고 통제할 수 있다고 믿는 오류를 범했다. 전체주의는 이러한 오류 가운데 대표적인 것에 해당한다. 또한 마르크스K. Marx는 자신의 역사발전의 필연법칙을 과신해, 궁극적으로 자본주의가 몰락하고 공산주의가 확고하게 뿌리 내릴 것이라고 예언했다. 그렇지만 현실은 그의 예언과는 정반대이다. 앞으로도 그의 예언이 실현될 가능성은 거의 없다. 이와 같은 역사적 경험에도 불구하고 일부 지식인들은 아직도 자신들의 신념에 따라 사회를 개조하는 마스터플랜master plan이 가능하다고 믿고 있다. 하이에크F.V. Hayek는 치명적 자만fatal conceit이란 용어를 사용해 이와 같은 이성의 무모함을 신랄하게 비판했다.

우리는 이성에 바탕을 둔 과학적 사고의 진실성을 믿어야 함과 동시에 이성에 바탕을 둔 사고가 항상 완벽하다는 자만을 버려야 한다. 특히 과학적 사고로부터 얻은 교훈을 사회현상에 적용하려는 경우에는 더욱 신중해야 한다. 물질을 구성하는 원자는 우주공간의 어느 위치에서 측정해도 동일한 성질을 갖는다. 그렇지만 사회를 구성하는 개인은 그렇지 않다. 환원주의적 관점에서는 이러

성과를 이룩했지만 동시에 극복할 수 없는 한계를 가지고 있다는 사실도 인정해야 한다. 다카하시 쇼이치의 『이성의 한계』(박재현 옮김, 책보세, 2009)는 다양한 사례들을 이용해 이 세 가지 이성의 한계가 의미하는 바를 잘 설명해주고 있다.

한 차이를 정확하게 인식할 수 없다. 통합적인 관점에서 바라볼 때 비로소 과학적 방법과 사고를 사회현상에 적용할 수 있는 범위와 한계를 정확하게 이해할 수 있다. 이것이 바로 과학과 규범을 연결시키려는 필자의 의도 가운데 하나이다.

3장

과학에서 공유와 신뢰의 의의

| 과학적 지식과 공유 | 과학적 지식과 신뢰

| 공유와 신뢰의 통합

과학적 사고를 다른 영역에 적용하기 위해서 과학발전의 배경에는 무엇이 작용했는지 살펴보는 것은 의미 있는 일이다. 그것은 한마디로 과학적 지식의 공유와 신뢰라고 할 수 있다. 과학적 지식의 공유가 공익의 증대에 기여한 바를 이해한다면 사회규범의 공유에 따른 공익을 기대할 수 있다. 이를 달성하기 위해서는 사회구성원의 의식상승과 사회지도층의 솔선수범이 중요하다. 이 두 가지가 상보적으로 작용한다면 건전한 사회규범이 형성됨으로써 우리가 원하는 사회발전을 촉진할 수 있다. 엄격한 검증과정을 거친 후 비로소 새로운 과학적 지식에 대한 신뢰가 형성되듯이 사회규범에 대한 사회적 검증과정을 어떻게 구축해야 이에 대한 사회구성원들의 신뢰를 확보할 수 있는지 고민해야 한다. 우리는 객관성을 추구하는 과학이 높은 수준의 신뢰를 유지해왔다는 사실로부터 교훈을 얻어야 한다.

과학적 지식과 공유

과학발전은 방대한 양의 과학적 지식의 축적을 기반으로 이루어졌다. 이것은 처음에는 서서히 이루어지다가 일정한 단계를 지나면 매우 빠르게 진행되며 그 후 어느 정도 포화 상태에 이르면 다시 축적의 속도가 완만해진다. 오늘날 우리는 이러한 지식의 축적 곡선상에서 가파른 상승구간을 지나고 있는 것으로 보인다.[1] 앞으로 과학적 지식의 축적이 포화점에 이르기까지는 상당한 기간이 걸릴 것으로 예상된다. 인간의 과학적 탐구 노력에는 끝이 없으므로 우리 미래는 점점 더 과학발전에 의존하게 될 것이다.

여기서 이와 같은 과학적 지식의 축적을 가능하게 한 배경은 무

1 이러한 패턴은 비단 과학적 지식의 경우에만 적용되는 것은 아니다. 과거 자동차 산업의 성장, 반도체 용량의 증가, 인터넷 가입자의 증가 패턴 또한 이와 같이 S사 형태를 보인다. 이와 같이 지식의 축적을 포함해 많은 경우에서 이러한 패턴을 발견할 수 있다. 이러한 곡선에는 서서히 증가하다가 갑자기 빠르게 증가하는 점이 있다. 이 점을 변곡점(inflection point)이라 한다. 우리는 지식의 축적 곡선상에서 변곡점을 지나고 있다.

엇이었는지 생각해볼 필요가 있다. 다른 분야에의 적용 가능성을 살펴보기 위해서이다. 그런 배경으로는 무엇보다도 과학적 지식의 공유sharing와 과학적 지식에 대한 신뢰trust를 들 수 있다.[2] 많은 과학자들이 자신들이 발견한 과학적 지식을 다른 과학자들과 공유하게 됨으로써 과거에는 불가능했던 실험이 가능하게 되었고, 과학적 난제를 해결할 수 있는 돌파구를 마련할 수 있었다. 이로 인해 과학은 비약적으로 발전할 수 있었다.

사람들은 과학적 지식을 공유하는 데 그치지 않고 여기에 무한한 신뢰를 부여했다. 왜냐하면 모든 과학적 지식은 동료 과학자들의 엄격한 검증기준을 통과한 이후에야 세상에 알려졌기 때문이다. 과학자들은 이미 검증된 과학적 지식에 대한 신뢰를 바탕으로 새로운 과학적 발견을 시도했고 그렇게 얻어진 지식은 다시 또 다

---

2 공유(共有)에 해당하는 영어 단어는 sharing이다. 공유는 일정한 대상을 여러 사람이 나누어 소유하는 것이 아니라 전체를 모두 똑같이 소유하고 있다는 의미이다. 그런데 sharing은 때로는 분담(分擔)이라는 의미로도 해석된다. 위험분담(risk sharing)이 대표적인 사례이다. 이러한 경우에는 모든 위험을 누구나 똑같이 감당하는 것이 아니라 시장에 존재하는 위험을 여러 사람들이 자기 형편에 맞춰 적절하게 나눠서 감당한다는 것을 의미한다. 이와 같이 sharing이란 단어가 때로는 공유로, 때로는 분담이라는 의미로 사용되지만 여기서는 주로 공유를 의미하는 것으로 이해하면 된다. 한 가지 지적하자면 최근 언론에서 보도되는 용어 가운데 이익공유(profit sharing)가 있다. 이것은 기업이 일정한 기준 이상 초과이익을 실현한 경우, 이것을 주주와 직원들이 나누어 갖는 것을 말한다. 이러한 의미에서 이익공유는 여기서 말하는 지식공유와는 성격이 다르고 위험분담과 유사하다. 단지, 이익과 같이 누구나 원하는 것은 '공유'로, 위험과 같이 누구나 피하고 싶은 것은 '분담'이라고 표현했을 뿐이다.

른 과학자의 연구에 기여하는 등 연쇄적으로 긍정적인 효과를 낳았다. 이러한 신뢰로 인해 과학적 지식을 축적하는 데 걸리는 시간이 크게 단축되었다.

역사적으로 과학적 지식을 포함해 넓은 의미에서 지식공유 knowledge sharing를 가능하게 한 대표적인 사건은 구텐베르크J. Gutenberg에 의한 금속활자의 발명과 상용화였다. 인쇄술의 발달로 과거에는 필사筆寫에 의존할 수밖에 없어 소수가 독점했던 지식을 일반인들도 쉽게 접근할 수 있게 되었다. 필사에 의해 하루 겨우 몇 권의 책을 만들어내던 것이 수백 권으로 늘어났으니 실로 엄청난 변화였다. 많은 사람들이 종교, 과학, 예술 등 모든 방면에서 폭넓게 지식을 공유할 수 있게 되었다. 그 결과 르네상스 운동이 널리 확산됐으며 종교개혁이 일어나 중세 암흑기를 종식시키게 되었다. 이것은 오늘날 인터넷 혁명에 비견할 수 있는 커다란 사건이었다.[3]

이와 같이 지식을 공유한다는 것은 단지 개인의 지적 호기심을 충족시키는 차원을 넘어 사회 전체를 송두리째 변화시킬 만큼 대단한 영향력을 행사했던 것이다. 이러한 관점에서 볼 때 현재 진행되고 있는 인터넷 혁명과 스마트 폰을 비롯한 모바일 기기機器의 진화는 우리 생활에 금속활자의 발명보다 훨씬 더 큰 영향을 미칠 것

---

3 과거 세계적 주간지인 타임(Time)지에서 실시한 조사에 의하면 인류 역사상 가장 영향력이 큰 사건으로 금속활자의 발명이 1등을 차지한 것이 이러한 이유 때문이다. 금속활자의 발명으로 비로소 인류는 지식공유를 통해 중세 암흑기를 벗어날 수 있었다.

이다. 왜냐하면 공유할 수 있는 지식의 양이 크게 증가했을 뿐만 아니라 공유가 확산되는 시간 또한 현저하게 단축되었기 때문이다.

금속활자 발명이 과학적 지식을 널리 공유하게 만든 커다란 사건이었지만 이에 못지않게 중요한 것은 과학자들의 자세였다. 명예욕 때문이든 아니면 사명감 때문이든 과학자들은 자신이 발견한 과학적 지식을 다른 사람들을 통해 공인받고자 했다. 만약 이들이 다른 의도를 가지고 있었다면 금속활자의 발명이나 인터넷 혁명에도 불구하고 공유할 수 있는 지식의 양 자체가 충분하지 않았을 것이다. 그런데 그들은 자신의 발견을 사유화하지 않고 널리 알려 객관적으로 검증받는 길을 택했다. 이것은 과학의 성격상 자연스러운 것이기도 하다. 이러한 과정을 통해 진정한 과학적 지식과 사이비 과학적 지식이 구분될 수 있었다. 과학계는 오래전부터 자체적으로 진위眞僞를 구분하는 선별장치screening mechanism를 갖추고 있었다.[4]

공표된 과학적 지식이라도 다른 사람들에 의해 반증되는 순간

4 지식이 많은 사람과 그렇지 못한 사람 간의 관계에서도 비대칭정보(asymmetric information)의 문제가 발생할 수 있다. 이러한 상황이 그대로 지속되는 경우 사회적으로 바람직하지 못한 결과가 예상된다. 왜냐하면 지식이 많은 사람이 그렇지 못한 사람을 착취하거나 이용할 수 있기 때문이다. 이것을 방지할 수 있는 방법 중 하나가 선별장치이다. 만약 새로운 지식을 발견한 사람이 이것을 감추는 대신 자발적으로 공표하는 것이 자신에게도 유리하다고 판단한다면 바람직하지 않은 결과를 예방할 수 있다. 경제학에서는 이러한 장치를 자기선택장치(self-selection mechanism)라 부르는데, 대표적인 선별장치에 해당한다.

그 가치를 상실하게 된다. 그렇기 때문에 자신의 이름을 걸고 과학적 주장을 펼치고자 하는 사람은 스스로 마련한 기준에 의해 엄격한 자기검증과정을 거치지 않을 수 없었다. 그런데 이러한 검증과정을 거친 과학적 지식이라도 다른 사람들에 의해 객관적으로 공인받지 못하면 가치를 인정받지 못했다. 이러한 과정을 거쳐 사회적으로 공인된 과학적 지식이 많은 사람들에 의해 공유됨으로써 이를 바탕으로 과학적 지식이 더 많이 축적되는 선순환이 시작되었던 것이다. 이러한 일이 시작된 지 벌써 200여 년이 지났으니 그 동안 인류가 축적한 과학적 지식의 양과 질적 수준이 어떠할지 상상하기조차 어렵다. 오늘날 우리는 과거 수천 년 동안 축적한 지식과는 비교할 수 없을 정도로 방대한 지식의 세계에서 살고 있는 것이다.

지식은 공유를 통해 인류의 복지에 기여할 수 있는 소중한 무형자산이다. 역사적으로 지식을 보유한 사람이 이것을 이용해 부의 축적을 추구하지 않는 한 모든 사람들에게 공유를 허용했다. 지식 공유는 새로운 지식을 발견한 사람에게 아무런 불이익을 주지 않으면서 많은 사람들에게 혜택을 줄 수 있는 방법이다. 그야말로 개인적인 이익과 공공의 이익 간에 아무런 갈등이 없는 경우에 해당한다. 그런데 공유는 어떤 경우에나 기대할 수 있는 현상이 아니다. 이기심으로 가득 찬 인간 본성에 비추어 볼 때 공유는 다분히 예외적이고 사유가 보편적이다. 대표적인 사례가 자본주의체제의 사유재산제도이다. 오늘날 대부분의 국가에서 사유재산을 인정하는 이유는 물적 재산이나 자원은 여러 사람이 공유하기 어려운 대상이기 때문이다. 이러한 것들을 여러 사람이 공유하게 된다면 자원의 낭비를 피하기 어렵다는 사실이 널리 알려져 있다. 이것을 '공유의 비극' tragedy of the commons이라 부르는데 물적 재산이나 자원을 다수가 공유하는 경우에 발생하는 비효율을 지칭하는 말이다.[5] 과거 우리가 경험했던 마을 뒷산의 산림이 황폐화되는 것이나 먼 바다에 있는 고래를 비롯해 다수의 어종魚種이 멸종위기에 있는 것, 아프리카 초원에서 야생동물들이 멸종위기에 있는 것, 지구온난화, 열대우림의 황폐화 등이 모두 공유의 비극 사례에 해당한다.

다행스럽게도 지식은 공유의 비극에서 예외이다. 과학적 지식은 대부분 발견되는 즉시 저서나 논문을 통해 많은 사람들이 공유해왔다. 과학적 지식은 다른 사람들이 공유하더라도 본인이 가지고 있는 지식이 줄지 않을 뿐만 아니라 널리 공유될수록 오히려 최초 발견자에게 더 많은 명예와 가치가 주어지는 대상이다. 과학적 발견을 추구하는 사람들은 대부분 금전적인 보상을 일차적인 목적으

---

5 1968년 개릿 하딘(Garrett Hardin)이 사이언스지에 『공유재의 비극』이라는 논문을 발표한 이후 경제학에서 공유의 비극은 희소자원을 공동으로 사용하는 경우 예상되는 비효율적인 상황을 의미하는 용어로 자리 잡았다. 이와 같이 공유가 항상 바람직한 것은 아니다. 공유의 한계와 관련해서 2009년 노벨 경제학상을 공동수상한 엘리너 오스트롬(Elinor Ostrom)은 자신의 저서 『공유의 비극을 넘어』(윤홍근 외 옮김, 랜덤하우스, 2010)에서 사유화나 정부의 개입 없이 공유의 비극을 극복할 수 있는 대안을 제시하고 있다. 과학에서는 이미 공유의 한계를 스스로 극복해왔다는 점에서 자랑할 만하다.

로 하는 사람들이 아니었다. 그렇기 때문에 그들은 과학적 지식의 공유에 반대할 이유가 없었으며 오히려 지식공유를 자랑스럽게 생각했다. 이것이 그들에게 주어진 인센티브 시스템incentive system이었다. 역사적으로 금전적 이익이나 부당한 방법으로 명예를 추구했던 과학자들이 없는 것은 아니다. 어느 시대, 어느 사회에나 예외적인 존재는 있기 마련이다. 심지어 위대한 뉴턴도 연금술에 심취했었으며 주식에 투자해 큰 손실을 보았다는 사실은 과학자들도 금전적 유혹에서 자유롭지 못하다는 것을 말해주는 대표적인 사례이다.

여기서 중요한 것은 공유의 가능성을 결정하는 것은 개인에게 주어진 인센티브 시스템이라는 사실이다. 과학계가 제공하는 인센티브 시스템이 잘 작동하는 경우 과학적 지식은 자연스럽게 많은 사람들에 의해 공유될 수 있었으며 이로 인해 과학발전이 더욱 가속적으로 이루어질 수 있었다. 과학적 지식의 공유에 따른 이와 같은 선순환이 우리에게 시사하는 바를 가볍게 취급해서는 안 된다. 자신이 알고 있는 것이나 발견한 것을 사회구성원 모두가 공유하는 것이 자신에게도 바람직한 인센티브 시스템을 구축할 수 있다면 사회적으로도 비효율을 극복하고 자원의 낭비를 막을 수 있기 때문이다. 모든 분야에서 공유가 가능한 것은 아니다. 그렇지만 가급적 많은 분야에서 이와 같은 공유가 이루어질 수 있다면 사회적으로 바람직한 일이다. 이 문제는 앞으로 계속 연구할 만한 가치가 있다. 이 책에서 다루는 주제인 사회규범의 경우에도 이러한 공유가 가능하도록 인센티브 시스템이 마련되어야 할 것이다.

이 시점에서 우리는 공유의 가치와 한계에 대해 살펴볼 필요가 있다. 이미 언급했듯이 인간의 본성에 비추어 볼 때 무엇을 공유한다는 것이 자연스러운 일은 아니다. 세계적인 명성을 얻고 있는 진화생물학자인 도킨스R. Dawkins의 '이기적 유전자'를 거론하지 않더라도 인간이 이기적이라는 사실은 부정하기 어렵다. 그런데 인간이 반드시 이기적인 것은 아니라는 반론도 만만치 않다. 인간은 때로는 이타적으로 행동하기도 한다. 무조건적인 이타주의를 실현하는 사람은 흔치 않지만 '호혜적 이타주의'reciprocal altruism는 널리 인정받고 있다.[6] 인류는 오랜 진화과정을 통해 호혜적 이타주의가 생존에 도움이 된다는 사실을 알게 되었으며 이러한 정보가 유전자에 입력되었다는 것이다.

호혜적 이타주의와 관련된 가장 극적인 사례는 흡혈박쥐의 세계에서 발견할 수 있다.[7] 인간과 비교할 수 없이 지적으로 열등한 동물에게서 이러한 행동을 발견할 수 있다는 자체가 경이롭다. 흡혈

---

6 호혜적 이타주의 또는 상호 이타주의는 1971년 생물학자 로버트 트리버스(Robert Trivers)가 처음 제안한 개념이다. 호혜적 이타주의의 핵심은 아무 관련이 없는 유기체들 사이에서도 "네가 나를 도우면 나도 너를 돕겠다"는 행동을 관찰할 수 있다는 사실이다.

7 호혜적 이타주의에 관한 흡혈박쥐의 사례는 도킨스가 그의 여러 저서에서 이타주의조차 결국 교묘하게 위장된 이기심에 불과하다는 사실을 강조하기 위해 인용함으로써 널리 알려지기 시작했다. 도킨스의 『이기적 유전자』(홍영남 옮김, 을유문화사, 2006)나 『만들어진 신』(이한음 옮김, 김영사, 2007)을 보면 그가 어떤 맥락에서 흡혈박쥐의 사례를 인용했는지 알 수 있다.

박쥐는 매일 일정량의 피를 먹지 않으면 사흘 안에 죽고 만다. 이들은 매일 피를 확보하기 위해 최선을 다하지만 운이 나쁜 경우에는 충분한 피를 확보하지 못할 수도 있다. 이러한 경우 하루에 필요한 양보다 많은 피를 확보한 흡혈박쥐는 그렇지 못한 다른 흡혈박쥐에게 자신이 확보한 피 일부를 나누어준다. 그러면 다음 반대의 상황이 발생하는 경우 도움을 받은 흡혈박쥐가 도움을 준 다른 흡혈박쥐에게 자신이 확보한 피 일부를 나누어준다. 이것은 명백한 위험분담의 일종으로서 대표적인 호혜적 이타주의 사례에 해당한다. 그런데 도움을 받은 흡혈박쥐가 도움을 준 박쥐에게 보답을 하지 않는다면 그 흡혈박쥐는 공동체에서 매장된다. 어떤 흡혈박쥐도 그런 배은망덕한 흡혈박쥐를 돕지 않는다고 한다.

네가 나를 도와준다면 나도 너를 돕겠다는 호혜적 이타주의는 사회가 복잡해질수록 더욱 자주 목격할 수 있는 현상이다. 이러한 현상은 개인적인 관점에서는 설명하기 어렵지만 집단의 관점에서는 충분히 예상할 수 있는 일이다. 우리는 생존을 위해 개인적인 차원에서만 경쟁하는 것이 아니라 집단의 차원이나 국가적 차원에서도 경쟁한다. 사람들은 자신이 속해 있는 집단이 다른 집단과의 경쟁에서 살아남기 위해서는 서로 협력하는 것이 최선임을 알게 되었다. 다른 집단에 비해 더 협력적인 집단만이 생존할 수 있었기 때문이다. 이것은 인류의 역사가 증명하고 있으며 진화론적 관점에서도 설득력이 있다.

사회를 구성하는 사람들이 서로 협력한다는 것은 개인적인 이익만을 추구하는 것이 아니라 묵시적으로 공공의 이익, 즉 '공익' public interest을 추구한다는 것을 의미한다. 오늘날 주류 경제학에서는 인간은 자신의 효용을 극대화하는 합리적이지만 이기적인 존재로 가정한다. 이러한 가정이 근본적으로 잘못된 것은 아니지만 한 가지 중요한 사실을 간과하고 있다. 다름 아니라 인간은 묵시적으로 공익을 추구하기도 한다는 점이다. 여기서 '묵시적'이란 표현을 사용한 이유는 인간이 드러내놓고 또는 계획적으로 공익을 우선하지는 않지만 사회에 기여할 수 있다면 기꺼이 이를 수용할 자세를 갖추고 있다고 생각하기 때문이다.

인간은 본능적으로 자신의 후손들이 평화롭고 풍요로운 사회에서 살기 바란다. 이와 같이 후손들을 고려하는 것도 넓은 의미에서 이기주의라 할 수 있다. 그렇지만 후손들을 고려한다는 사실 자체가 묵시적으로 공익을 고려한다는 것을 의미한다. 이것은 다른 사람들의 후손들과도 좋은 관계를 유지하기를 바란다는 의미를 내포하기 때문이다.

지식공유가 가능한 것도 바로 이러한 이기주의에서 비롯되었다고 할 수 있다. 언어를 예로 들어보자. 자신만이 아는 언어는 아무 쓸모가 없다. 언어란 다른 사람들이 같이 사용할 때에만 가치가 있다. 즉, 언어는 사람들이 공유해야만 가치가 있는 문화적 산물이다. 문자도 마찬가지이다. 이와 같이 언어와 문자를 공유함으로써 사람들은 자신의 생각을 다른 사람과 교류할 수 있게 되었고 이를 바탕으로 문화와 과학이 발전할 수 있었다. 이러한 면에서 지식공유와 언어공유는 공통점을 가지고 있다.

이와 같이 지식공유는 개인적인 차원을 넘어서 공익에도 기여한다. 여기서 공익이 무엇을 의미하는지 생각해볼 필요가 있다. 원래 공익이란 명확한 개념이 아니다.[8] 그래서 많은 사람들이 공익을 앞세우면서도 개인적인 이익을 추구할 수 있었던 것이다. 그들은 공익을 볼모로 삼았다고 할 수 있다. 예를 들어 정치인이 국가와 국민을 위해 어떤 조치를 취한다고 했을 때 대의명분으로 공익을 앞세웠지만 실질적으로는 개인적 이익을 추구하는 경우가 많았다. 그래서 어떤 의미로 공익을 사용하는지 명확하게 밝힐 필요가 있다.

우리는 공익을 정신적이든 물질적이든 사회구성원들이 공유하고 있을 때 얻는 만족(효용)과 공유하지 않을 때의 만족 간의 차이로 해석할 것이다. 이것은 다분히 경제학의 관점에서 공익을 해석

---

8 공익의 개념이 모호하기 때문에 여러 가지 논란이 발생할 수 있다. 웹스터 영어사전에서 정의한 것과 같이 공익을 "사람들의 일반적인 복지"라고 정의한다면 이것은 공리주의로 이어지게 된다. 그런데 공리주의에 반대하는 견해 또한 만만치 않다는 사실에 비추어 볼 때 공익을 둘러싼 논의가 간단치 않다는 것을 알 수 있다. 이 문제는 우리나라에서 선풍적인 인기를 끌었던 마이클 샌델(Michael Sandel)의 『정의란 무엇인가』(이창신 옮김, 김영사, 2010)의 핵심적인 주제이다. 그러나 필자는 공익에 대한 형이상학적인 논의를 하려는 것은 아니다. 여기서 공익은 경제학에서 말하는 '긍정적 외부효과'(positive externality)와 유사한 의미로 사용할 것이다. 긍정적 외부효과란 본인이 의도와는 상관없이 시장을 통하지 않고서도 다른 사람들의 효용을 증가시킬 수 있는 생산 및 소비행위를 말한다. 이와 반대로 다른 사람들에게 부정적 외부효과를 미치는 경우에는 공유의 비극이 발생한다는 사실에 비추어 볼 때 이와 같이 공익을 해석하는 것이 적절하다고 본다.

한 것이다. 예를 들어 갑과 을 두 사람으로 구성된 간단한 사회를 가정해보자. 두 사람은 각각 자신이 좋아하는 향수를 보유하고 있다. 각자 자신의 집에서 향수를 사용함으로써 얻는 만족을 수치로 나타내면 갑은 20, 을은 30이라 하자. 그런데 두 사람이 공원에서 만나 각자 보유한 향수를 함께 사용하는 경우 향수들 간의 상호작용으로 인해 새로운 향을 즐길 수 있게 되었고, 이때 갑의 만족을 수치로 나타내면 30, 을은 40으로 측정되었다 하자. 갑과 을은 향수를 공유함으로써 모두 만족이 증가했다. 따라서 이 경우 향수는 공익에 기여했다고 해석한다. 이것이 여기서 말하는 공익에 대한 경제학적 해석이다. 이 점을 고려하면서 공익의 의미를 이해하길 바란다.

이와 같이 공익을 이해하더라도 이러한 차이를 계량화하기 어려우므로 실제로 공익의 규모를 측정하기는 쉽지 않다. 그런데 우리가 무엇인가를 공유하고 있다면 이 사실 자체가 공유에 따른 공익이 존재한다는 것을 입증한다고 해석할 수 있다. 현실적으로 실현된 것은 다 그럴 만한 이유가 있기 때문이다. 반대로 만약 어떤 것이 공유되지 않는다면 그 이유는 공유에 따른 공익이 없기 때문이라고 해석할 수 있다. 이른바 역설계의 논리이다.

공익을 인간의 만족과 결부시킨다 하더라도 이것이 반드시 물질적 혜택을 의미하지는 않는다. 일반적으로 사람들은 물질적인 혜택에는 쉽게 반응하지만 정신적인 혜택에 대해서는 그렇지 않다. 사실 물질이나 자원의 공유가 어려운 이유는 개인적인 이익이 공익을 압도하기 때문이다. 다시 마을 뒷산 산림의 예를 생각해보자. 주민들은 산의 나무가 모두 사라져 황폐화되면 토사가 흘러내리거나 홍수가 나기 쉽다는 사실을 안다. 그리고 앞으로는 땔감을 얻기 어려워진다는 사실을 알고 있다. 따라서 미래의 자손들을 고려한다면, 즉 공익을 위해서는 벌목을 자제하는 것이 바람직하다. 그렇지만 자신만 이렇게 생각하고 다른 사람들은 모두 종전처럼 나무를 벌목한다면 공익뿐만 아니라 개인적인 이익마저 상실하고 만다. 이와 같이 개인적인 이익이 공익을 압도하는 경우에는 공유의 비극을 피할 수 없다.

다음으로 정신적 가치를 공유하는 경우를 생각해보자. 우리가 공유하는 문화와 관습 그리고 사회규범은 모두 여기에 해당한다. 예를 들어 "부모님에게 효도하라"는 것도 사회규범의 일부가 될 수 있다. 사회구성원 다수가 이러한 가치를 받아들여 그렇게 행동한다면 자신도 이를 모방해 자연스럽게 부모님께 효도하는 행동을 하게 된다. 과거 조선시대에는 대부분의 사람들이 삼강오륜을 사회규범으로 받아들였기에 효도는 당연한 것으로 간주되었다. 그러면 부모님에게 효도하지 않는 문화와 비교해 어떤 차이가 있는지 생각해보자. 무엇보다도 자신이 자식으로서 최선을 다하고 있다는 자부심과 미래에 자기 자식들도 이를 본받아 자기에게 효도할 테니 노후가 편안할 것이라는 안도감이 들 것이다. 따라서 효도가 사회규범의 일부로 자리 잡은 사회의 사람들은 그렇지 않은 사회의 사람들에 비해 정신적으로 더 큰 자부심과 안도감을 느낄 것이다.[9]

이것이 사회규범을 공유함으로써 얻을 수 있는 공익이다.

이와 같이 우리가 무엇인가를 공유하게 된다면 그 혜택은 물질적인 것이나 정신적인 것 중 하나인 경우가 대부분이다. 그런데 지식공유는 이 두 가지를 모두 가능하게 한다는 점에서 인류가 성취할 수 있는 가장 이상적인 공유에 해당한다. 지식공유 가운데 특히 과학적 지식의 공유가 그러하다. 우리는 과학적 지식을 공유함으로써 과학발전을 더욱 앞당겨 물질적인 풍요를 누리게 되었을 뿐만 아니라 우리 자신을 더 잘 이해하게 됨으로써 정신적으로 성숙할 수 있는 여건을 만들어왔다. 과학적 지식의 공유는 물질문명과 정신문명의 발전에 기여해왔다.

일상생활에서 공유는 그릇 안의 물에 떨어진 잉크방울이 퍼져나가듯이 자연스럽게 이루어지지는 않는다. 여기에도 인간의 이기심과 호혜적 이타주의가 작용한다. 만약 이기심이 호혜적 이타주의를 압도한다면 공유는 쉽게 이루어지지 않을 것이고, 반대의 경우에는 공유가 쉽게 이루어질 것으로 예상할 수 있다. 과학적 지식의 공유는 이기심보다 상대적으로 호혜적 이타주의가 더 부각될 수

---

9 한때 우리나라에 고려장(高麗葬)이라는 풍습이 있었다고 한다. 이것은 부모가 늙고 병들면 인적이 없는 산이나 들판에 갖다 버리는 풍습이었다. 그런데 어느 가장이 부모님을 버리고 오는 길에 동행했던 자기 자식이 자기도 앞으로 그대로 하겠다는 말에 충격을 받아 다시 부모님을 모시고 왔다는 이야기가 전해져 왔다. 그래서 그 후 고려장은 사라졌다는 것이다. 이것은 어디까지나 계몽적 관점에서 만들어낸 이야기일 것이다. 그렇지만 하나의 준칙이 사회규범으로 자리 잡는 과정을 보여준다는 점에서 의미가 있다.

있는 경우에 해당한다. 이미 지적했듯이 과학에는 자신이 발견한 지식을 다른 사람들과 공유하도록 하는 독특한 메커니즘이 존재하기 때문이다. 그리고 이러한 특징은 무형자산이라는 지식의 성격에서 찾을 수 있다.

지구상에 존재하는 다양한 민족들 가운데는 기록을 남기는 성향을 가진 민족과 그렇지 않은 민족이 있다. 이 가운데 기록을 남긴 대표적인 민족으로 유대인을 들 수 있다. 기원전 6세기경 고대왕국 바빌로니아가 이스라엘을 정복함으로써 사실상 이스라엘은 멸망했고 수많은 유대인들이 바빌로니아로 끌려가 오랫동안 포로로 살아야 했다. 이것을 '바빌로니아 유수' Babylonian captivity라 부른다. 이 무렵부터 유대인들은 자신들의 선조가 남긴 역사, 문학, 전설 등을 정리해 기록으로 남겼다. 유대인들은 이러한 기록에 담긴 문화적, 정신적 유산으로부터 위안을 받으면서 길고 고통스런 포로생활을 견디어냈다. 그리고 오랜 포로생활로부터 해방되어 고향으로 귀환한 이후에도 이러한 정신을 공유하면서 자신들만의 사회규범과 믿음을 유지할 수 있었다.[10] 오늘날 유대인들이 모든 분야에서 뛰어난 업적을 이룬 이유 가운데 하나는 바로 이와 같은 공유정신을 오랫동안 유지 · 발전시켰기 때문이다.[11]

---

10 그들의 정신적 지주는 토라(Tora)였는데, 보통 구약성경의 모세 5경인 창세기, 출애굽기, 레위기, 민수기, 신명기를 말한다.

11 우리는 막연히 유대인들이 막강한 힘을 가지고 있다는 사실을 알고 있다. 그렇지만 그들이 어떻게 거의 모든 분야에서 막강한 힘을 쌓게 되었는지에 대해서는 잘

이러한 사례에서 알 수 있듯이 공유는 때로는 의식수준이 높은 소수의 사람들에 의해 주도되기도 한다. 이것이 하나의 촉매가 되어 점점 더 많은 사람들이 지식이나 믿음을 공유하게 되면 그때에는 거역할 수 없는 대세가 되어 대부분의 사람들이 이것을 받아들인다. 그러면 자연스럽게 모든 사람들이 공유하는 자원이 되어 사회 전반에 걸쳐 엄청난 위력을 발휘하게 된다. 이러한 의미에서 공유가 널리 확산되는 과정을 살펴보는 것이 중요하다. 왜냐하면 사람들이 공유하려는 대상에 따라 공유가 확산되는 과정이 다를 수 있기 때문이다.

여기서 지식공유와 유사하면서도 다른 정보공유information sharing에 대해 살펴볼 필요가 있다. 정보는 지식뿐만 아니라, 데이터, 경험, 대화 등을 망라하는 훨씬 더 포괄적인 개념이다. 예를 들면 다른 사람이 어떻게 행동할 것인지 미리 알 수 있다면 이것은 중요한 정보가 될 수 있다. 미래에 환율이 어떻게 움직일지에 대해 믿을 만한 정보를 입수한다면 외환거래를 통해 엄청난 이익을 얻을 수 있다. 이와 같이 정보는 개인적으로 이익을 추구하는 과정에 직접

모른다. 그저 강 건너 불처럼 생각할 뿐이다. 필자는 유대인들의 힘의 원천은 그들이 수천 년이 지난 지금까지도 그대로 유지하고 있는 그들만의 사회규범이라 생각한다. 그리고 그들의 사회규범은 오랜 경전인 토라와 탈무드에 근거하고 있다고 생각한다. 외국인이 아닌 우리나라 사람의 시각에서 유대인의 파워에 관해 잘 정리해 놓은 저서로는 박재선의 『유대인 파워』(해누리, 2010)를 참고하라. 이 책에 정리되어 있는 유대인 명사들의 명단을 보면 깜짝 놀랄 것이다. 특히 노벨상 수상자의 23%가 유대인이라는 사실은 많은 것을 생각하게 한다.

개입하는 요소이다. 내가 다른 사람이 없는 정보를 보유하고 있다면 이것을 이용해 어떤 이익을 취할 수 있는지 따져보는 것이 보통이다. 이것은 모든 사람들에게 적용된다. 이러한 점에서 지식을 얻으려는 것과 정보를 얻으려는 것은 개인적인 동기에서 뚜렷한 차이가 있으며 이로 인해 정보공유와 지식공유를 구별할 필요가 있다.[12]

사람들은 자신만 알고 있는 정보는 쉽게 공유하려 하지 않는다. 다른 사람들이 모르는 정보를 보유한 사람은 이것을 이용해 개인적인 이익을 극대화할 수 있는 상황(예를 들면 개발 예정지구의 토지 취득)을 확인한 후 비로소 그 정보를 대중에게 알리려 한다. 정보공유는 대부분 이러한 과정을 통해 이루어진다. 이러한 경우 정보를 공유한다고 해서 개인적으로나 사회적으로 추가적인 이익이 발생하지 않는다. 인터넷의 발달로 다양한 정보가 실시간으로 널리 공유되고 있다. 그렇지만 개인적으로 이익이 되는 정보는 여전히 일정기간 은밀하게 남아 있다가 개인적인 이익을 모두 실현한 다음에야 대중에 의해 공유된다는 점에서는 예나 지금이나 차이가 없다. 단지 오늘날에는 공유되기까지의 기간이 단축되었을 뿐이다. 이와 같이 정보공유는 공익에 기여하기 어렵다는 점에서 지식공유와 현

12 여기서 말하는 정보공유는 경제학적 관점에서 해석한 것이다. 경제학에서 정보는 경제주체의 의사결정에 반영되는 경우에만 정보로서 의미를 갖는다. 그렇지 않고 단순히 호기심에서 정보를 얻는 것은 무의미하게 본다. 우리는 인터넷을 이용해 방대한 정보를 공유하게 되었다고 말한다. 그런데 여기서 정의한 정보의 성격을 감안한다면 이것은 정보공유보다는 지식공유라고 표현하는 것이 더 적절하다. 개인적으로 이익이 되는 정보를 자발적으로 공유하려 한다는 것은 기대하기 어렵기 때문이다.

저하게 다르다.

지식공유에도 제약이 존재한다. 지식공유를 가로막는 대표적인 장애요인으로는 개인적인 차원에서는 무임승차free riding를, 제도적 측면에서는 특허patent를 지적할 수 있다. 특허는 불가피한 면이 있지만 무임승차는 심각한 문제를 초래한다. 무임승차는 지식공유만이 아니라 민주화 투쟁, 집단소송, 공공재의 공급과 같이 다양한 경우에 발생하는 문제로서 사회적으로 비효율을 초래하는 주요 원인이다.

무임승차란 자신은 아무런 비용을 부담하지 않는 가운데 혜택은 똑같이 누리려는 성향을 말한다. 전쟁이 발발하는 경우 참전하는 대신 안전한 곳에 피신해 있다가 전쟁에서 승리한 후 자신이 승리의 주역인 것처럼 행동하는 것도 무임승차에 해당한다. 세금은 한 푼도 내지 않으면서 기회만 있으면 각종 공공시설을 최대한 이용하려는 태도도 무임승차에 해당한다. 1981년 '서울의 봄' 이후 우리나라에서 직선제 개헌안이 통과되고 평화적 정권교체가 이루어졌던 민주화과정에서 아무런 기여를 하지 않은 사람이 민주화의 혜택을 똑같이 누리려는 것도 무임승차에 해당한다.

이러한 성향은 과학 분야에서도 발견할 수 있다. 다른 사람들이 열심히 노력해서 얻은 과학적 지식을 아무런 대가없이 똑같이 이용할 수 있다면 굳이 노력할 필요를 느끼지 못할 것이다. 그러면 공유의 대상인 지식 자체가 축적되지 않을 수도 있다. 낙관적으로 생각해봐도 사회적으로 필요한 수준에 비해 지식의 축적이 충분히 이루어지지 않을 수도 있다. 이러한 현상이 특히 심한 영역이 기초과학 분야의 연구 · 개발R&D이다. 자신이 아무런 비용을 부담하지 않아도 다른 사람의 연구결과를 자신의 것처럼 마음대로 이용할 수 있다면 어느 누구도 연구 · 개발에 투자하지 않을 것이다. 그 결과 연구 · 개발에 대한 투자는 사회적으로 바람직한 수준에 훨씬 미치지 못하게 된다. 따라서 지식공유가 이루어진다 하더라도 사회적으로 비효율적인 상태에 머물게 된다. 이러한 이유로 대부분의 국가에서 기초과학 분야의 연구 · 개발은 정부 주도하에서 이루어지고 있는 것이다.

특허는 신기술이나 신물질을 개발한 주체에게 일정 기간 독점적인 권한을 부여하는 제도이다. 이로 인해 일정 기간 지식공유에 따른 사회적 이익을 실현할 수 없게 된다. 그렇다고 특허 자체를 부정하면 어느 누구도 실패 가능성이 큰 신기술이나 신물질 개발에 막대한 자금을 투자하지 않을 것이다. 이러한 의미에서 특허는 새로운 연구 · 개발을 추진하려는 주체에게 인센티브를 제공하기 위해 불가피한 제도이다. 사회적 관점에서 중요한 것은 특허권을 얼마나 오랫동안 인정할지 결정하는 것이다. 이에 대해서는 특허권이 지나치게 오랫동안 독점권을 보장한다는 비판이 우세하다. 왜냐하면 신기술이나 신물질 개발을 추진하는 기업의 로비가 막강하기 때문이다. 이러한 경우 특허로 인한 개인적 이익보다 공익의 손실이 더 클 것이므로 사회적으로는 비효율적이다. 따라서 특허권의 적정기간을 산정할 때는 매우 신중해야 한다.

특허권을 인정함으로써 일정 기간 지식공유에 따른 이익이 유보된다 하더라도 특허제도는 불가피하다. 특허 기간이 만료되면 누구나 신기술을 이용해 제품을 만들 수 있고, 신물질을 제조할 수 있다는 사실이 중요하다. 이때 다수의 기업들이 경쟁적으로 신기술을 이용한 제품을 대량 생산하거나 신물질을 제조할 수 있기 때문에 전반적으로 제품가격이 하락해 사회적으로 적지 않은 이익을 가져다준다. 특허제도 자체가 지식공유에 따른 사회적 이익을 모두 제거하는 것은 아니다.

이와 같이 공유란 결코 쉽지 않은 사회현상임에도 불구하고 대부분의 과학적 지식은 많은 사람들에 의해 공유되어 왔다. 우리에게 중요한 것은 과학적 지식의 공유가 가능했던 이유를 정확하게 이해하는 것이다. 그럼으로써 우리는 사회발전에 꼭 필요한 소중한 정신적 자산을 공유할 수 있는 방법을 찾아낼 수 있기 때문이다.

이제 이 문제를 과학자의 입장에서 생각해보자. 한 분야의 전문가로서 현재 자신이 진행하고 있는 연구로부터 무엇을 기대하겠는가? 새로운 지식을 얻은 것에 대한 성취감, 최초의 발견자라는 명예, 진리를 발견했다는 자부심, 보편적으로 인류에 기여할 수 있다는 자긍심 그리고 특허제도에 의한 금전적 보상 등을 기대할 수 있다. 필자는 이 가운데 최초의 발견자라는 명예와 자부심 그리고 인류에 대한 기여를 강조하고 싶다. 이러한 가치는 과학자로 하여금 자신이 발견한 지식을 다른 사람과 기꺼이 공유하려는 인센티브를 제공할 수 있다. 이러한 경우 공유는 치밀한 계산의 결과가 아니라 공익에 기여할 수 있으리라는 막연한 생각의 산물일 것이다. 굳이 지적하자면 호혜적 이타주의가 바탕에 깔려 있다고 할 수 있다. 즉, 내가 다른 사람의 발견으로부터 도움을 받았다면 나도 다른 사람에게 도움을 주겠다는 생각이 저변에 깔려 있다고 본다. 언어에 적용되는 논리가 지식의 경우에도 그대로 적용된다. 과학은 바로 이러한 공유정신을 바탕으로 획기적으로 발전할 수 있었다.

여기서 중요한 것은 이와 같은 공유정신을 다른 분야에 적용할 수 있는 방법을 찾는 것이다. 사회규범도 그런 분야 중 하나이다. 사회규범은 사회구성원 중 일부만 지키는 경우에는 개인적으로나 사회적으로나 별다른 이익을 주지 못하는 정신적 자산이다. 이러한 사회규범에는 지금까지 인류가 추구해온 보편적인 가치가 포함된다. 그리고 우리의 사회규범을 말하는 경우에는 이에 덧붙여 우리 사회의 고유한 가치가 포함된다. 예를 들면 다른 사람의 사생활을 존중하는 것은 보편적인 사회규범의 일부가 될 수 있고, 어른을 공경하는 것은 우리의 사회규범이 될 수 있다.

현재 우리 사회에 바람직한 사회규범이 확립되어 있지 않다면 이 문제를 해결할 수 있는 실천적 방안을 모색해야 한다. 보편적으로 사람들은 관습에 따라 행동하는 것을 가장 편리하고 안전하다고 생각한다. 이러한 편안함을 포기하고 새로운 사회규범을 준수하도록 하려면 이들에게 일정 수준의 인센티브를 제공해야 한다. 이러한 인센티브에는 유익함, 미래의 후손들에 대한 고려, 다른 사람들을 모방할 때의 편안함 등이 포함될 수 있다. 그리고 이것이 사람들에게 영향을 미치는 초기 단계에서는 무엇보다도 사회지도층의 솔선수범이 필요하다. 이들은 권력이나 재산이 많은 사람들 내지 고학력자들이 아니라 우리 사회의 정체성identity을 회복하기 위해 노력하며 현재의 삶뿐만 아니라 후손들의 삶의 질에 대해서도 고민하는 사람들을 말한다. 이들이 먼저 움직여 일정 비율의 사람들이 새로운 사회규범을 준수한다면 변화의 '임계치'critical level를 넘어설 수 있기 때문이다. 그러면 나머지 사람들은 비교적 쉽게 변화를 수용할 것이다.

과학적 지식과 신뢰

과학적 지식을 공유하게 된 배경에는 이에 대한 신뢰가 자리 잡고 있다. 새로운 과학적 지식이란 발견자 본인이 옳다고 주장한다고 해서 인정받는 것이 아니다. 과학계 내에서 엄격한 검증과정을 거친 후 더 이상 반증할 수 없는 경우 비로소 과학적 사실로 인정받는다. 이것은 자연과학 모든 분야에서 잘 정립된 일반적인 과정이다. 여기서 과학 분야의 특성과 과학자의 자질을 구분해서 이해할 필요가 있다. 사람들이 과학적 지식을 신뢰할 수 있었던 근본 원인은 엄격한 검증장치를 갖춘 과학 분야의 고유한 특성 때문이었다. 과학자들의 순수한 열정 또한 신뢰를 얻는 데 일정 부분 기여한 것도 사실이다. 그렇다고 해서 과학자들 가운데 사이비가 없었다는 것은 아니다. 어느 집단에나 사이비는 일정 비율 존재하기 마련이다. 단지 과학집단에는 그런 부류의 사람들의 비율이 상대적으로 낮았던 것뿐이다.

과학적 지식이 지금은 인정받고 있다 해도 이를 반증하는 새로운 사실이 발견된다면 그 지위를 상실하게 된다. 이러한 엄격한 과정을 거쳐야만 과학적 지식으로 인정받기 때문에 이에 대해서는 상당한 수준의 신뢰가 주어진다. 이러한 신뢰는 개인적인 이익을 추구하는 과정에서 서로 필요에 의해 형성된 것이 아니라 다수의 이성적 사고에 근거해 더 이상 부정할 수 없는 진리로 인정받았기 때문에 가능한 것이다. 이러한 신뢰는 때와 장소에 따라 달라지는 것이 아니라 보편적이며 지속적인 특징을 갖는다. 인류의 역사에서 이와 같은 수준의 신뢰를 얻은 것으로는 과학적 지식이 유일하다 할 수 있다.

신뢰는 사람들 간의 교류를 원활하게 함으로써 사회발전에 기여하는 중요한 사회적 자본social capital이다.[13] 사회적 자본이란 용어가 적절한지에 대해서는 논의가 분분하다. 그렇지만 신뢰를 포함

---

13 사회적 자본으로서 신뢰에 관해 역사적, 지역적 분석을 시도한 대표적인 저작으로 프란시스 후쿠야마(Francis Fukuyama)의 『트러스트』(구승회 옮김, 한국경제신문사, 1996)를 들 수 있다. 그의 주장에 의하면 신뢰수준이 높은 사회로는 일본과 독일을 들 수 있는데, 이러한 사회는 고도의 자발적 사회성을 지니고 있어 가족과 국가의 사이에 다양한 중간조직이 형성되기 쉬웠다고 한다. 그 결과 가족중심의 소기업보다는 대기업이 탄생하기 쉬운 경제적 환경이 조성되었다. 정부의 개입 없이 대기업들이 경제에서 큰 비중을 차지한다는 사실은 그만큼 신뢰가 높다는 증거이기도 하다. 반면 신뢰수준이 낮은 사회에서는 주로 소기업들이 주류를 이루게 되는데, 대만과 중국이 그 대표적인 사례에 해당한다. 그에 의하면 우리나라는 중국과 비슷한 가족중심의 사회로서 신뢰수준이 낮음에도 불구하고 미국과 일본에 버금가는 대기업 집단이 형성된 것은 정부가 직접 개입했기 때문이라는 것이다. 여기서 그의 주장에 대해 반론을 제기하려는 것은 아니지만 기업의 규모를 중심으로 신뢰의 문제를 논하는 데는 한계가 있다고 생각한다. 신뢰는 비단 경제 영역만이 아니라 사람들 간의 소통에서도 중요한 요소로서 정신의 영역에서도 중요한 역할을 하기 때문이다.

해 배려, 믿음 등의 가치는 사회구성원 다수가 공유하는 가운데 구성원들의 상호 협력을 촉진하고 거래과정에서 발생하는 여러 가지 비용을 절감해줌으로써 사회발전을 촉진할 수 있다는 점에서 자본의 성격을 가진다고 할 수 있다. 이러한 의미에서 인적 자본이나 물적 자본 같이 개인이 소유하지 않더라도 사회적 자본이란 용어를 사용할 수 있다. 따라서 이 용어 자체가 공유를 전제로 한 것임을 알 수 있다.

이와 같이 신뢰와 같은 사회적 자본은 사회가 공유하는 무형자산이다. 신뢰는 특히 거래비용transaction cost을 줄여줌으로써 경제발전에도 기여한다. 그리고 신뢰수준이 높을수록 거래비용을 더 많이 줄일 수 있기 때문에 사회적으로 더 많이 기여한다. 상대방을 믿을 수 없다면 거래 자체가 이루어지지 않을 수도 있다. 비록 거래가 이루어진다 해도 완벽한 계약서를 만들기 위해 필요 이상의 비용을 부담해야 한다. 예를 들면 거래과정에 변호사가 많이 개입한다는 자체가 신뢰가 낮다는 것을 의미하며 이로 인해 불필요한 거래비용이 발생한다. 이와 같이 신뢰는 작게는 개인 간의 계약과 기업 간의 계약, 그리고 크게는 국가 간의 외교와 교역에서 중요하다. 오늘날 선진국들은 정도의 차이는 있지만 대부분 고高신뢰사회에 해당하는 반면, 후진국들은 대부분 저低신뢰사회에 해당한다.

혼자서 모든 것을 해결했던 자급자족autarky시대에는 신뢰의 문제가 발생하지 않았다. 원천적으로 신뢰 여부를 따질 상대방이 없었기 때문이다. 그런데 사회가 전문화 · 분업화되면서 사회발전에서 신뢰가 차지하는 비중은 점점 더 커졌다. 오늘날과 같이 복잡한 사회에서 신뢰는 거의 절대적인 역할을 한다. 신뢰가 무너지는 경우 예상되는 비극적인 상황을 보여준 최근의 대표적인 사례로 미국에서 주택가격의 거품이 꺼지면서 발생한 금융위기를 들 수 있다. 레버리지leverage를 이용해 주택 관련 파생상품에 천문학적인 규모의 자금을 투자했던 전 세계의 크고 작은 상업은행과 투자은행, 그리고 헤지펀드를 비롯한 수많은 기관투자가들이 엄청난 손실로 인해 부실화되었을 때 주요 국가의 중앙은행들은 금융시장을 안정시키기 위해 이들에게 막대한 자금을 공급했다. 그럼에도 불구하고 시중의 자금난은 전혀 해소되지 않았고 오히려 금융경색 financial crunch이 발생했다. 그 이유는 중앙은행으로부터 막대한 자금을 수혈받은 대부분의 은행들이 거래 상대방을 믿지 못하기 때문에 자금거래를 거의 중단했기 때문이었다. 그 결과 전 세계는 상당한 기간 동안 경기침체의 늪에서 벗어날 수 없었다. 만약 이들 간에 신뢰가 높게 형성되어 있었다면, 세계경제는 상대적으로 빠른 시일 내에 경기침체에서 벗어났을 것이다. 저신뢰로 인해 세계경제는 엄청난 비용을 지불한 셈이다.

사회가 복잡해지면 혼자서 모든 일을 처리할 수 없다. 그래서 다른 사람에게 자신의 업무나 권한의 일부 또는 전부를 위임할 수밖에 없다. 전문화와 분업화는 이러한 복잡성으로 인한 필연적인 결과이다. 그런데 다른 사람에게 자신의 업무나 권한을 위임할 때는 신뢰가 전제된다. 이 경우 권리를 위임한 사람을 주인principal, 그리고 위임받은 사람을 대리인agent이라 한다. 대리인이 주인을 위해 최선을 다하면, 즉 위임받을 당시의 약속을 지킨다면 이들 간의 계약관계는 원만하게 진행된다. 그렇지만 대리인이 주인을 배신하는 경우에는 주인에게뿐만 아니라 사회적으로도 바람직하지 않은 결과가 발생한다. 이것이 흔히 말하는 도덕적 해이moral hazard이다. 경제학에서는 이것을 대리인의 감춰진 행동hidden action이라는 비대칭정보의 문제로 다루어왔다. 주인은 대리인의 행동을 완벽하게 감시할 수 없다. 따라서 대리인이 형식적으로는 주인을 위하는 것 같지만 실질적으로는 자신을 위해 행동하더라도 이를 확인하기 어렵다.

오늘날 우리 사회 전반에 도덕적 해이가 만연해 있다. 이렇게 된 원인으로는 여러 가지를 들 수 있지만 그 가운데 신뢰수준이 낮다는 것이 가장 큰 문제이다. 보통 도덕적 해이를 예방하기 위해서 주인은 대리인에게 적절한 인센티브를 제공해야 하는 것으로 알려져 있다. 경제학은 이와 관련된 정교한 모형을 개발했다. 이러한 모형에 공통된 사항은 인센티브를 설계하는 데는 반드시 금전적 보상이 포함되어야 한다는 것이다. 실적이 좋은 경우 기업이 지급하는 특별 보너스나 이익공유 등이 이에 해당한다. 이것이 오늘날 인센티브 설계의 핵심이다. 그렇지만 사람이 반드시 금전적 보상에만 반응하는 것은 아니다. 여러 가지 실험에 의하면 사람은 비금전적 보상에 대해서도 반응한다고 한다. 신뢰도 그 가운데 하나이다. 그렇기 때문에 우리에게는 건전한 사회규범이 필요한 것이다.

신뢰는 건전한 사회규범의 핵심적인 요소이기 때문이다.

주인과 대리인 간에 높은 수준의 신뢰가 형성되어 있다면 금전적 보상이 충분하지 않더라도 도덕적 해이를 막을 수 있다. 비록 대리인의 행동을 완벽하게 감시할 수 없다 하더라도 이들 간에 형성된 신뢰로 인해 대리인은 도덕적 해이의 유혹에서 벗어날 수 있기 때문이다. 인간에게는 자신을 믿어주는 사람에게 최선을 다하려는 본성이 있다. 다른 사람으로부터 인정받고자 하는 욕구는 누구에게나 강력한 인센티브로서 작용한다. 물론 이러한 경우 주인이 대리인에게 권한을 위임한 이후에도 여전히 신뢰가 유지된다는 것을 가정하고 있다. 이것마저 부정한다면 그야말로 신뢰라는 용어 자체가 무의미해진다.

예를 들어 기업의 주주와 전문경영자 간의 관계를 생각해보자. 일반적으로 증권시장에 상장된 기업의 주주는 다수이지만 편의상 대주주가 사실상 기업을 지배하는 경우를 가정해보자. 대주주가 직접 기업을 경영한다면 도덕적 해이라는 개념 자체가 성립하지 않는다. 그런데 대주주의 신상에 문제가 있어 어쩔 수 없이 기업 경영을 전문경영자에게 맡기게 되었다 하자. 이때 우리는 두 가지 시나리오를 생각할 수 있다. 하나는 대주주와 오랜 친분이 있으면 신뢰할 수 있는 기업의 임원을 전문경영자로 발탁하는 경우이고 다른 하나는 유능한 사람을 외부에서 영입하는 경우이다. 전자의 경우에는 대주주와의 신뢰가 바탕이 되어 전문경영자의 도덕적 해이가 발생하지 않을 것으로 기대할 수 있다. 반면 후자의 경우에는 신뢰가 없기 때문에 도덕적 해이가 발생할 가능성이 높다고 할 수 있다. 물론 이것은 어디까지나 신뢰의 중요성을 강조하기 위한 사례에 불과하다. 전자의 경우에도 일단 전문경영자가 된 후 자신의 이익을 우선한다면 도덕적 해이가 발생하게 된다. 그러나 이것은 신뢰 자체에 대한 모순이다. 따라서 경제학적으로는 감춰진 행동이 문제가 되지만 보다 넓은 관점에서는 신뢰가 더 중요하다 할 수 있다.

모든 분야에서 높은 수준의 신뢰를 확보하는 것은 결코 쉬운 일이 아니다. 또한 신뢰는 하루아침에 형성되지 않는다. 사회 전반에 높은 수준의 신뢰가 형성되기 위해서는 오랜 시간이 필요하다. 물론 시간이 지난다고 해서 사회 전반에 높은 수준의 신뢰가 형성된다는 보장은 없다. 신뢰가 형성되기 위해서는 무엇보다도 솔선수범하는 사람들이 있어야 한다. 상대방을 신뢰하다가 손실을 입게 되는 것을 두려워하지 않는 사람들이 필요하다는 말이다. 이러한 사람들이 많을수록 높은 수준의 신뢰가 형성될 가능성이 증가한다.

신뢰는 보통 혈연血緣, 지연地緣 및 학연學緣을 바탕으로 형성된다. 왜냐하면 이러한 연고를 바탕으로 사람들은 자신의 정체성을 확보할 수 있기에 비교적 쉽게 동지적인 느낌을 갖기 때문이다. 이 가운데 가족공동체는 신뢰가 형성되는 가장 기본적인 단위이다. 그 다음이 지연과 학연을 바탕으로 신뢰의 범위가 점점 넓어진다. 우리나라에서 특히 문제가 되는 것은 이러한 유형의 신뢰이다. 왜냐하면 지연이나 학연의 연결고리가 없는 다른 집단과는 신뢰가 형성되기는커녕 오히려 불신이 더 커지는 경향이 있기 때문이다. 따라서 사회공동체를 구성하는 여러 개의 하위집단 내부에서는 나름대로 높은 수준의 신뢰가 형성된다 하더라도 이들 하위집단들 간에는 불신이 형성됨으로써 사회 전반의 신뢰수준은 낮은 상태를 벗어나지 못하게 된다. 이것이 현재 우리가 처해 있는 상황이다.

신뢰는 오늘날 가장 큰 사회문제 가운데 하나인 도덕적 해이를 막을 수 있는 장기적이고 실천적인 대안이다. 도덕적 해이가 사회 전반에 만연하면 극단적으로는 사회 전체가 붕괴할 수도 있다. 과거 공산주의체제를 붕괴시킨 원인 중에 도덕적 해이도 포함된다. 이러한 사실을 감안할 때 우리 사회에서 신뢰가 얼마나 중요한지 알 수 있을 것이다. 우리에게 필요한 것은 하위집단 내부의 신뢰가 아니라 사회 전반에 걸쳐 신뢰를 형성하는 것이다.

신뢰가 부족한 경우 도덕적 해이 못지않게 치명적인 다른 상황이 발생할 수 있다. 경제학에서는 이것을 용의자의 딜레마prisoners' dilemma라 부른다.[14] 한마디로 이것은 개인적으로는 최선의 행동(전략)을 선택하지만 결과적으로는 모두에게 불리한 상황이 발생하는 경우를 말한다. 우리는 일상생활에서 용의자의 딜레마에 처해 있

---

14 경제주체들(경기자들)이 서로 비협조적인 가운데 전략적으로 행동해야 하는 상황을 분석하기 위해 고안된 것이 비협조적 게임이론이다. 이러한 게임의 균형으로서 많은 것을 시사해주는 주는 것이 용의자의 딜레마이다. 용의자의 딜레마는 죄수의 딜레마로 번역되기도 한다. 영어 자체의 표현은 죄수의 딜레마가 맞지만 내용으로는 용의자(suspect)의 딜레마가 더 적절하다. 왜냐하면 유죄로 확정되기 전에는 무죄로 추정하는 법정신에 비추어 볼 때 범죄 혐의가 있어 취조받고 있는 사람이라도 아직은 용의자이기 때문이다.

는 경우를 자주 목격할 수 있다. 예를 들어 교차로에서 자동차들이 서로 꼬리를 물고 있어 신호가 바뀌어도 꼼짝 못하는 경우도 이에 해당한다. 모든 운전자들은 최대한 빨리 목적지에 도착하고 싶어 한다. 교차로에서 신호를 기다리는 운전자의 전략은 파란불이면 무조건 직진하거나 교차로가 막혀 있으면 다음 신호를 기다리는 것이다. 이러한 경우 교차로가 막혀 있는 경우 모두 다음 신호를 기다리는 전략을 택한다면 의외로 교차로의 정체停滯가 쉽게 해결될 수 있다. 그렇지만 다른 운전자들이 과연 자신처럼 다음 신호를 기다릴지 신뢰하지 못한다면 기다리는 것은 최선의 전략이 아니다. 따라서 운전자들은 파란불이 들어오면 무조건 직진하는 전략을 택하게 되고 결과적으로는 교차로가 차들로 뒤엉켜 아무도 빠져나가지 못하는 상황이 발생하게 된다. 이것은 신뢰가 부족해서 생긴 결과이다.

다른 예로 정부는 오래전부터 사교육비를 줄이려고 여러 가지 대책을 내놓았지만 결과적으로 모두 실패하고 말았다. 부모의 입장에서는 사교육비를 지출하는 전략과 그렇지 않은 전략을 고려할 수 있다. 이때 다른 부모들이 모두 사교육비를 지출하지 않는다면 자신도 지출하지 않는 것이 최선이다. 그렇지만 다른 부모들의 전략에 대한 신뢰가 부족한 상황에서 최선의 전략은 사교육비를 지출하는 것이다. 따라서 모든 부모들이 사교육비를 지출하게 되고 결과적으로 모든 사람들이 피해를 본다. 이와 같이 용의자의 딜레마는 우리 주변에서 늘 발생하고 있는 현상이다.

우리나라에서 용의자의 딜레마가 가장 빈번하게 발생하는 분야는 정치이다. 여당과 야당은 정치게임에서 중요한 경기자들이다. 이들의 전략은 '협력' 또는 '투쟁'이다. 서로 협력하는 전략을 선택하면 국가적으로 더 바람직한 결과를 실현할 수 있다. 그렇지만 상대방을 신뢰하지 못하는 상황에서는 '투쟁' 전략을 택하는 것이 개별 정당의 입장에서는 최선이다. 그 결과 여당과 야당은 항상 둘 다 원하지 않았던 상황에 처하게 된다. 이러한 정치게임이 반복해서 일어나고 있음에도 불구하고 이 상황이 쉽게 해결되지 않고 있다. 이와 같이 용의자의 딜레마는 단지 게임이론으로만 이해할 수 있는 상황이 아니라 우리 현실에서 항상 벌어지고 있는 일이다.

우리는 주변에서 이러한 사례를 얼마든지 찾을 수 있다. 과거 냉전시대 미국과 소련 간의 군비경쟁도 용의자의 딜레마에 해당하며 현재 북한의 핵개발도 용의자의 딜레마에 해당한다. 개인의 차원에서든 국가의 차원에서든 신뢰가 결여된 경우에는 용의자의 딜레마를 피하기 어렵다. 따라서 신뢰가 부족하면 모두에게 좋은 결과를 실현할 수 없다는 사실만으로도 신뢰가 얼마나 소중한 사회적 자본인지 확인할 수 있다.

용의자의 딜레마는 전략적 상황에서 발생하는 비효율을 대표하는 사례이다. 게임이론에서는 이것을 극복할 수 있는 실천적인 방안을 모색했다. 그 대표적인 방안이 '눈에는 눈, 이에는 이'라는 팃포탯 전략tit-for-tat strategy임이 입증되었다.[15] 상대방이 일시적으로 나를 배신한다면 단기적으로는 초과이익을 얻게 되지만, 이 사실을 알게 되면 나는 즉각적으로 보복할 것이다. 그러면 상대방은 더 이상 초과이익을 얻을 수 없다. 따라서 나를 배신해서 얻는 초과이익보다 협력해서 얻을 수 있는 장기적인 이익이 더 크다면 상대방도 기꺼이 협력하는 전략을 선택할 것이다. 그렇다면 경기자들 간에 신뢰가 없더라도 항상 협력하게 된다. 이것이 경기자들이 팃포탯 전략을 선택하는 것이 가장 합리적인 이유이다. 이 경우에는 서로에 대한 신뢰는 없는 것으로 가정한다. 따라서 상대방에 대한 신뢰가 형성되어 있다면 당연히 서로 협력하는 것으로 믿고 행동할 것이고, 실제로 이렇게 행동한다. 신뢰는 용의자의 딜레마를 해결하는 가장 믿을 수 있는 장치이다. 굳이 보복이라는 마지막 수단을 이용하지 않아도 된다.

신뢰가 부족한 경우 오늘날과 같이 복잡한 사회에서 도덕적 해이와 용의자의 딜레마는 피하기 어려운 현상이다. 이로 인한 사회

---

15 미국의 로버트 액설로드(Robert Axelrod)는 1980년대 초 세계 각지의 전략이론가들에게 용의자의 딜레마에 대한 해법을 컴퓨터 프로그램의 형태로 고안해 달라고 요청했다. 많은 전략가들이 그의 요청에 부응해 프로그램을 제출했다. 이 프로그램들을 가지고 토너먼트 방식으로 대결시켜 어떤 프로그램이 용의자의 딜레마를 가장 잘 해결하는지 점수를 매겼다. 이 토너먼트에서 우승한 전략이 바로 팃포탯 전략이었다. 게임에 참가한 경기자들의 전략은 '협력' 또는 '배신'이라고 할 때 팃포탯 전략은 처음에는 협력을 택한 후, 그 다음에는 무조건 상대방의 이전 전략을 그대로 따라하는 것이다. 이에 대한 상세한 설명에 관심이 있는 사람은 로버트 액설로드의 『협력의 진화』(이경식 옮김, 시스테마, 2009)를 참고하라. 그리고 간단한 설명을 위해서는 애비너시 딕시트(Avinash Dixit)와 베리 네일버프(Barry Nalebuff)의 『전략의 탄생』(이건식 옮김, 쌤앤파커스, 2009)을 참고하면 된다.

적 낭비는 우리가 생각하는 것 이상으로 심각하다. 언론에서 정치인, 공직자 및 기업인들의 각종 부정 · 부패, 비리, 횡령 및 사기와 관련된 사건들을 보도하지 않는 날이 거의 없다. 실제로는 보도되지 않는 사건들이 더 많을 것이다. 이 모두가 도덕적 해이가 얼마나 만연해 있는지 보여주는 사건들이다. 용의자의 딜레마 또한 이에 못지않게 우리 주변에 만연해 있는 현상이다. 여당과 야당의 소모적인 정치투쟁, 노사 간의 극단적 대립, 천문학적인 사교육비 지출, 극심한 교통정체 등과 같이 우리가 늘 바람직하지 않은 것으로 보았던 현상들이 모두 용의자의 딜레마에 해당한다. 이와 같이 신뢰가 부족하면 우리는 불필요한 사회적 비용을 지나치게 많이 감수해야 한다. 그리고 이러한 비용이 커질수록 그 사회는 점점 더 선진사회로부터 멀어지게 된다.

한 사회의 신뢰수준은 사회를 구성하는 수많은 하위집단들의 신뢰수준의 가중평균치weighted average로 해석할 수 있다. 가중평균치란 용어를 사용한 이유는 사회적으로 비중이 큰 하위집단일수록 사회의 신뢰수준을 결정하는 데 더 큰 영향을 미친다고 생각하기 때문이다. 이러한 의미에서 정치인집단, 공직자집단, 기업인집단, 그리고 전문가 집단(의사, 변호사, 회계사, 교수, 과학자 등)의 신뢰수준은 한 사회의 전반적인 신뢰수준에 결정적인 영향을 미친다. 나아가 이들 하위집단들 간의 신뢰도 중요하다. 비록 동질적인 집단 내의 신뢰수준이 높더라도 다른 집단에 대한 신뢰가 낮은 수준에 머문다면 사회 전반의 신뢰수준에 나쁜 영향을 미치기 때문이다. 예를 들어 경찰집단 내의 신뢰수준이 높다고 하자. 직무의 성격상 이것은 가능한 일이다. 그렇지만 다른 집단들이 경찰집단을 신뢰하지 않는다면 문제가 심각해진다. 웬만한 사건은 경찰에 신고하지 않는 편이 낫다고 생각하는 사람들이 적지 않게 존재한다는 현실이 이것을 반증한다. 만약 이것이 사실이라면 사회 전반의 신뢰수준은 결코 높게 유지될 수 없다.

한 사회를 구성하는 수많은 하위집단들의 신뢰수준은 천차만별이다. 어떤 집단 내에는 신뢰수준이 높게 형성되어 있는 반면, 그렇지 못한 집단도 다수 존재한다. 그런데 과학계는 다른 집단에 비해 상대적으로 높은 신뢰수준을 유지해오고 있다는 사실을 주목할 필요가 있다. 우리가 과학자라 부르는 사람들은 오랫동안 자신의 전공분야에서 엄격한 훈련과정을 거친 사람들이다. 그리고 과학이라는 분야의 특성으로 인해 비논리적이거나 예외적인 결과는 객관적으로 인정받지 못한다. 지금은 과학적 사실로 인정받더라도 나중에 이를 반박하는 증거가 발견되면 모든 것이 취소된다. 이러한 사실로 인해 과학적 지식은 누구나 신뢰할 수 있는 객관적인 지식이 될 수 있었다.

과학계라 해서 성인군자들만 활동하고 있는 것이 아니다. 과학자들 가운데는 다른 사람의 연구결과를 훔치거나 표질하는 사이비들도 있으며 엉터리 자료를 바탕으로 획기적인 발견을 한 것처럼 위장하는 비양심적인 사람들도 적지 않다. 역사적으로도 수많은 사례가 있다. 이 점에서는 다른 집단과 근본적으로 차이가 없다고 할 수 있다. 인간은 언제나 평균적으로는 비슷한 속성을 보이기 때문이다. 그렇지만 여기서 강조하고 싶은 것은 과학의 속성상 과학계는 자기정화능력을 갖추고 있다는 점이다.

과학이란 엄격한 객관성을 추구하는 분야이다. 이미 앞에서도 언급했듯이 과학적 지식은 재현성, 예측력, 포용성 등의 기준을 만족해야 한다. 그리고 이것은 어느 한 순간, 어느 특정한 장소에서만 성립하는 것이 아니라 언제, 어디서나 성립해야 한다. 따라서 진실이 아닌 것은 언젠가는 밝혀지게 되어 있다. 과학을 제대로 하는 사람들은 모두 이 사실을 잘 알고 있다. 이러한 이유로 인해 과학계에서는 도덕적 해이와 같은 현상이 발생하기 어렵다. 또한 현대 과학계에는 서로 협력하는 풍토가 점점 더 일반화되어 가고 있다. 독자적으로 연구하기보다는 서로 협력하는 경우 더 빨리 더 좋은 결과를 얻는다는 사실이 확인되었기 때문이다. 그래서 과학계에서는 용의자의 딜레마와 같은 상황이 발생하기 어렵다.

우리는 지금까지 과학발전의 배경에는 과학적 지식의 공유와 이에 대한 신뢰가 있다는 사실을 살펴보았다. 이것을 바탕으로 과학은 비약적으로 발전했다는 것도 확인했다. 우리는 이러한 사실로부터 무엇을 배울 수 있는지 고민해야 한다. 사람들이 바람직한 사회적 가치를 공유하고, 다른 사람들도 이러한 가치를 지킬 것으로 신뢰한다면 우리 사회는 훨씬 더 살기 좋은 사회가 되리라 기대할 수 있다.

공유와 신뢰의 통합

이미 지적했듯이 과학적 지식의 공유와 이에 대한 신뢰는 독립적인 것이 아니라 상보적인 가치이다. 여기서 중요한 것은 이들 간의 상보성complementarity이다. 이것은 문자 그대로 상호보완적이라는 의미이다. 사람들은 과학적 지식을 공유함으로써 상대방을 더 잘 이해할 수 있게 되었고, 그래서 상대방을 더 신뢰할 수 있게 되었다. 한편 사람들은 자신이 이해한 과학적 지식을 상대방도 신뢰한다는 사실을 알게 되면 이것을 공유하려는 욕구가 더 강해진다. 공유되지 않으면 신뢰할 수 없고, 신뢰할 수 없다면 공유될 수 없다. 이 두 개의 가치는 동전의 양면과 같이 늘 함께 존재한다. 그러면 이들을 통합적으로 적용함으로써 우리가 기대할 수 있는 것은 무엇인가? 그것은 공유와 신뢰라는 두 가치의 상보성이 비약적인 과학발전의 배경이 되었다는 사실로부터 교훈을 얻어야 한다는 것이다. 그리고 과학은 이들 간의 상보성을 바탕으로 앞으로도 지속적으로 발전할 것이라는 사실을 명심해야 할 것이다.

우리는 우리 자신의 번영만이 아니라 우리 후손들의 번영을 염려해 미래에 대해 깊은 관심을 가지고 있다. 이러한 면에서는 다른 어떤 민족보다 두드러진다. 그리고 이 점에서는 어떤 종교를 믿든, 어느 지역 출신이든, 얼마만큼 배웠든 차이가 없다. 이것이야말로 우리 모두가 공유하는 가치이다. 문제는 이러한 가치를 실현하기 위한 구체적인 프로그램에서는 사람에 따라 현저한 차이가 있다는 사실이다. 굳이 예를 들자면 지난 정부와 현 정부가 제시한 국정운영의 기본방향을 비교해보면 쉽게 알 수 있다. 사회가 추구하는 목표는 같은데 방법에 차이가 있는 경우 예상할 수 있는 시나리오는 셋 중 하나이다. 첫째는 이성적인 대화를 통해 방법을 수정 · 보완해 하나로 통합하는 것이다. 둘째는 목표 자체를 수정함으로써 근본적으로 새로운 방법을 모색하는 것이다. 셋째는 도저히 절충할 수 없다는 사실을 인식하고 힘의 논리에 의해 차이점을 해결하는 것이다.

이 가운데 우리가 피해야 하는 것은 마지막 방법이다. 그리고 차선은 둘째 방법이고 최선은 첫째 방법이다. 그렇지만 이것은 가장 어려운 방법이기도 하다. 이러한 상황에 처해 있을 때 우리는 과연 어떻게 행동해야 하는가? 아무런 기준이 없다면 행동의 조정도 불가능하다. 바로 이러한 점에서 필자는 과학적 지식의 공유와 신뢰, 그리고 이를 바탕으로 형성된 가치인 포용성이 중요한 역할을 할 수 있다고 믿는다. 그 이유를 거듭 말하자면 과학은 이러한 가치를 바탕으로 비약적으로 발전했기 때문이다. 우리 사회에도 이러한 가치를 적용할 수 있다는 것이 필자의 생각이다.

사회 전반에 걸쳐 단기간에 획기적인 변화를 가져오려면 혁명이 필요하겠지만 이것은 폭력을 동반하며 타율적이므로 오래 지속되기 힘들다. 자발적 참여를 통한 변화만이 오래 유지될 수 있다. 우리가 추구하는 변화는 꾸준히 추구할 수 있는 것이어야 한다. 이미 지적했듯이 물질적인 성장의 경우에는 기간 단축이 가능하다. 그러나 의식수준의 향상은 그렇지 않다. 사람들은 누구나 살아오면서 자신의 경험, 자신이 배운 지식과 자신이 옳다고 믿는 것 등에 입각해서 행동한다. 따라서 특별한 계기가 없다면 관성에 의해 그동안 익숙한 행동을 수정하려 하지 않는다. 자신의 행동을 수정할 때 예상되는 불확실성과 두려움이 변화로부터 기대되는 효과를 압도하기 때문이다. 누구나 이렇게 행동한다고 믿는다면 자신이 먼저 변화를 시도하는 데는 용기가 필요하다.

이러한 용기를 우선적으로 기대할 수 있는 대상이 바로 사회지도층이다. 사회지도층의 자기성찰과 사회발전에 기여하려고 하는 선도적이고 자발적인 참여가 새로운 변화의 기폭제가 될 수 있다. 그리고 이와 함께 사회구성원들의 보편적인 의식수준이 높아져야 한다. 우리의 의식이 변하지 않고서는 행동도 변하지 않기 때문이다. 사회구성원들이 과학적 지식의 공유와 신뢰 그리고 포용성의 정신을 이해하고 이것을 실천할 수 있다면 보편적인 의식수준의 향상을 기대할 수 있다.

어느 시대, 어떤 사회에도 사회지도층과 일반 시민은 늘 공존해왔다. 그리고 시민의 보편적인 의식수준이 높아졌을 때 사회지도층에게 각성하는 계기를 제공할 수 있었다. 또한 사회지도층이 솔선수범하면 이로 인해 일반 시민들도 변화의 두려움을 극복할 수 있었다. 따라서 사회구성원의 의식수준 향상과 사회지도층의 솔선수범이 상보적으로 작용한다면 보다 원활하게 사회변화를 촉진할 수 있다.

4장

과학적 사고의 응용

| 과학적 사고의 확산 | 공유의 확산

| 신뢰의 확산

보편적 진리를 추구하는 과학적 사고가 일반인들에게 널리 확산되는 것은 사회적으로도 중요하다. 그 이유는 참지식과 사이비 지식을 구분하기 쉬워지기 때문이다. 우리가 과학적 사고로 무장한다면 사회현상을 객관적으로 판단할 수 있는 이성의 힘이 강화되기 때문에 교묘한 거짓말이나 허위 사실에 현혹되지 않을 것이다. 이러한 과학적 지식을 공유하는 것은 개인적으로나 사회적으로도 바람직한 현상이다. 새로운 과학적 발견이 일반인들에게 알려지면 그 자체가 과학적 지식을 공유하려는 강력한 인센티브로 작용한다. 사회규범은 언어와 같이 많은 사람들이 공유할수록 공익이 확대되는 정신적 자원이라는 점에서 과학적 지식의 공유와 맥을 같이 한다. 공유와 신뢰는 상보적인 관계를 유지하면서 과학적 사고의 확산에 절대적으로 기여했다. 과학 분야에서 확립된 높은 수준의 신뢰가 사회규범의 영역으로 확대된다면 사회구성원의 행동을 순화시키고 서로에 대한 신뢰를 높은 수준으로 끌어 올릴 수 있다.

과학적 사고의 확산

과학발전은 인류의 보편적인 복지를 향상시켰으며, 인간의 자유를 확대하고 인간을 무지의 암흑세계로부터 해방시켰다. 이와 같은 발전이 이루어지기까지 과학자들의 엄청난 노력과 희생이 있었다는 사실을 잊지 말아야 한다. 이 과정에서 모든 과학적 발견이 영광을 누렸던 것은 아니다. 권위 있는 일단의 과학자들에 의해 철저하게 검증받은 과학적 발견이나 지식만이 이러한 대접을 받을 수 있었다. 이러한 과정을 거쳐 과학적 지식이 축적됨으로써 나타난 바람직한 현상은 과학적 사고가 과학자들의 전유물에서 벗어나 일반인들에게도 확산되었다는 점이다.

과학적 사고가 확산됨으로써 우리는 믿음의 영역과 지식의 영역을 확실하세 구분할 수 있는 기준을 갖게 되었다는 사실이 중요하다. 왜냐하면 과학의 관점에서 접근해야 하는 문제를 믿음의 관점에서 해석하거나 그 반대로 행동한다면 우리는 오히려 커다란 혼란에 빠질 수 있기 때문이다. 우리는 지금도 많은 사람들이 이러한 혼란에 빠져 있는 경우를 자주 목격할 수 있다.

오늘날 우리는 일상 속에서 과학의 영향력을 실감하면서 살아가고 있다. 지구온난화의 영향이나 태양의 이상 징후에 대한 분석 또는 새로운 질병에 대한 대응과 같이 우리의 삶에 영향을 미치는 다양한 사건들은 모두 과학에서 그 해결의 실마리를 찾고 있다. 물론 과학이 다룰 수 없는 믿음의 영역이 남아 있지만 과학발전에 따라 그 영역이 점차 축소되고 있음을 부인하기 어렵다.[1]

과학적 사고를 통해 얻을 수 있는 가장 큰 이점은 객관성을 확보함으로써 소모적인 논쟁을 피할 수 있다는 사실이다. 예를 들어 물리학을 잘 모르는 사람들이라도 2009년부터 본격적으로 가동하기 시작한 세계 최대 규모의 강입자가속기LHC를 통해 얻은 실험결과에 대해서는 이의를 제기하지 않을 것이다.[2] 반면 잘 알려지지 않

---

1 스티븐 호킹은 앞에서 언급했던 공저서 *The Grand Design*에서 더 이상 신의 영역이 남아 있지 않다고 주장해 많은 논란을 일으켰다. 필자는 그의 주장이 옳고 그름을 떠나 과학은 이제 신의 영역에 대해서도 주저하지 않고 입장을 밝힐 만큼 성장했다는 사실이 의미 있다고 생각한다. 우리에게는 과학의 영역과 믿음의 영역은 고정되어 있지 않다는 유연한 사고가 필요하다고 생각한다. 중요한 것은 인류의 보편적인 복지와 자유에 기여하는 것이다. 이러한 기준에 따라 과학과 믿음의 영역을 논하는 것이 진정 과학적 사고라 생각한다.

2 『다빈치 코드』로 우리에게 널리 알려진 미국의 소설가 댄 브라운의 작품 『천사와 악마』는 유럽입자물리연구소(CERN)에 대한 설명으로부터 시작한다. 유럽 여러 국가들은 약 85억 달러에 달하는 막대한 자금을 투입해 둘레가 27km에 달하는 세계 최대 규모의 입자가속기를 완공했다. 많은 물리학자들은 이 가속기를 이용해 우주의 비밀을 풀 수 있는 실험결과를 얻을 것으로 기대하고 있다. 우리에게 필요한 것은 이러한 가속기가 제공하는 것과 같은 수준의 진실이다. 대중의 관심을 끌기 위한 픽션에

은 과학자가 획기적인 발견이라고 주장하는 것들은 쉽게 받아들이지 않을 것이다. 과시욕이나 명예욕으로 인해 객관적으로 검증되지 않은 결과를 서둘러 대중에게 공표하는 경우도 적지 않았다. 예를 들면 줄기세포를 배양해 인간의 난치병을 치료할 수 있다는 주장은 아직은 객관적으로 검증되지 않았다. 또는 커피가 인체에 미치는 영향에 대해 상반된 실험결과들이 제시되는 경우도 있다. 환자의 치유에 다른 사람들의 기도祈禱가 효과가 있는지에 대한 실험에서도 상반된 결과가 제시되기도 했다. 따라서 과학적 발견이라 해서 모두 객관적으로 검증된 것은 아니다. 발견자 자신의 명성을 위해 또는 어떤 개인적인 의도에서 과학적 발견으로서의 요건을 제대로 갖추지 못한 채 언론에 발표되는 경우가 비일비재하다.

전문가는 자기 분야에서 많은 지식을 축적해야 할 뿐만 아니라 엄격한 윤리적 기준을 갖추어야 한다. 그러나 현실은 그렇지 않다. 아직도 세간의 명성과 돈을 위해 과학을 이용하려는 사이비 전문가들이 적지 않다. 어느 시대, 어느 사회나 사이비는 존재하기 마련인데 이들은 과학적 지식을 왜곡시키고 잘못 적용함으로써 불특정 다수의 삶에 상당한 영향을 미치고 있다. 또한 이들이 주장하는 바를 무분별하게 보도하는 언론도 비난을 면하기 어렵다. 어떤 경우에나 사이비 전문가들은 진실을 왜곡시키는 주범이다. 이러한

서도 과학적 사실을 바탕으로 얘기를 전개한다는 것은 그만큼 과학적 사실이 우리의 지지를 받고 있다는 것을 반증한다.

점에서 사이비 과학은 반과학보다 더 많은 피해를 줄 수 있다. 다행스러운 것은 과학계에는 진정한 과학과 사이비 과학을 구분해주는 객관적인 기준이 확립되어 있다는 사실이다. 앞에서 언급했던 재현성과 예측력과 같은 기준은 진정한 과학과 사이비 과학을 구분해주는 중요한 기준이다.

이러한 의미에서 일반인들에게 과학적 사고가 널리 확산되는 것은 중요한 의미를 갖는다. 많은 사람들이 과학적 사고로 무장하고 있으면 진정한 과학적 지식과 사이비 과학적 지식을 구분하기 쉬워진다. 이것은 과학이 인류에게 기여한 중요한 부분이다. 예를 들어 많은 여성들이 비만으로 고민하고 있다. 그래서 이러한 사람들을 겨냥해 여러 가지 다이어트 프로그램이나 비만 치료술이 소개되고 있다. 그러나 대부분은 특별한 과학적 근거도 없이 사람들의 초조한 심리를 이용해 돈벌이에만 급급한 실정이다. 이로 인한 사회적 낭비가 엄청날 것으로 추정된다. 또한 현대의학으로도 고치기 어려운 난치병을 치료할 수 있다고 현혹해 환자의 상태를 더욱 악화시키고 환자 가족들에게는 정신적, 금전적으로 막대한 피해를 주는 사례 또한 적지 않다.

만약 사람들이 과학적 사고로 무장하고 있다면 이러한 사이비 과학적 지식에 쉽게 현혹되지는 않을 것이다. 그러면 다이어트 프로그램을 제공하는 기업이나 비만치료를 담당하는 의사들은 단기적이 아닌, 장기적인 관점에서 실질적으로 비만치료에 도움이 되는 진정한 방법을 찾아내려 노력할 것이다. 이러한 결과들이 널리 알려진다면 사람들은 일상생활에서도 물질적, 정신적 낭비를 줄일 수 있는 과학적 사고의 장점을 인정하게 될 것이고, 이로 인해 사회 전반에 걸쳐 과학적 사고가 더 보편화되는 선순환이 시작될 수 있다.

사회현상의 경우는 그렇지 않다. 이 점이 과학과 다른 점이며 이로 인해 사회적으로 엄청난 낭비를 초래한다. 사회적으로 영향력이 큰 사람이나 기관이 주장하는 견해라 해서 객관적으로 옳다는 근거는 없다. 오히려 그들의 감춰진 이해관계로 인해 진실이 왜곡되거나 은폐되는 경우가 빈번하다. 사회적으로 영향력이 있는 개인이나 기관일수록 표면으로 드러난 의도와 감춰진 의도 간에는 차이가 있기 마련이다. 그들의 영향력이 클수록 그 차이는 더욱 벌어지는 경향이 있다. 특히 정치, 경제 분야에서 이와 같은 경우를 자주 목격할 수 있다.

우리 사회에서 이러한 현상은 어제오늘의 일이 아니다. 해방 이후 지금까지 수많은 정치인들과 관료들, 그리고 경제계의 주요 인사들은 사회적 이슈가 있을 때마다 나름대로 견해를 표시해왔다. 그들은 겉으로는 국가와 민족을 내세우지만 실제로는 개인의 정치적, 경제적 이해관계에 따라 움직인다. 해방 후 정도의 차이는 있었지만 우리나라에서는 진보와 보수, 좌파와 우파의 대립이 계속되어 왔다. 보수는 전통적인 자유민주주의를 지키려 하고, 진보는 이보다 개혁적인 입장을 표방해왔다. 그들의 주장을 과학적 사고의 관점, 즉 이성적 사고의 관점에서 평가한다면 어느 쪽도 문제가 있음을 알 수 있다. 이렇게 평가할 수 있는 이유로는 무엇보다도 그들은 항상 서로의 주장을 끈질기게 부정하고 반박해왔다는 사실을 들 수 있다. 서로의 주장에 대해 일관되게 반대 입장을 유지하고 있다는 사실은 그들의 주장에는 모두 논리적으로 수용할 수 없는 요소가 포함되어 있다는 것을 반증한다. 따라서 앞에서 언급한 반증주의의 관점에서 볼 때 우리는 그들의 주장을 객관적 사실로서 수용할 수 없다.

과학의 기본원칙은 보편적 진리를 추구하는 것이지만 정치의 기본원칙은 그렇지 않다는 것이 문제의 근원이다. 정치의 경우에는 표면적으로는 국가와 국민을 내세우더라도 정권을 유지하고 재창출하는 것이 정치인들의 감춰진 동기이기 때문이다. 이에 대한 유일한 해결책은 그들의 주장을 변증법적으로 통합하는 것뿐이다. 이것은 그들이 과학적 사고를 수용하는 경우에만 가능하다.

일상생활에서 대부분의 사람들이 원하는 것은 과학이 추구하는 보편적 진리가 아니다. 진리를 추구한다는 것은 교과서에서나 찾아볼 수 있는 비현실적인 행위로 매도당하는 것이 오늘날 우리의 풍토이다. 사람들은 이와 같은 비현실적인 이상 대신 현실적으로 가능한 눈앞의 이익을 확보하는 데 모든 노력을 집중한다. 정치인들은 대중매체를 이용한 다양한 상징조작을 통해 이러한 사실을 교묘하게 이용한다. 경제의 경우도 예외는 아니다. 자본가들은 본능적으로 높은 수익을 추구한다. 고용확대라든가 사회에 대한 기여를 표면에 내세우더라도 그들의 감춰진 동기는 여전히 높은 수익을 추구하는 것이고 자신의 수중에 경제력을 집중시키는 것이다. 그들은 자신의 목적달성을 방해하는 어떤 장애물도 제거할 수 있는 힘을 가지고 있다고 믿는다. 정치, 경제 분야에서 기득권을 가진 계층들의 무모할 정도의 오만함을 감안할 때 자발적으로 자신들의 사고방식을 바꾸리라 기대하기 어렵다. 그들은 어떤 수단을 동원해서라도 자신의 목적을 달성해야 한다는 의지로 충만해 있다. 유감스럽게도 사회는 이들의 이러한 의지를 높게 평가하는 경향이 있다. 사람들이 이렇게 행동하는 이유는 주변의 모든 사람들이 그렇게 행동하므로 그 영향을 무시할 수 없기 때문이기도 하고, 진정한 가치가 무엇인지 모르기 때문이기도 하다. 현실이 주는 유혹은 강력하고 생생한 반면, 진리에 도달하는 길은 멀고 불확실하다. 기득권자들은 이러한 사실을 알고 있기 때문에 자신들의 방법이 유효하다고 확신한다.

과학의 경우에는 과학자들이 어떤 감춰진 동기를 가지고 있든 엄격한 검증과정을 통해 그런 동기는 무력화되고 과학이 사회에 기여할 수 있는 장점을 공유하도록 해준다. 그러나 사회에는 이러한 검증시스템이 존재하지 않거나 매우 취약하다. 그 결과 "악화가 양화를 구축한다"는 법칙이 사회 전반에 널리 적용되고 있는 실정이다.[3] 이것은 정보시대인 오늘날에도 여전히 사실이다. 인터넷이

---

3 이것은 그레샴의 법칙(Gresham's law)으로 잘 알려져 있다. 그레샴은 당시 영국에서 통용되던 금화 가운데 함량이 기준에 미달하는 것과 그렇지 않은 것 가운데 함량미달의 불량 금화만 유통되고 정량의 금화는 퇴장(退藏)된다는 사실을 이렇게 묘

아무리 발달하더라도 개인의 감춰진 의도를 알 수는 없기 때문이다. 우리는 사회 전반에 만연해 있는 이러한 상황을 극복할 수 있는 실천적인 해결방안으로 무엇이 가능한지 고민해야 한다.

우리 사회에서는 개인적이든 사회적이든 어떤 쟁점이 있을 때 집요하게 따지는 태도를 부담스러워하는 분위기가 만연해 있다. 이른바 '왜'라는 질문에 대해 거부반응이 있다. 기원전 5세기 아테네에서 소크라테스Socrates가 했던 것처럼 사람들에게 '왜'라는 질문을 계속해가면 결국은 자신이 제대로 알고 있는 것이 아무것도 없다는 결론에 도달하게 된다.[4] 자신이 아무것도 모른다는 사실을 인정하는 것은 굴욕적이다. 그렇지만 이러한 과정을 통해 무엇이 참인지 아닌지 보다 확실하게 구분할 수 있다.

과학적 사고는 실험을 통해서든 이성적 추론을 통해서든 궁극적인 진리에 도달할 때까지 끊임없이 '왜'에 대한 답을 구하는 과정

사했다. 동일한 명목가치를 지닌 불량 금화와 정량 금화가 유통되는 경우 어떤 금화가 불량인지 아는 사람들은 정량 금화는 자기 주머니에 넣고 유통시키지 않고 불량 금화만 유통시킨다. 그 결과 시중에 유통되는 것은 결국 불량 금화뿐이다. 이것이 바로 악화가 양화를 구축하는 것이다. 이와 같이 정보의 비대칭이 존재하는 경우 사회에서는 결국 불량 금화만 유통되는 것과 유사한 현상이 다양하게 발생할 수 있다. 누가 바람직한 정치인인지 제대로 알 수 없는 상황에서 정치인으로 자질이 있는 사람들은 정치판에 뛰어들지 않고 그렇지 못한 사람들만 남아 정치판을 어지럽히는 것도 이러한 사례에 해당한다.

4 소크라테스는 직접 글을 남기지 않았다. 그래서 그의 제자인 플라톤이 쓴 『대화』를 통해 소크라테스의 사상을 엿볼 수 있을 뿐이다. 소크라테스가 즐겨 사용했던 변증법적 대화는 오늘날 우리 사회에 다시 부활시켜야 할 중요한 교육방식이다. 이에 대한 간략하지만 명쾌한 설명은 카렌 암스트롱의 『축의 시대』를 참고하면 좋다.

이다. 우리 사회에서는 이러한 의미에서 과학적 사고가 실종된 상태이다. 해방 후 우리가 목격한 것은 사회적인 쟁점이 발생할 때마다 이성적인 토론 대신 감정적인 대립과 부적절한 타협이나 야합, 그리고 쉽게 기억에서 지워버리는 습관뿐이었다. 이러한 풍토에서는 무엇이 맞고, 무엇이 틀렸는지 분별할 수 있는 개인적, 사회적 능력이 배양되지 않는다. 그리고 이로 인한 피해는 고스란히 우리 후손들의 몫이다. 이러한 불명예스러운 유산을 물려주지 않으려면 지금부터라도 새로운 사고의 틀을 만들어야 한다.

이러한 악순환의 고리를 깰 수 있는 근본적인 대책은 무엇이겠는가? 필자는 우리 사회의 구성원 모두가 과학적 사고로 무장하는 것이라고 생각한다. 과학적 사고는 무엇이 좋고, 무엇이 나쁜지 구분해주는 것이 아니라 무엇이 맞고, 무엇이 틀렸는지 구분해준다. 사람들이 사회현상에 대해 더 정확하게 판단할 수 있게 된다면 어느 누구도 이들을 일방적으로 이용하기 어려워질 것이다. 따라서 대부분의 상징조작은 그 효력을 상실할 것이다.

과학적 사고를 우리 사회에 확산하기 위해서는 과학적 사고는 어렵다고 생각하거나 외국에서 건너온 것이라는 선입관이나 편견을 버려야 한다. 과학문명이 급속하게 발전하면서 과학적 사고를 강조하게 된 것이지 이러한 사고 방법은 지금까지 지구상에 나타났던 어떤 문명에서도 발견할 수 있는 것이다. 특히 훌륭한 정신문화 유산을 물려받은 우리 민족에게 과학적 사고는 이미 존재하고 있었다. 우리가 자라면서 들어왔던 "순리를 따른다"는 표현은 이치에 맞게 행동하라는 것이다. 이치에 맞게 행동하는 것은 과학적 사고의 가장 기본 덕목 중에 하나이다. 이러한 정신적 유산을 바탕으로 과학적 사고를 받아들이고, 이것을 확산시킬 수 있도록 사회 구성원의 의식수준이 향상되어야 한다.

오늘날 우리 사회에서 과학적 사고를 널리 확산시키는 것 못지않게 중요한 것은 이것을 알고 있는 사람들이 여러 가지 사회문제에 더욱 관심을 가지고 적극적으로 참여하는 것이다. 마치 「벌거벗은 임금님」 우화에서 방관자적 입장에 있던 현명한 사람들이 각성해야 하듯이 이들이 사회문제에 대해 다양한 의견과 해결책을 제시하고 자기 말에 책임지는 자세를 보여준다면 머지않은 장래에 우리 사회에 과학적 사고가 정착할 수 있다. 사회 전반에 걸쳐 과학적 사고가 정착한다면 그 파괴력은 매우 강력할 뿐만 아니라 오래 지속될 것으로 기대된다.

이와 같이 과학적 사고는 우리와 무관한 것이 아니다. 단지 우리 사회가 지나치게 빠르게 변모하는 과정에서 현실적인 이해관계에 집착하다보니 우리 자신도 모르는 사이에 과학적 사고의 전통을 망각하게 되었을 뿐이다. 과학적 사고의 핵심에는 개인의 이해관계를 떠나 매사를 공평무사하게 처리한다는 정신이 자리 잡고 있다. 과학적 발견이 이루어지는 과정에 개인의 이해관계가 개입할 여지가 없다는 사실이 이것을 뒷받침한다. 우리에게 필요한 것은 이것을 되살리는 것이다.

공유의 확산

앞에서 지적했듯이 과학은 지식의 공유를 통해 획기적으로 발전했다. 이러한 정신은 앞으로도 계속 유지될 것으로 기대할 수 있다. 이렇게 예상할 수 있는 근거는 과학 분야에 형성되어 있는 인센티브 시스템의 특성 때문이다. 과학적 발견을 추구하는 사람들은 자신이 발견한 새로운 결과를 공인된 매체를 통해 신속하게 발표하려는 동기를 가지고 있다. 그 이유는 경쟁적인 연구 상황과 새로운 발견에 주어지는 금전적, 비금전적 가치(명예, 금전적 보상, 특허 등)에서 찾을 수 있다. 예를 들어 다윈C. Darwin은 비글호를 타고 7년간 남미의 갈라파고스 섬을 탐험하면서 방대한 자료를 수집했고, 15년에 걸쳐 자료를 분류하고 분석해 종種의 진화에 관한 이론을 정립했다. 다윈은 자신이 발견한 과학적 사실이 사회에 미칠 반향을 고려해 그 결과를 발표하지 않고 있었다. 그러나 자신과 같은 연구를 하던 월리스A. Wallace가 곧 자신이 발견한 것과 유사한 내용을 발표할 것이라는 소식을 접하고 자신의 이론을 책으로 출간하게 되었다. 그 후 많은 사람들이

다윈의 진화론에 대한 찬반 두 진영으로 양분되어 격렬한 논쟁이 있었으며 결국 지금은 학계에서 부동의 위치를 차지하게 되었다. 만약 다윈에게 월리스라는 선의의 경쟁자가 없었다면 다윈은 자신의 이론을 공표하는 것을 주저했을 것이다. 그의 사후에나 발표되지 않았을까 짐작해본다.

다윈의 사례를 언급한 이유는 과학적 발견을 추구하는 사람들에게는 자신이 최초의 발견자라는 명예만큼 소중한 것이 없다는 점을 강조하기 위해서이다. 사실 최고의 권위를 자랑하는 노벨 과학상을 수상하는 명예는 그 분야에서 최초의 발견자에게 주어진다. 이것만으로도 과학자에게 최초의 발견자라는 사실이 어떤 의미를 갖는지 짐작할 수 있다. 그런데 다행스러운 점은 이러한 경쟁이 개인적으로만이 아니라 사회적으로도 바람직한 결과를 가져온다는 사실이다. 이것이 다른 분야와 크게 다른 점이다. 개인적인 이익과 공익 간에 아무런 갈등이 없는 분야가 바로 과학이다. 맨 처음 히말라야를 등정한 사람에게는 최초의 등반자라는 명예가 주어지지만 이것이 사회적으로 어떤 혜택을 주는지 확실하지 않다. 그리고 이러한 사실을 우리 모두 공유한다고 해도 크게 달라질 것이 없다. 운동경기의 경우도 마찬가지이다. 세계 신기록을 수립한 선수에게는 최초, 최고라는 명예가 주어진다. 그렇지만 100미터를 9초 이내에 뛰는 사람이 나타났다고 해서 우리 사회가 얻는 혜택을 가름하기 어렵다. 단지 개인의 명예에 그치는 경우가 대부분이다.

과학의 경우 일반적으로 세계 도처에서 동일한 주제를 가지고 선의의 경쟁을 하는 다수의 과학자들이 존재한다. 그들은 다른 경쟁자들이 연구를 어느 정도 진척시켰는지 확인하면서 자신들이 최초 발견자가 되기 위해서 불철주야 연구에 박차를 가한다. 많은 노력과 시간, 그리고 막대한 연구비를 들인 연구가 지지부진해서 최초의 발견이라는 명예가 다른 연구자에게 돌아간다면 큰 낭패가 아닐 수 없다. 그렇기 때문에 이러한 위험을 부담하면서 과학자는 최선을 다해 연구에 매진해야 하는 것이다. 물론 과학계에서는 승자독식의 원칙이 지배하지는 않으므로 최초의 발견자가 못되더라도 어느 정도의 보상은 기대할 수 있다. 이렇게 물질적 보상을 추구하지 않으며 다른 현실적 야망도 없이 단순히 최초의 발견자가 되려는 인센티브에 의해 고무된 과학자가 최선을 다해서 얻은 과학적 발견이나 지식은 모든 사람들에게 공유되어 사회발전에 기여하게 된다. 이것이 과학계의 보편적인 현상이다.

과학적 지식의 공유는 비약적인 과학발전의 원동력이었고 앞으로도 그러할 것이다. 그런데 과학적 지식의 공유가 지속적으로 이러한 목표를 달성하기 위해서는 일정한 조건이 충족되어야 한다. 이러한 조건을 제대로 갖춘 사회에서는 공유를 통해 사회발전이 더욱 가속화될 것으로 기대할 수 있다.

첫째, 새로운 과학적 발견을 한 사람이 자발적으로 자신의 발견을 공유하려는 인센티브가 강화되어야 한다. 앞에서도 지적했듯이 과학적 발견에 대한 가장 강력한 인센티브는 최초의 발견자라는 명예였다. 그러나 오늘날에는 이것만으로는 부족하다. 인간은 상대적인 존재이다. 물질만능주의가 지배하는 세상에서 혼자 고고하기란 무척 힘들다. 그렇기 때문에 적절한 금전적 보상을 병행할 필요가 있다. 그렇지만 더 중요한 것은 정부나 과학계가 새로운 과학적 발견의 의의를 널리 알리는 데 역점을 둠으로써 일반인들이 그 가치를 더욱 높게 인정하도록 해야 한다.

둘째, 다른 사람이 발견한 과학적 지식에 무임승차하려는 경향이 사라져야 한다. 무임승차의 문제는 특히 경쟁적으로 연구·개발R&D을 추진하는 경우 발생할 수 있다. 만약 누구나 다른 사람이 이룩한 연구·개발 성과에 무임승차할 수 있다면 막대한 연구·개발비를 부담하면서 연구를 계속하려는 노력이 줄어들 것이다. 그러면 연구·개발 자체가 부진해질 수 있다. 극단적인 경우에는 특정 분야에서의 연구·개발이 중단될 수도 있으며, 진행된다 하더라도 사회적으로는 바람직한 수준에 미치지 못하게 된다. 이것이 무임승차로 인해 발생할 수 있는 일반적인 상황이다. 과학적 지식을 공유하려는 경우 분야에 따라서는 이러한 문제가 발생할 수 있다. 따라서 과학적 지식의 보편적인 공유를 확산시키기 위해서는 무임승차를 저지할 수 있는 방법을 고안해야 한다.

이와 같이 과학적 지식의 공유는 개인적으로만이 아니라 사회적으로도 바람직한 현상이다. 이와 관련해 우리는 두 가지 문제를 생각할 수 있다. 하나는 개인과 사회 모두에게 이로운 공유의 대상을 다른 분야로 확대할 수 있는가 하는 것이고, 다른 하나는 이러한 분야에서 공유를 촉진할 수 있는 실천적인 방안으로는 무엇이 있는지 생각해보는 것이다. 이 두 가지 문제는 우리 사회의 지속적인 발전을 위해 중요한 의미를 가진다.

공유를 말할 때 가장 먼저 떠오르는 것이 공산주의체제나 사회주의체제에서 사유재산을 국유화하는 것이다. 국유화는 재산을 인격체가 아닌 국가가 소유하는 것을 의미하지만 실질적으로는 공유의 한 유형에 해당한다. 이미 '공유의 비극'을 통해 언급했듯이 물적 자원의 공유는 사회적으로 바람직하지 않은 결과를 초래한다. 공산주의체제가 붕괴한 근본적인 원인이 물적 자원의 공유에 있다 해도 과언이 아니다. 이러한 이유로 공유라는 용어에 대해 반감을 갖는 사람들이 의외로 많다. 따라서 공유를 언급하는 경우에는 각별히 조심할 필요가 있다. 이러한 의미에서 무엇이 바람직한 공유이고 무엇이 바람직하지 않은 공유인지 구별해주는 기준이 필요하다.

공유의 비극은 '사회적으로는 공유보다 사유가 바람직하다'는 것을 보여주었다. 그런데 사유가 불가능한 경우에는 공유방식을 통해서라도 사회에 공급하는 것이 바람직한 경우가 있다. 이에 해당하는 것이 공공재public good이다. 국방, 치안, 전파, 각종 사회간접자본 등은 대표적인 공공재이다. 이러한 재화나 서비스는 사회를 유지하기 위해 반드시 필요하지만 성격상 사유를 바탕으로 하는 시장을 통해서는 공급되기 어려운 것들이다. 그래서 이러한 재화나 서비스는 불가피하게 정부가 공급을 담당하게 된다. 이에 따른 문제는 공공재의 공유는 어떤 경우에도 사회적으로 비효율적인 결과를 초래한다는 사실이다. 이것은 돈을 지불하지 않아도 사용할 수 있고(비배제성), 다른 사람이 소비해도 자신이 소비 가능한 양이 줄지 않는(비경합성) 공공재의 특성으로 인해 어쩔 수 없는 현상이다.

이 경우 공유로 인한 비효율은 더 이상 문제가 되지 않는다. 왜냐하면 '불가능한 사유' 보다는 '비효율적인 공유' 가 사회적으로 더 바람직하기 때문이다. 다시 말하면 사유에 바탕을 둔 시장을 통해서는 사회가 필요로 하는 공공재를 공급할 수 없다면 공유를 전제로 정부가 공급하는 것이 더 바람직하다. 여기서 공공재의 사례를 언급한 이유는 물적 자원이라도 사유보다는 공유가 불가피한 경우가 있다는 것을 말하기 위해서이다. 이러한 의미에서 물적 자원의 공유와 관련된 오해가 없기 바란다.

정신적 자원의 경우에는 사정이 다르다. 과학적 지식은 대표적인 정신적 자원이다. 많은 사람들이 과학적 지식을 공유하게 되면 시너지 효과가 작용해 과학적 지식의 탐구와 축적이 가속화될 수 있다. 그리고 이것은 더 많은 과학적 지식의 공유를 가능하게 한다. 그 결과 과학적 지식의 축적과 공유는 상생작용을 통해 개인적으로나 사회적으로 바람직한 결과를 달성한다. 이것이 역사적으로 우리가 경험한 사실이다. 과학적 지식의 경우에도 사회적으로 바람직한 공유의 수준, 즉 '효율적인 과학적 지식의 공유' efficient sharing of scientific knowledge라는 개념이 적용될 수 있다. 이 기준에 의하면 우리가 이러한 효율적인 상태를 달성하고 있다 말하기 어렵다. 왜냐하면 공유라는 현상 자체가 효율적인 결과와는 양립하기 어려운 개념이기 때문이다. 과학적 지식과 같은 정신적 자원은 사유화된 상태로 남아 있는 것보다 공유된 상태가 항상 더 바람직하다는 것이 핵심이다. 사유보다는 공유가 바람직한 경우 이것을 촉진하도록 유도하는 것이 사회적으로 중요하다는 점을 잊지 말아야 한다.

우리는 과학적 지식의 공유라는 역사적 경험을 통해 어떤 공유는 사회적으로 바람직하고 어떤 공유는 그렇지 않은지 구분할 수 있게 되었다. 나아가 바람직한 공유의 영역을 확대하려면 어떤 조건이 충족되어야 하는지 이해할 수 있게 되었다. 우선 고갈되기 쉬운 희소한 자원의 공유는 사회적으로 바람직하지 않은 경우가 일반적이다. 반면 공공재로 불리는 재화와 서비스는 시장을 통해서는 공급되기 어려운 것들이므로 공유가 불가피하다. 이러한 의미에서 물적 자원이라고 해서 공유가 반드시 나쁜 것은 아니라는 사실을 이해해야 한다. 그리고 이미 지적했듯이 '사유와 공유의 비교'와 '효율적 공유와 비효율적 공유의 비교'는 전혀 별개의 문제이다. 우리는 여기서 사유와 공유의 비교에 초점을 맞추고 있다. 어떤 경우에나 효율적 공유는 달성하기 어려운 과제이기 때문이다.

과학적 지식의 공유를 통해 얻을 수 있는 이익을 자연스럽게 기대할 수 있는 분야가 바로 사회규범이다. 이것은 개인뿐만 아니라 사회구성원 모두에게 긍정적인 영향을 미칠 수 있다는 점에서 과학적 지식 못지않게 공유의 대상으로서 가치를 갖는다. 이것은 언어와 같이 많은 사람들이 공유할수록 공익이 확대되는 정신적 자원이다. 그런데 사회규범은 과학적 지식의 공유와는 다른 각도에서 접근해야 하는 대상이다. 왜냐하면 과학적 지식과는 달리 사회규범에는 최초의 발견자라든가, 이에 따른 명예와 같은 인센티브가 존재하지 않기 때문이다.

사회규범은 특정인이 강요하거나 명령한다고 해서 효력을 발휘하는 행동의 준칙이 아니다. 관습의 관점에서 접근하든, 도덕의 관점에서 접근하든 이것은 사회구성원들이 다른 사람을 지나치게 의식한다거나 자신이 사회로부터 고립되는 느낌을 갖는다면 결코 우리 주변에 뿌리 내리기 어려운 대상이다. 이와 같이 사회규범은 자생적인 측면을 가지고 있으면서 동시에 처음에 누군가 개인적인 불편을 감수하면서 시작해야만 그 효력을 발휘할 수 있다는 양면성을 가지고 있다. 사회규범에는 이른바 방아쇠 효과trigger effect가 적용된다.[5] 이 효과를 유발할 수 있는 사람은 사회지도층일 수도

---

5 방아쇠 효과란 주로 생태계에서 초기의 작은 변화가 연쇄적으로 영향을 미쳐 종국에는 생태계 전체에 큰 변화를 초래하는 현상을 말한다. 대표적인 사례로는 미국 애리조나주의 카이바브 고원에서 발생한 생태계의 변화를 들 수 있다. 주 당국은 1907년부터 점차 감소하고 있던 사슴을 보호하기 위해 천적인 퓨마와 늑대를 포살하기 시작했는데 이로 인해 사슴 개체수가 급속히 증가해 풀이 부족하게 되었고 이로

있고 「벌거벗은 임금님」 우화에서와 같이 평범한 사람일 수도 있다. 누가 되었든 중요한 것은 사리사욕으로부터 자유로운 사람만이 이러한 효과를 유발할 수 있다는 사실이다. 우리 주변에는 사리사욕에 물들지 않은 사람들이 적지 않다. 이 사람들은 스스로를 드러내는 것을 원치 않기 때문에 눈에 잘 띄지 않을 뿐이다. 우리 사회가 지위고하에 따라 사람을 평가하는 어리석음을 극복하고 이러한 사람들의 가치를 존중해준다면 이들은 기꺼이 방아쇠 효과를 유발하는 역할을 자청할 것이다. 그러면 이들의 노력을 바탕으로 사회규범은 보다 많은 사람들이 공유하는 정신적 자원으로 굳게 뿌리 내릴 수 있다.

인해 고원이 다시 황폐화되기 시작해 1924년 무렵에는 사슴 개체수가 절반 이하로 감소했다. 이러한 방아쇠 효과는 비단 생태계만이 아니라 시장이나 사회와 같은 모든 복잡계에 적용될 수 있다.

신뢰의 확산

과학의 영역에서 신뢰는 중요한 역할을 한다. 한 사람이 이룩한 과학적 성과를 다른 사람들이 인정하지 않는다면 개인적인 손실에 그치지 않고 사회적으로도 자원을 낭비하는 셈이다. 과학 분야에서도 초기에는 다른 사람의 과학적 발견을 검증할 수 있는 적절한 방법이 없었다. 그래서 과학적 발견 자체가 사장死藏되거나 오랫동안 공인받지 못한 채 소수의 사람들에 의해 인정받았을 뿐이다. 신뢰가 없다면 공유 또한 제한적일 수밖에 없다. 과학적 지식의 경우 신뢰와 공유는 동전의 양면과도 같다. 신뢰가 높으면 공유가 쉽게 확대되고, 이로 인해 다시 신뢰가 높아진다.

모든 과학적 발견은 다른 연구자들의 객관적인 실험이나 관찰을 통해 확인된 후에 비로소 공인받게 된다. 이러한 과정을 통해 과학이 비약적인 발전을 이룩한 것은 누구나 인정하고 있다. 따라서 과학발전은 곧 검증장치의 발전과 역사를 같이한다고 말할 수 있다. 이때 실험이나 관찰이 얼마나 재현성 있는 조건에서 이루어지는

가에 따라 검증의 객관적 가치가 결정된다. 보다 엄격한 검증장치를 통과한 과학적 발견은 누구도 부인하기 어려운 객관성을 확보하게 되므로 이에 대해서는 가장 높은 수준의 신뢰가 주어진다. 그러면 과학자들은 이것을 바탕으로 새로운 과학적 발견을 시도할 수 있다. 예를 들어 19세기 말까지 빛의 속도는 빛이 통과하는 매질이나 조건에 따라 달라지는 것으로 간주되었다. 그러나 일련의 엄격한 실험을 통해 빛은 언제, 어떤 조건에서도 항상 초속 30만km를 유지한다는 사실이 확인되었다.[6] 이러한 사실이 발견된 후 빛의 불변성을 이용해 다양한 과학적 발견이 이루어지게 되었다. 만약 사람들이 빛의 불변성을 신뢰하지 않았다면 전자공학이 오늘날과 같이 비약적으로 발전하기 어려웠을 것이다. 왜냐하면 빛도 전자파의 일종이기 때문이다.

오늘날 모든 과학 분야에서 이용되고 있는 검증장치들은 매우 높은 수준의 엄격성을 만족하고 있다. 누구라도 이러한 검증장치를 통과한 과학적 발견을 인정하지 않을 수 없다. 그 결과 과학은

---

6 이것이 유명한 마이컬슨-몰리의 실험이다. 미국의 앨버트 마이컬슨(Albert Michelson)과 에드워드 몰리(Edward Morley)는 1887년 빛의 속도를 측정하는 유명한 실험을 시작했다. 그들의 실험은 한 번에 그치지 않고 여러 차례 반복되었으며 그때마다 이전 실험에서의 오류를 보완했다. 그 결과 빛은 항상 초속 30만km를 유지한다는 사실이 증명되었으며 이로 인해 당시 "우주 공간은 에테르라고 하는 가상의 매질로 가득 차 있다"는 당시의 지배적인 가설이 틀렸다는 것이 입증되었다. 이와 같이 엄격한 실험방법만이 과학적 발견에 대한 엄격한 검증장치로서 역할을 한다. 비록 이러한 수준의 검증장치를 고안하기 어려운 경우라도 그 기본정신은 유지되어야 한다.

최고 수준의 신뢰를 확보하게 되었다. 마치 거짓말 탐지기를 통과하지 못한 사람은 유력한 용의자로 간주되듯이 이러한 검증장치를 통과하지 못한 과학적 발견은 반증 가능한 대상으로 전락해, 진리로 인정받지 못했다. 정밀한 거짓말 탐지기가 용의자와 무죄인 사람을 정확하게 구분해주듯이 과학적 검증장치가 정교해질수록 사이비 과학이 공인받을 가능성은 점점 낮아진다.

신뢰란 사람들 간에 형성되는 무형자산으로서 과학 분야만이 아니라 사회의 모든 분야에서 반드시 필요한 기본 덕목이다. 따라서 우리는 과학 분야에서 확립된 높은 수준의 신뢰를 어떻게 다른 분야로 확대할 수 있는가에 관심을 가져야 한다. 만약 이것을 달성할 수 있는 실천적인 방안을 고안할 수 있다면 사회적으로도 커다란 가치가 있다. 왜냐하면 신뢰는 대표적인 사회적 자본으로서 여러 가지 거래비용을 절감해줌으로써 불필요한 낭비를 제거해주기 때문이다.

여기서 한 가지 간과해서는 안 되는 점은 이러한 신뢰의 근거가 지식이라는 사실이다. 그런데 신뢰 가운데는 지식보다는 믿음에 근거한 경우도 있다. 사람들 간의 관계에서 "당신을 신뢰한다"고 말할 때 지식보다 믿음에 근거한 경우가 대부분이다. 이러한 믿음은 그동안 축적된 기억과 경험에 근거한다고 보아도 무방할 것이다. 지식에 근거한 신뢰는 객관적이고 믿음에 근거한 신뢰는 주관적이라는 차이가 있다.

신뢰의 근거가 객관적인지 주관적인지 구분하는 것은 신뢰에 관한 검증장치를 고안하는 것과 관련해 중요한 의미를 갖는다. 어떤 과학적 발견을 신뢰할 수 있는지 검증하는 장치를 고안하는 것은 어렵지 않다. 이러한 경우 검증장치가 '신뢰의 선별장치' screening mechanism of trust로서 역할을 하는 데 아무 문제가 없다. 그렇지만 신뢰가 주관적인 믿음과 관련된 경우에는 사정이 달라진다. 이러한 경우 각자 자신의 주관적 믿음에 근거해 검증장치를 고안한다면 사회는 혼란에 빠질 것이다. 이때 어떤 검증장치도 적절한 선별장치로서 역할을 기대하기 어렵다. 예를 들어 다양한 종교가 공존하는 사회에서 특정 종교의 교리에 입각해 사람에 대한 신뢰 여부를 판단하려 한다면 사회적으로 엄청난 혼란과 저항이 발생할 것이다. 심지어는 같은 종교라도 종파가 다르다는 이유 때문에 끊임없이 분쟁이 발생하는 경우도 있다는 사실을 감안한다면 이때 발생하는 혼란의 정도를 짐작하기 어렵지 않다.

이러한 경우 잘 확립된 사회규범이 존재한다면 혼란을 막는 데 중요한 역할을 할 수 있다. 왜냐하면 사회규범은 누구도 쉽게 무시할 수 없는 검증장치로서 역할을 할 수 있기 때문이다. 이와 같이 사회규범은 신뢰를 기반으로 형성됨과 동시에 신뢰에 영향을 줄 수 있다는 양면성을 갖고 있다.

이미 언급했듯이 과학적 지식의 공유는 신뢰를 확산시키는 데 크게 기여했다. 조금 더 자세히 구분해 말하자면 엄격한 검증장치는 신뢰수준을 높이는 데 기여했고, 과학적 지식의 공유는 신뢰범위를 확대시키는 데 기여했다. 그리고 우리는 경험을 통해 신뢰수준을 높이는 것과 신뢰범위를 확대하는 것은 불가분의 관계에 있다는 사실을 확인할 수 있다. 우리는 이러한 사실을 사회의 다른 분야에 적용할 수 있는지 생각해볼 필요가 있다.

우리가 현실에서 경험할 수 있는 신뢰수준은 천차만별이다. 과학도 분야에 따라 여러 하위집단으로 분류할 수 있다. 여기서 우리가 주목할 것은 과학계에는 하위집단 내에서만이 아니라 하위집단들 간에도 높은 수준의 신뢰가 형성되어 있다는 사실이다. 특히 최근 활발하게 진행되고 있는 학문 간의 통합 연구, 이른바 통섭統攝은 하위집단들 간의 신뢰를 더 높은 수준으로 끌어올리는 데 기여할 것으로 예상된다. 이것이 가능한 이유는 서로 공유하고 있는 과학적 지식에 대한 신뢰가 바탕에 깔려 있기 때문이다. 나아가 과학자들은 학문 간 통합 연구를 통해 그동안 특정 분야에 집중해 이룩한 과학적 성과를 더욱 확대시킬 수 있을 것으로 기대하기 때문이다. 이러한 연구를 수행하는 사람들에게는 금전적인 보상이 아니라 자연과 인간에 대해 이해의 수준을 더 높임으로써 인류에 기여할 수 있다는 믿음이 형성되어 있다. 이로 인해 다양한 분야의 과학자들이 서로의 지식을 공유하고, 이를 바탕으로 공동연구를 수행할 수 있는 것이다.

사회에도 다양한 하위집단들이 존재한다. 그리고 하위집단의 특성에 따라 신뢰수준에 차이가 있으며, 이들 간에는 복잡한 관계가 형성되어 있다. 이러한 상황에서 신뢰할 수 있는 하위집단과 그렇지 않은 하위집단을 구별할 수 있는 기준이 필요하다. 그렇지만 이렇게 복잡한 상황에 적용될 수 있는 일반적인 신뢰기준을 만드는 것은 매우 어렵다. 따라서 현실적으로 가능한 것은 신뢰수준이 낮은 경우와 높은 경우를 구분하는 것이다.

신뢰수준이 낮다는 것은 사회구성원들이 특정 하위집단에 대해 신뢰를 부여하지 않는다는 의미로 해석하고, 신뢰수준이 높다는 것은 그 반대로 해석할 수 있다. 이것은 특정 하위집단의 구성원들 간에 어떤 수준의 신뢰가 형성되어 있는지와는 별개의 문제이다. 예를 들어 변호사집단의 구성원들 간에는 신뢰수준이 높게 형성되어 있다고 하더라도 이들에 대한 사회구성원들의 신뢰수준이 낮다면 이 집단에 대한 신뢰수준은 낮다고 볼 수 있다. 반면 의사집단의 구성원들 간에는 신뢰수준이 낮게 형성되어 있더라도 이들에 대한 사회구성원들의 신뢰수준이 높으면 이 집단에 대한 신뢰수준은 높다고 볼 수 있다. 이러한 방식으로 사회를 구성하는 여러 하위집단들의 신뢰도를 측정한다면 신뢰수준에 대해 어느 정도 표준화된 기준을 마련할 수 있을 것이다.

신뢰수준이 낮은 경우에는 사회적 자본으로서 가치가 없으며 신뢰수준이 높은 경우에만 사회적 자본으로서 가치가 있다. 그러면 낮은 신뢰수준과 높은 신뢰수준을 어떻게 측정할 수 있는가 하는 문제가 등장한다. 신뢰란 정량적으로 평가할 수 있는 대상이 아니기 때문에 이에 대해서는 객관적인 측정기준을 마련하기는 어렵다. 그래서 보통 여론조사를 통해 사회구성원들이 특정집단을 어느 정도 신뢰하고 있는지 측정하는 경우가 일반적이지만, 매번 여론조사를 통해 신뢰수준을 판단할 수는 없다. 따라서 일반적으로 적용될 수 있는 신뢰의 측정기준이 필요하다. 필자는 이러한 기준을 만드는 데 필요한 것이 과학적 지식과 건전한 사회규범이라고 생각한다. 이러한 이유로 우리 사회에 건전한 사회규범이 보편화되어야 한다.

사회규범이라 해서 반드시 사회구성원들 모두에게 유익한 것은 아니다. 왜냐하면 사회규범 가운데는 관습에 기반을 둔 것이 많이 있는데, 이 가운데는 관습적으로 오랫동안 유지되고는 있지만 사실상 적지 않은 사람들을 불편하게 만드는 것도 있기 때문이다. 예를 들면 우리 고유의 명절에는 주부들이 차례 준비를 하고 뒤처리도 하는 것이 하나의 관습처럼 되어 있다. 이로 인해 적지 않은 주부들이 명절 스트레스에 시달리고 있다. 그러나 요즘은 이러한 불합리한 관습이나 규범들은 빠르게 시정되고 있다. 부정적인 측면을 가진 사회규범을 배제한다면 일반적으로 사회규범은 사회구성원들 간의 신뢰를 높이는 데 기여할 수 있다.

사회규범은 일단 확립되고 나면 사회구성원들의 행동을 순화시키는 효과를 갖는다. 내가 다른 사람에게 피해를 주지 않으면 다른 사람도 나에게 피해를 주지 않을 것으로 믿는다면 누구나 이러한 행동원칙을 준수하려 할 것이다. 사회규범은 호혜적 이타주의를 사회 전반으로 확대한 것과 마찬가지이다. 사람들은 자기와 같은 생각을 하고, 같은 행동을 하는 사람을 신뢰하는 경향이 있다. 이러한 이유로 지연이니 학연이니 하는 말들이 생겨난 것이다. 따라서 사회구성원들 모두가 지키는 사회규범이 확립되어 있다면 이로 인해 다른 사람들의 행동을 예측하기 쉬워질 것이다.

예를 들어 누구나 거짓말을 일상적으로 하는 사회를 가정해보자. 이러한 사회에서는 어느 누구도 신뢰할 수 없다. 그런데 돌연변이mutation로 인해 다음 세대에 일정 비율의 정직한 사람들이 태어났다고 하자. 이러한 사람들로 인해 정직한 사람들의 비율이 점점 높아졌고 결국 대부분의 사람들이 정직하게 되었다고 하자. 그러면 정직하게 행동하는 것이 하나의 사회규범이 될 수 있다. 이러한 사회에서는 당연히 신뢰수준이 높을 것으로 기대할 수 있다. '정직'이라는 사회규범이 확립된다면 사회의 신뢰수준이 높아질 것이고 이로 인해 얻을 수 있는 사회적 이익은 막대할 것이다. 이러한 의미에서 장기적으로 건전한 사회규범을 형성하는 것이야말로 신뢰수준을 높게 유지할 수 있는 근본적인 방안이다.

신뢰수준 못지않게 중요한 것이 신뢰범위를 확대하는 것이다. 어느 사회에서나 가족공동체 안에서는 높은 수준의 신뢰가 형성되어 있다. 그렇지만 가족이라는 울타리를 벗어나면 상대방을 신뢰하기 어려운 경우가 대부분이다. 물론 우리가 현재와 같은 사회공동체를 유지할 수 있는 것은 사회 전반에 걸쳐 어느 정도 신뢰가 형성되어 있기 때문이다. 그러나 자세히 들여다보면 이러한 신뢰가 주로 가족 중심, 혈연 중심, 학연 중심, 지연 중심, 이익집단 중심으로 형성되어 있고, 이러한 하위집단을 벗어나는 경우에는 신뢰수준이 현저하게 감소한다는 것을 알 수 있다. 조금 과장해서 말한다면 하위집단을 벗어나는 경우에는 오히려 불신이 크다고 할 수 있다. 이것은 우리 모두가 공감하고 있는 현실이다.

하위집단 내에서의 높은 신뢰와 하위집단들 간의 불신이라는 양면성은 결국 사회 전반의 신뢰수준을 낮추는 부정적인 결과를 초래한다. 우리는 역사적 경험으로 신뢰가 무너지면 어떤 상황이 발생하는지 잘 알고 있다. 정치는 실종되고, 경제는 침체할 것이며, 사회는 해체될 위기에 직면할 것이다. 우리에게 중요한 것은 사회 전반에 높은 수준의 신뢰를 형성하는 것이다.

경제 분야에서는 특히 신뢰가 결정적으로 중요한 역할을 한다. 신뢰가 무너진 시장경제는 상상할 수 없다. 이미 앞에서 언급했듯이 우리는 최근의 미국발 금융위기를 통해 신뢰가 무너지면 어떤 일이 벌어지는지 생생하게 체험할 수 있었다. 신뢰가 무너진 상태에서는 정부나 중앙은행이 어떤 조치를 취하더라도 그 효과를 기대하기 어렵다는 사실을 확인했다. 특히 금융시장이 복잡해지고 신용거래가 활발해지면서 신뢰의 중요성은 더욱 부각되고 있다. 한마디로 오늘날 시장경제는 신뢰의 바탕 위에서만 정상적으로 작동할 수 있다. 이것은 작게는 개인 간의 거래나 기업 간의 거래, 크게는 정부 간의 거래에서도 확인할 수 있다.

최근 언론을 통해 자주 보도되는 일부 남유럽 국가들의 부도위기도 결국은 신뢰의 문제이다. 이미 누적된 채무가 많은 국가는 어떤 조건을 제시해도 국채를 발행해 자금을 조달하기 어려운 상황에 처하게 된다. 왜냐하면 이들 국가는 기존 채무에 대한 원리금 상환능력의 한계가 드러나 더 이상 신뢰할 수 없는 채무자로 전락했기 때문이다. 이러한 경우 국가라 하더라도 국제기구의 공조 없이는 위기상황을 타개하기 어렵다. 과거 우리나라도 외환위기를 통해 이것을 경험했으며 역사적으로 많은 국가들이 이러한 경험을 했다.

여기서 더 중요한 문제는 경제 분야에서 신뢰가 무너지면 이것으로 그치지 않고 도미노처럼 다른 부문으로 파급되어 사회 전반의 신뢰가 무너질 수 있다는 점이다. 예를 들어 대출해준 기업에 대한 신뢰가 무너지면 거래은행은 대출금을 조기에 회수하려 할 것이다. 그러면 이 기업은 더 심한 자금압박에 시달리게 되고 극단적으로는 부도위기에 몰릴 수도 있다. 이 기업과 거래하는 수많은 이해당사자들도 영향을 받게 되고, 그 결과 이들 간의 신뢰가 모두 무너질 수 있다. 이와 같이 사회의 한 부문에서 신뢰가 무너지는 경우 이것이 다른 부문에 미치는 부정적인 파급효과는 실로 엄청나다. 신뢰란 특정 부문에서만 높게 형성되어서는 의미가 반감될 수밖에 없다. 따라서 사회 전반에 걸쳐 신뢰수준이 높게 형성되는 것이 중요하다. 이것이 실현된다면 우리는 훨씬 더 안전한 삶을 살아갈 수 있다.[7] 그리고 이것은 우리 모두가 바라는 바이다.

---

7 프란시스 후쿠야마는 자신의 저서 『트러스트』에서 우리나라 신뢰의 특징을 가족 중심의 신뢰로 단정하고 있다. 그의 주장이 전적으로 맞는 것은 아니지만 우리 사회에서 신뢰의 성격에 대해 적절하게 지적했다고 생각한다. 왜냐하면 그가 지적한 이래 10여 년이 지났지만 아직도 우리 사회의 신뢰수준은 그가 지적한 가족 중심에서 크

문제는 사회 전반에 걸쳐 신뢰수준이 높게 형성되게 하는 실천적인 방안이 가능한가이다. 이 문제와 관련해 우리는 과학계에서 신뢰수준을 높이는 데 크게 기여했던 검증장치 개념을 사회에 도입하는 방안을 검토해볼 필요가 있다. 사회 전반에 걸쳐 신뢰수준이 높게 형성되게 하려면 무엇보다도 법치주의가 확립되어야 한다. 교과서에 있는 그대로 "법 앞에서는 만인이 평등하다"는 법의 정신이 실현되어야 한다. '무전유죄無錢有罪, 유전무죄有錢無罪'라는 자조적인 말이 더 이상 사람들에게 회자되지 않도록 해야 한다. 이것은 우리 사회 전반에 신뢰를 회복하기 위한 기본적인 조건에 해당한다.

이러한 바탕 위에 우리들은 폐쇄적인 하위집단을 중심으로 신뢰수준을 높게 유지해온 관행을 타파하려는 노력을 해야 한다. 그렇지만 이들 스스로 이러한 노력을 하리라 기대하기는 어렵다. 그래서 혈연이나 학연 및 지연에 지나치게 연연하는 경우에는 이에 대해 벌칙을 가할 수 있는 사회 분위기가 형성되어야 한다. 이러한 분위기는 정부가 주도할 수도 있고 민간단체가 주도할 수도 있다. 누가 주도하든 중요한 것은 신뢰를 폐쇄적인 집단 내에 가두어버리는 사람들에게 실질적으로 불이익을 줄 수 있어야 하고 반대의 경우에는 혜택을 줄 수 있어야 한다. 예를 들어 어떤 기업이 신규로 직원을 채용하는 데 특정 지역 출신만을 우대한다면 이 기업의

게 벗어나지 못하고 있기 때문이다.

제품에 대한 불매운동을 지속적으로 추진함으로써 실질적으로 불이익을 줄 수 있다. 반대로 어떤 기업이 진정 불우이웃 돕기에 앞장서고 있다면 이 기업의 제품을 많이 사용해줌으로써 이러한 노력을 격려할 수 있다. 전자는 신뢰를 낮추는 행동을 했기에 불이익을 주는 것이고 후자는 신뢰를 높이는 행동을 했기에 혜택을 주는 것이다. 이것이 일종의 검증장치로서 효과적으로 역할을 수행한다면 우리 사회 전반에 걸쳐 신뢰수준을 높이는 데 기여할 수 있다.

사회는 다양한 하위집단들로 구성되어 있다. 이들의 속성이나 목적은 천차만별이다. 그래서 이들 간에 신뢰수준을 높게 유지한다는 것은 결코 쉬운 일이 아니다. 나아가 이들 모두에게 적용될 수 있는 유일한 신뢰의 검증장치란 존재하지 않는다. 따라서 우리가 관심을 가져야 하는 것은 개별 하위집단의 속성을 정확하게 파악한 후 이를 바탕으로 개별 하위집단에 적합한 신뢰의 검증장치를 고안하는 작업이다. 이것은 하위집단 내부에서 진행될 수도 있고 외부에서 진행될 수도 있다. 어떤 경우든 신뢰의 검증장치를 마련하는 데는 시간이 오래 걸리겠지만 신뢰할 수 있는 사회를 만들기 위해서는 중요한 일이다.

이를 위해서는 우리 사회에 어느 정도 정착한 신용평가 시스템의 원리를 적용하는 방법이 있다. 금융기관은 기업이나 개인을 신용도에 따라 여러 등급으로 구분해 대부조건에 차등을 두고 있다. 각종 사업을 추진하는 데 소요되는 막대한 자금을 자기자본만으로 충당하기 어려운 기업은 금융권으로부터 자금을 차입하게 된다.

이때 금융기관은 기업의 원리금 상환능력과 과거 실적을 바탕으로 대부조건을 결정한다. 따라서 유리한 조건으로 대부를 받고자 하는 기업은 높은 신용도를 유지해야 한다. 금융시장이 효율적으로 작동한다면 이러한 신용평가 시스템은 신뢰할 수 있는 기업과 그렇지 않은 기업을 정확하게 분류해줄 것이므로 누구나 신뢰할 수 있는 기업이 되고자 노력하게 된다. 이것이 시장의 힘이다. 이러한 원리는 개인이 금융기관으로부터 대출을 받고자 하는 경우에도 그대로 적용된다. 이와 같이 정교하게 설계된 신용평가 시스템은 개인이나 기업의 감춰진 의도가 무엇이든 이들을 신뢰의 정도에 따라 분류하고 다른 대부조건을 적용함으로써 사회 전반에 걸쳐 신뢰수준을 높이는 데 기여할 수 있다.

신뢰는 경제활동만이 아니라 생활 전반에 걸쳐 막대한 영향을 미치는 중요한 덕목이며 모든 인간관계의 기본이다. 이러한 의미에서 우리는 경제 분야에서 활용되고 있는 신용평가 시스템의 원리를 사회 전반으로 확대해 사회 각 부문에 적합한 신뢰의 검증장치를 고안할 필요가 있다. 앞에서 말한 제품의 불매운동이나 적극적 구매운동은 이러한 사례에 해당한다. 물론 이것은 간단하지 않을 뿐만 아니라 적지 않은 시간이 걸리는 작업이다. 그리고 개별 하위집단 스스로 적절한 검증장치를 마련하는 것이 가장 이상적이지만 그렇지 않은 경우에는 외부에서라도 마련해야 할 것이다. 이러한 노력을 통해 우리는 신뢰수준을 높이고 사회 전반으로 신뢰범위를 확대시킬 수 있다. 이를 위해서는 사회구성원 모두가 방관자적인 태도를 버리고 이러한 검증장치를 개발하는 데 능동적으로 참여해야 한다. 더 이상 무임승차가 용납되어서는 안 된다. 우리가 선진사회로 진입할 수 있는지는 여기에 달려 있다고 해도 과언이 아니다.

5장

과학과 사회규범

변동성, 불확실성 그리고 복잡성이 지배하는 현실에서 건전한 사회규범은 사람들이 불평등으로 인한 상대적인 박탈감을 극복하는 데 도움을 줄 것이며 사회공동체의 번영에 긍정적으로 작용할 것이다. 이러한 사회규범은 사람들 간의 관계를 더욱 예측 가능하고 신뢰할 수 있게 해줌으로써 진정한 사회적 자본으로서 사회 발전에 기여할 수 있다. 건전한 사회규범은 많은 사람들이 공유할수록 공익에 기여하는 과학적 지식의 특징을 그대로 가지고 있다. 우리는 후손들에게 물려줄 정신적 유산으로서의 사회규범에는 어떤 덕목이 포함되어야 하는지 진지하게 고민해야 한다. 이를 위해서는 현재 우리의 사회규범에는 기본적으로 어떤 문제가 있는지 알아야 한다. 특히 정치, 경제, 교육 분야에서 사회규범이 제대로 형성되지 않아 발생하는 문제가 무엇인지 알아야 한다. 미래 사회를 위한 건전한 사회규범의 요건으로는 객관성과 보편성 그리고 과학적 사고의 특성인 재현성과 예측력, 실행력을 제시할 수 있다.

사회규범에 대한 고찰

과거 농경사회에서는 사회규범이 단순했다. 농사는 혼자 할 수 있는 일이 아니므로 서로 도와가면서 농사를 지어야 했고, 당시 사람들은 본능적으로 이것을 알았기 때문에 자연스럽게 협력할 수 있었다. 이른바 품앗이가 일반적이었다. 또한 우리나라의 경우 관혼상제冠婚喪祭와 같은 인륜대사에 소요되는 적지 않은 비용으로 인해 서로 조금씩 돕는 것이 하나의 관습으로 자리 잡아 지금도 유지되고 있다. 사회규범은 바로 이러한 관습들을 바탕으로 형성되는데, 대부분 사회적 보험social insurance의 성격을 가지고 있다. 이와 같이 사회규범이 사회적 보험의 역할을 할 수 있다는 사실은 우리가 후손들에게 물려 줄 미래 사회를 위해 중요한 시사점을 제공한다.

한편 유목사회에는 이에 적합한 사회규범이 존재했다. 이러한 사회에서는 가축을 기르기 위한 초지草地를 확보하는 것이 가장 중요했으므로 지도자를 중심으로 엄격한 사회규범을 가지고 있었다.[1] 적절한 초지를 확보하지 못하면 부족민 모두가 위험에 처하게 되는 절박한 상황에서는 강력한 리더십이 불가피했을 것이다. 그렇지만 어떤 사회라 하더라도 사회구조가 단순하고 사람들 간의 관계가 다양하지 않았기 때문에 사회규범도 간단했고, 누구나 쉽게 이해하고 준수할 수 있었다.

그러면 지금은 어떠한가? 오늘날 우리 사회는 산업사회를 거쳐 정보사회에 접어들면서 더욱 복잡해지고 있다. 나아가 세계화와 정보화로 대변되는 거대한 흐름 속에서 종전에는 볼 수 없었던 엄청난 변화와 충격을 경험하고 있다. 몇 해 전 미국의 주택가격 붕괴로 촉발된 세계적 규모의 금융위기는 이것을 잘 보여준 대표적인 사례이다. 이러한 의미에서 오늘날 우리 사회의 특징은 변동성volatility, 불확실성uncertainty, 그리고 복잡성complexity이라는 세 가지로 요약할 수 있다. 물론 국가에 따라 차이는 있지만 이 세 가지 요소는 현대사회의 대표적인 특성이라 할 수 있다.

변동성은 사회적, 경제적 상태를 반영하는 여러 지표들이 일정 기간 동안 얼마나 변동하는가를 나타낸다. 이것은 특히 경제현상과 관련해 중요한 의미를 갖는다. 예를 들어 환율이나 유가, 그리고 주가 등이 매일 큰 폭으로 변동하는 것은 경제안정을 위해 바람직하지 않다. 일반적으로 변동성이 커지면 사회구성원 대부분이 고통을 받는다. 최근에는 환율의 변동폭이 커지는 바람에 소비자

---

1 구약성경이나 코란에서 발견할 수 있는 엄격한 사회규범은 모두 유목민족으로서 생존을 위해 불가피했던 것으로 여겨진다.

와 기업 모두 적절한 대응책을 찾느라 고심하고 있다. 특히 우리나라와 같이 에너지를 대부분 수입에 의존하는 경우 유가상승은 모두에게 큰 고통을 안겨주고 있다. 그런데 변동성은 이와 같이 경제 문제에만 국한되지 않는다. 과거에 비해 정서적으로 불안정한 사람들이 많아짐에 따라 사람들 간의 관계가 어떤 방향으로 전개될지 예측하기 어려워졌다. 최근 우리나라에서 이혼율이 급격히 증가하고 있는 것은 이러한 상황을 잘 대변해준다. 이와 같이 오늘날 물질적인 면뿐만 아니라 정신적인 면에서도 변동성이 확대되고 있는 실정이다.

불확실성은 미래에 어떤 일이 벌어질지 모르는 상황을 말한다. 우리는 앞으로 환율, 유가, 주가 그리고 부동산 가격 등이 어떻게 변할지 모르는 가운데 살아가고 있다. 우리는 다양한 불확실성이 지배하는 세계에서 살고 있는 것이다. 우리를 둘러싸고 있는 정치적, 경제적 여건만 불확실한 것이 아니라 우리가 관계하는 사람들의 반응 또한 불확실한 상황에 처해 있다. 이러한 불확실성이 더욱 심화되고 있는 것이 오늘의 실정이다. 나아가 지구온난화, 태양활동의 이상 징후 등과 같은 지구환경의 불확실성은 우리의 미래가 어떻게 전개될지 예측하기 더욱 어렵게 만들고 있다. 그야말로 총체적인 불확실성이 우리를 지배하고 있다고 할 수 있다. “세상이 불확실성으로 가득 차 있다는 사실만이 확실하다”고 해도 과언이 아니다.

복잡성은 사회를 구성하는 수많은 부문들 간의 상호작용으로 인해 이들 간의 관계가 어떻게 전개될지 예측하기 어려운 상황을 나타낸다. 과거 우리가 작은 공동체를 형성했던 시절과 비교해보면 오늘날 우리 사회가 얼마나 복잡한지 이해할 수 있다. 간단한 조직과 비교해 복잡한 조직의 특징은 단순히 부분들로 환원할 수 없는 여러 가지 현상들이 발생할 수 있다는 것이다. 예를 들어 '나비효과'로 알려진 현상은 초기의 작은 변화로부터는 도저히 예측할 수 없는 큰 변화가 발생할 수 있다는 것을 상징하고 있다. 한 사회가 선진화된다는 것은 곧 복잡성이 더욱더 강화된다는 것을 의미한다.

현대사회에서 이 세 가지 특성들은 독립적으로 작용하지 않고 서로 관련되어 있는 가운데 각각의 영향력을 더욱 강화하는 경향이 있다. 사회가 복잡해졌기 때문에 더 불확실해졌고, 그렇기 때문에 더 변동이 심해졌다고 볼 수도 있다. 또는 사회가 더 불확실해지면서 변동성이 증가했고 이에 대처하기 위해 복잡성이 증가했다고도 볼 수도 있다. 이들이 어떻게 서로 영향을 미치는지 한마디로 단정할 수는 없지만, 밀접하게 관련되어 있는 것만은 틀림없다. 따라서 앞으로 이들의 영향력은 더욱더 확대·심화될 것으로 예상된다. 이것이 우리가 현재 직면하고 있는 상황이다. 여기서는 이들 간의 상호작용을 정확하게 분석하는 것이 목적이 아니다. 이 세 가지 특성들이 오늘날 우리 사회에서 얼마나 강력한 영향을 미치고 있는지 다시 한 번 확인하려는 것이다.

변동성과 불확실성이 커지면 누구나 미래에 대비하기 위한 계획을 수립하는 데 적지 않은 어려움을 겪는다. 이것은 개인이든, 기업이든, 정부든 마찬가지이다. 그 외에도 지구온난화의 영향으로 기후는 점점 예측하기 어려워지고 있으며 이것 또한 미래에 대한 계획을 세우는 데 장애요인이 되고 있다. 이와 같이 정치, 경제, 환경 등 여러 면에서 변동성과 불확실성이 증가하고 있는 상황에서 우리가 보다 평화롭고 행복한 삶을 살기 위해서는 이러한 여건을 반영한 사회규범이 절실히 요구된다. 우리를 둘러싼 외생적 여건이 불확실한 만큼 서로의 생각이나 행동을 예측하는 데 진정 도움을 줄 수 있는 사회규범이 필요한 것이다. 그리고 우리나라의 현황을 감안할 때 그 필요성은 더욱 크다 할 수 있다.

사회에는 다양한 형태의 불평등이 광범위하게 존재한다. 이것은 우리의 행복과 불행의 주요 원천이다. 사람은 상대적인 존재이다. 다른 사람과의 비교로부터 자유로운 사람은 거의 없다. 이것은 경쟁이 치열해질수록 더욱 그러하다. 우리는 의식적 또는 무의식적으로 다른 사람과의 비교를 통해 자신의 위치를 확인하려는 경향이 있다. 만약 불평등이 극도로 악화된다면 이로 인해 사회 자체가 와해될 수도 있다. 건전한 사회란 바로 이러한 불평등을 지속적으로 완화시켜주는 내적 장치internal mechanism를 가지고 있는 사회이다. 여기서 '내적'이란 단어는 독재자와 같은 특정인의 생각이나 명령에 의해서가 아니라 사회구성원들의 자발성에 기초해야 한다는 의미를 담고 있다.[2] 그리고 이러한 내적 장치 가운데 대표적

2 이러한 의미에서 이것은 프란시스 후쿠야마가 말한 '자발적 사회성'과도 일맥상

인 것이 사회규범이다. 건전한 사회규범을 갖춘 사회는 그만큼 사람들이 불평등으로 인한 상대적인 박탈감을 극복하는 데 도움을 줄 것이다.

사회발전을 저해하는 것은 불평등만이 아니다. 우리가 공동체를 형성해 살게 된 이후 다른 사람들과의 관계는 우리의 행복과 불행에 큰 영향을 미쳐왔다. 사회가 복잡해지면서 그 영향력은 더욱 커져왔다. 우리가 행복하거나 불행하다고 느끼는 경우 그 이유가 무엇인지 생각해보자. 때로는 자연이나 사물이 행복이나 불행을 가져다주지만 대부분의 경우 다른 사람과의 관계로 인해 이러한 느낌을 갖게 된다. 다른 사람이 자신에게 무례하게 행동할 때, 자신이 부당한 대우를 받았을 때를 생각해보라. 그리고 자신의 정체성을 상실하고 국외자로 느낄 때, 또는 자존감에 상처를 입었을 때를 생각해보라. 이 모두가 다른 사람들과의 관계에서 발생한다.

오늘날과 같이 분업화되고 전문화된 복잡한 사회에서 우리는 예전에는 상상할 수 없을 만큼 다양한 사람들과 관계를 맺으며 살아가지 않을 수 없으며 이로 인해 여러 가지 갈등이 발생한다. 과거에는 개인의 삶에서 가족구성원들 간의 관계가 큰 비중을 차지했지만 오늘날에는 직장에서 동료나 상사와의 관계, 친구들과의 관계, 연인과의 관계, 동호회원들 간의 관계, 사교모임에서의 관계

통한다. 단지, 후쿠야마는 자발적 사회성이란 용어를 신뢰의 형성과 관련해 사용한 반면 여기서 말하는 내적 장치는 사회규범을 포함해 사회를 건전하게 유지하도록 하는 모든 종류의 자발적인 노력을 의미한다.

등이 큰 비중을 차지하고 있다. 우리가 이와 같이 다양한 관계를 유지하는 과정에서 여러 가지 갈등이 발생한다. 그 원인으로는 불평등, 무례함, 불공정, 열등감, 질시 등 실로 다양한 것들을 지적할 수 있다. 갈등이 증폭되면 개인이 불행해지는 데 그치지 않고 사회 공동체 자체가 와해될 수도 있다. 그래서 이러한 갈등을 효과적으로 해소시키기 위해 시대와 사회에 따라 나름대로의 사회규범을 형성해 사회구성원들에게 명시적 또는 묵시적으로 권장해왔던 것이다.

사회규범은 좁게는 법체계, 넓게는 사회구성원이 지켜야 할 태도나 행동의 준칙들을 말한다. 법은 강제력을 가지고 있다는 점에서 넓은 의미의 사회규범과 구별된다. 물론 사회규범의 경우에도 묵시적인 벌칙이 있지만 이것을 강요하기는 어렵다. 이 차이가 중요하다. 왜냐하면 바람직한 사회규범이 하나의 관습으로 정착하는지 여부는 묵시적으로나마 실효성 있는 벌칙을 강요할 수 있는지 여부와 밀접하게 관련되어 있기 때문이다. 법망을 피해가면서 교묘하게 부정과 부패를 자행하는 사람들이 여전히 많이 존재하는 이유는 사회규범에 근거한 묵시적 벌칙이 미약하기 때문이다. 만약 한 가정의 가장家長이 부정한 방법으로 돈을 벌어오는 경우 가족들이 부끄럽게 생각해 그 돈을 거부한다면 가장은 더 이상 부정한 돈을 탐하지 않을 것이다. 가족의 이러한 태도는 묵시적인 벌칙으로서 효과를 발휘할 것이다. 그렇지만 우리 주변에서 이러한 일이 벌어지기를 기대하는 것은 어려운 실정이다. 이것은 그만큼 묵시적 벌칙이 형성되지 않았음을 의미한다.

사람은 어떤 경우에나 자신에게 주어진 제도와 여건에서 최선의 행동을 하려 한다. 이것이 인센티브 이론의 핵심이다. 이러한 의미에서 사회규범을 위반한 사람에게 묵시적으로나마 일정한 벌칙을 강요할 수 있는지 여부는 중요한 의미를 갖는다. 우리 사회는 이 점에서 매우 취약하다는 것이 큰 문제다. 우리 사회에는 언제부터인가 "좋은 게 좋은 것 아니냐?", "우리가 남인가?"라는 식의 야합과 공범의식이 만연해 있다. 이로 인해 많은 사람들이 별다른 죄의식 없이 부정과 부패를 저지르게 된다. 한마디로 바람직한 행동을 유도할 수 있는 인센티브가 부족하다. 이러한 분위기를 반전시키기 위해서라도 건전한 사회규범이 필요하다.

사회규범은 고정된 것이 아니라 시대와 사회에 따라 달라진다. 원시 씨족사회의 사회규범과 산업사회의 사회규범, 나아가 정보사회의 사회규범은 다를 수밖에 없다. 그렇지만 어떤 경우에도 적용되어야 하는 원칙이 있다. 하나의 준칙이 사회규범으로 수용되려면 이것을 무시하는 사람들은 비난이나 벌을 받아야 하고 이것을 지키는 사람은 보상을 받아야 한다는 것이다. 이것은 사회규범은 최소한의 객관성과 보편성 그리고 실행력을 갖춰야 한다는 것을 의미한다. 이 원칙이 지켜지는 경우에만 사람들이 준칙을 지키려 할 것이며 그 결과 이러한 준칙은 사회규범의 일부가 되어 오랫동안 유지될 수 있다.

사회규범은 단기간에 형성되는 것이 아니다. 대부분의 관습과 같이 사회규범은 오랜 시간이 걸린 후에야 확고히 자리를 잡게 된다. 이 과정에서 중요한 것은 어떤 준칙이든 사회구성원들 가운데 일정 비율 이상의 사람들이 이것을 사회규범으로 수용해야 한다는 점이다. 이 일정 비율을 임계치라 부를 수 있다. 임계치를 넘는 사람들이 일정한 준칙을 사회규범으로 수용한다면 그 준칙은 사회구성원 모두에게 파급될 수 있다. 그런데 사회규범은 마치 공공재公共財와 같아 누구든 먼저 수용하기를 주저하는 경향이 있다. 사람들은 공공재를 마련하는 데 소요되는 비용부담을 꺼린다. 왜냐하면 공공재의 특성으로 인해 무임승차가 가장 유리한 전략이기 때문이다. 이와 유사하게 사람들은 먼저 새로운 사회규범을 준수하기를 꺼려 한다. 다른 사람들의 반응이 부담스럽기 때문이다. 이것이 그들에게는 비용에 해당한다. 그래서 사람들이 새로운 사회규범을 수용하는 데 소극적인 경우가 대부분이다.

사회규범의 이러한 측면을 고려할 때 우리는 무엇을 기대할 수 있는가? 어떤 바람직한 준칙을 사회규범으로 확립하기 위해서는 무엇보다도 사회지도층이 앞장서는 것이 중요하다. 여기서 사회지도층이란 권력이나 지위를 떠나 공동체의식이 높은 사람들을 말한다. 예를 들어보자. 휴대폰이 일상화된 지도 벌써 20여 년이 지났다. 휴대폰의 편리함은 새삼 강조할 필요가 없다. 그런데 많은 사람들이 주변을 의식하지 않고 공공장소에서도 큰 소리로 상대방과 통화하고 있는 실정이다. 필자를 비롯해 많은 사람들이 이로 인해 불쾌했던 경험을 가지고 있을 것이다. 더 심각한 문제는 이러한 추세가 거의 바뀌지 않고 있다는 사실이다. 이것은 경제학에서 말하는 부정적 외부효과negative externality의 대표적인 사례이다.

이러한 상황이 문제될 것이 없다고 생각하면 그만이다. 그렇지만 대부분의 사람들은 개인적으로는 문제가 있다고 느끼면서도 다른 사람들이 그렇게 행동하므로 자신도 어쩔 수 없다고 변명할 것이다. 그래서 다른 사람들이 공공장소에서 휴대폰 통화를 자제한다면 자기도 그리하겠다고 생각하는 사람들이 많을 것이다. 그러나 마치 고양이 목에 방울을 다는 문제와 같이 어느 누구도 먼저 실행하지 않기 때문에 이러한 상황이 쉽게 해결되지 않는다. 그러면 어찌해야 하겠는가? 앞에서도 말했듯이 약간의 불편을 감수하더라도 휴대폰 사용을 자제하려는 사람들이 등장해야 한다. 그리고 이들이 출발점이 되어 이에 동조하는 사람들이 늘어나 임계치를 초과한다면 상황이 역전될 수 있다. 그러면 주변을 의식하지 않고 휴대폰을 이용하려는 사람들도 조심하게 될 것이고 궁극적으로는 휴대폰 소음문제가 해결될 수 있을 것이다. 그러면 '공공장소에서 휴대폰 이용을 자제하는 것이 하나의 사회규범'으로 자리 잡을 수 있다. 사람의 본성에는 다른 사람의 행동을 모방하는 것이 유리하다고 생각하는 경향이 있다. 이것을 잘 이용하면 나쁜 관습을 몰아내고 그 자리를 좋은 관습으로 채울 수 있다. 사회지도층의 선도적인 행동과 인간의 모방심리가 결합하면 나쁜 관습이나 관행도 좋은 것으로 대체할 수 있다.

바람직하지 않은 사회규범을 바람직한 사회규범으로 대체하는 것은 우리 사회를 한 단계 더 업그레이드하기 위해 필수적이라는 것이 필자의 생각이다. 오늘날 우리가 선진국이라 부르는 국가들은 적어도 우리보다 바람직한 사회규범이 정착된 국가들이다. 국가마다 역사적, 문화적 배경이 다르기 때문에 사회규범의 내용 또한 다를 것이다. 과거 농경사회와 유목사회의 규범이 달랐던 것처럼 이 원칙은 지금도 변함이 없다. 그렇지만 사회발전에 유리한 것들이 사회규범으로 채택되어야 한다는 원칙에는 차이가 없다. 선진국이란 이러한 원칙을 충실히 지킨 국가들이다. 나아가 일정한 준칙이 사회규범으로 정착하는 과정에서 누가 어떤 역할을 해야 하는가 하는 점에서도 차이가 없다. 사회지도층이 항상 선도적인 역할을 했기 때문이다.

필자는 우리 사회가 개인의 자유를 존중하면서도 공익을 추구하는 그런 사회가 되었으면 하는 바람에서 이 문제를 다루려는 것이다. 이러한 의미에서 우리에게 필요한 사회규범은 '사회구성원들이 자유롭고 안정된 분위기에서 조화롭게 살아가는 데 도움을 주는 일련의 준칙이나 약속'이라고 생각한다. 따라서 사회규범에는 과거부터 내려 온 관습이나 인간의 선한 본성에 바탕을 둔 도덕적 행동규칙 등이 포함된다. "거짓말을 하지 말자", "남의 물건을 탐내지 말자", "내가 대접받고 싶은 대로 남을 대접하라", "나보다 약한 사람을 괴롭히지 마라"는 등의 진술은 모두가 지키기 바라는 가장 기본적인 준칙으로서 바람직한 사회규범에 해당한다. 그렇지만 "적게 먹어라", "일찍 잠자리에 들어라", "열심히 공부하라"는 것들은 사회규범에 해당하지 않는다. 이러한 말을 하는 이유는 사회규범은 사람들 간의 관계에 적용된다는 점을 다시 강조하기 위해서이다. 사회규범은 한 개인에만 관련된 문제에는 적용되지 않는다. 이 경우에는 개인적으로 적절한 선택의 문제만이 있을 뿐이다.

우리 사회에 건전한 사회규범이 정착된다면 사람들 간의 관계는 더욱 예측 가능해지고, 서로를 더욱 신뢰하게 될 것이다. 그러면 사회구성원들이 자유롭게 자신이 원하는 가치를 추구하더라도 이로 인해 갈등이 확대되지 않을 것이며 우리 사회는 진정한 의미에서 다원화된 사회의 면모를 갖추게 될 것이다. 사회규범은 사회적 자본으로서의 역할을 효과적으로 수행할 것이고, 우리 사회는 물질적으로뿐만 아니라 정신적으로도 성숙한 사회로 진입할 수 있을 것으로 기대된다.

사회규범의 요건

우리가 지향해야 할 이상적 사회모형으로 거론되는 서구의 선진국들은 과거 수세기에 걸쳐 기독교정신과 과학이라는 두 개의 축을 중심으로 사회를 통합하고 정치와 경제를 발전시켜 현재의 위상을 갖게 되었다. 이것은 곧 정신과 물질이라는 두 개의 축이 서로 조화를 이루어야만 지속적인 발전이 가능하다는 것을 보여준다. 달리 말하면 그들은 믿음과 지식의 조화를 통해 선진국으로서의 위상을 차지하게 되었다고 할 수 있다. 정신은 믿음과, 물질은 지식과 밀접하게 관련되어 있다. 이러한 관점에서 볼 때 우리 사회는 짧은 기간 동안 물질적으로는 비약적인 발전을 했지만 정신적으로는 이에 상응하는 발전을 이루지 못했다는 사실을 분명하게 인식해야 한다. 이것이 우리 사회의 근본적인 문제라는 것이 필자의 생각이다.

이러한 지적이 새삼스러운 것은 아니다. 이미 여러 사람들이 비공식적으로 이 문제를 거론했지만 이에 대한 논의가 우리 사회에서 주목받지 못했을 뿐이다. 우리가 진정 후손들에게 바람직한 사회를 물려주기를 바란다면 이제부터는 단순히 문제를 지적하는 수준을 지양하고 해결방안을 모색해야 한다. 더 이상 물질만능주의가 우리를 지배해서는 안 된다. 이러한 상태가 오랫동안 지속되면 돌이킬 수 없는 상황이 발생할 수 있기 때문이다. 우리에게는 후손들을 위해서라도 이것을 막아야 할 의무가 있다.

우리 사회는 오랜 역사에도 불구하고 과거의 정신적 가치를 현재까지 발전적으로 계승하지 못한 가운데 서구의 가치를 왜곡된 형태로 받아들임으로써 정신적인 혼란을 겪고 있다. 예를 들어 조선시대에는 당시 지배 이데올로기였던 유교의 가르침 가운데 삼강오륜三綱五倫이 나름대로 훌륭한 사회규범으로 역할을 했다고 생각한다. 현재 우리 사회에 상감오륜을 그대로 적용할 수는 없겠지만 오늘날에도 좋은 덕목조차 무시당하고 있다는 것이 문제이다. 예를 들어 “친구 간에는 신의가 있어야 한다”朋友有信는 덕목은 지금도 소중한 것이다. 이와 같이 과거의 바람직한 사회규범은 급격히 그 영향력을 상실하고 있는 반면 이를 대체할 새로운 사회규범은 아직 제대로 정립되지 않은 것이 우리의 현실이다.

이러한 의미에서 유대 역사는 우리에게 많은 것을 생각하게 한다. 유대 역사를 잘 모르는 사람들이라도 구약성경을 통해 유대인들이 어떤 역사적 경험을 했는지 알고 있을 것이다. 이를테면 기원전 12세기경 람세스 치하의 이집트에서 노예생활을 하던 수십만의 유대인들이 모세의 영도하에 이집트를 탈출해 오늘날 이스라엘이 위치한 지역으로 향했다는 것이 하나의 신화처럼 널리 알려져 있다. 필자는 무엇보다도 이집트를 탈출했던 기원전 12세기 이래 유대인들이 여러 가지 환란을 겪으면서도 아직까지 민족의 정체성을 잃지 않고 있는 정신적인 근원에 대해 언급하려는 것이다. 유대인들은 수많은 역경을 거치면서도 살아남았을 뿐만 아니라 오늘날 모든 분야에서 탁월한 업적을 이룩할 수 있었던 배경에는 그들이 지금까지도 정신적 지주로 받들고 있는 '토라'가 자리 잡고 있었다. 토라는 오랜 세월 동안 유대인들이 역경을 극복하고 실질적으로 가장 우수한 민족으로 거듭날 수 있는 구심점을 제공했다고 본다. 한마디로 토라는 유대인들의 사회규범이었고 앞으로도 그러할 것이다.

이것은 우리에게 중요한 점을 시사한다. 건전한 사회규범은 무엇보다도 가치 있는 민족적 유산이다. 우리가 후손들에게 물려줄 수 있는 유산 가운데 물질적인 것도 있지만 정신적인 유산이 더 중요하다는 것을 유대 역사가 증명하고 있다. 이것을 타산지석으로 삼아 우리에게 가장 바람직한 사회규범이 무엇인지 진지하게 고민해야 한다.

우리에게 토라와 같이 사회규범의 지주支柱가 될 수 있는 정신적 전통이 있는지 생각해볼 필요가 있다. 이것은 함부로 말할 성질은 아니지만 우리에게는 단군시대 이래 우리의 정신적 지주로 간주되었던 홍익인간弘益人間과 재세이화在世理化를 들 수 있다고 생각한다. 홍익인간은 "널리 인간을 이롭게 한다"는 의미이고 재세이화는 "하늘의 이치를 땅에서 실현한다"는 뜻으로 해석할 수 있다.[3] 필자는 이것이 진정 우리의 정신적 유산인지 역사비평적인 시각에서 고증하려는 것이 아니다. 단지 이러한 말들이 여전히 우리 주변에서 거론되는 데는 그만한 이유가 있다고 생각한다. 그리고 보다 중요한 것은 이러한 정신은 민족이나 인종 그리고 시대를 뛰어넘어 모든 인류에 적용될 수 있는 사회규범의 원칙을 제시하고 있다는 사실이다. 우리는 단지 과거 중국에서 유래한 사서삼경의 정신만을 존중한 것이 아니다. 우리의 오랜 역사적 전통에는 우리 사회규범의 근간이 될 수 있는 정신이 존재했다는 것을 강조하고 싶다. 이것이 진정한 의미의 온고이지신이라고 믿는다.

우리 것이라 해서 무조건 존중하는 것도 바람직하지 않지만 우리 것을 무조건 무시하거나 폄하하는 것도 바람직하지 않다. 태양 아래 새로운 것은 없다. 우리는 항상 과거의 유산으로부터 무엇인가 배우려는 겸허한 자세를 가져야 한다. 사람들이 모두 이러한 정신을 공유한다면 우리에게 필요한 사회규범을 확립하는 일이 훨씬 수월해질 것이다.

우리는 어떤 기준에 입각해 사회규범을 확립해야 하는가? 이것은 결국 어떤 덕목은 사회규범에 포함되어야 하고 어떤 덕목은 사회규범에서 배제되어야 하는가를 밝히는 일이다. 이미 언급했듯이

---

3 재야 사학자들은 우리 민족의 3대 경전으로 천부경(天符經), 참전계경(參佺戒經), 삼일신고(三一神告)를 꼽는다. 그러나 학계에서는 이들의 진위가 입증되지 않았기 때문에 받아들이지 않고 있다. 필자는 이들이 단순한 위서인지 여부에 대해 논증하려는 것이 아니라 이들 경전이 홍익인간과 재세이화라는 훌륭한 정신을 담고 있다면 오늘날에도 여전히 의미가 있다는 점을 강조하고 싶다. 이러한 정신을 시대적 상황에 맞게 적용한다면 우리 사회에 적절한 사회규범을 형성하는 데 크게 기여할 수 있다고 생각한다.

사회규범은 단기간에 형성되는 것이 아니다. 사회구성원으로 살아오면서 경험했던 것들이 후손에게 전승되는 과정에서 선별된 결과가 현재의 사회규범을 형성하는 데 영향을 미친다. 이때 우리는 개인의 이익(사익)과 사회의 이익(공익)을 적절하게 조화시키는 덕목만이 사회규범에 반영될 것으로 예상할 수 있다. 이러한 의미에서 우리가 추구해야 하는 사회규범의 원칙에는 무엇이 포함되어야 하는지 살펴보자.

첫째, 우리나라가 비약적으로 발전했다고는 하지만 정신과 물질의 두 측면 가운데 물질적인 발전이 정신적인 발전을 압도함으로써 양자 간의 불균형이 심화되고 있다. 우리는 역사를 통해 어느 시대를 막론하고 위대한 국가는 물질과 정신의 조화와 균형harmony and balance을 바탕으로 발전했으며 이들 간의 조화와 균형이 깨졌을 때 몰락의 길로 접어들었다는 것을 알고 있다. 과거 이집트, 그리스, 로마, 중국 등에서 찬란했던 문명이 쇠퇴했던 역사가 이것을 말해준다. 단군 이래 5,000년의 우리 역사에서 지금처럼 물질적으로 풍요로웠던 시대는 없었으며 정치적으로도 많은 사람들이 지금처럼 자유를 누렸던 시대는 없었다. 그렇지만 이러한 번영이 얼마나 지속될 것인가에 대해서는 불안한 마음을 떨칠 수 없다는 것이 필자만의 생각은 아닐 것이다. 우리는 정신적인 면에서 과거 우리의 전통적 가치로부터 단절된 상태에서 서구의 가치가 무분별하게 유입되는 혼란기에 있다. 이것은 최근의 일이 아니라 일제의 지배하에서 우리의 정신문화가 철저하게 유린되면서부터 시작되었다고 생각된다. 이러한 일제의 잔재 청산은 위안부 할머니들의 문제 이상으로 중요하다. 따라서 우리 고유의 정신문화에 대한 재발굴 및 재조명 작업이 지속적으로 이루어져야 한다. 그리고 더 나아가 온고이지신의 입장에서 우리의 옛것뿐만이 아니라 인류가 남겨놓은 훌륭한 정신적 유산으로부터 교훈을 얻어 우리의 사회규범을 새롭게 정립할 필요가 있다.

둘째, 사회규범이란 어느 특정인의 가치관에 따라 결정되는 것이 아니다. 만약 그렇다면 그것은 전체주의나 독재의 명령에 불과할 뿐이다. 사회규범은 서로 다른 많은 사람들이 모여 살면서 지켜야 할 준칙으로서의 성질을 갖는다. 사람들은 타고난 환경, 경험세계의 차이 등으로 인해 서로 다른 기준과 가치관을 형성하게 된다. 그래서 어느 한 사람의 가치관이 옳고 다른 사람의 가치관은 틀렸다고 할 수 없다. 채식주의자와 육식주의자의 경우나 금욕주의자와 쾌락주의자의 경우를 생각해보라. 이러한 경우 사람들의 가치관이 충돌하게 된다. 따라서 누구나 수용할 수 있는 객관적인 기준이 필요하다. 과학은 바로 이러한 상황에서 일정한 역할을 수행할 수 있다고 본다. 필자는 우리가 수용할 수 있는 사회규범에는 무엇이 포함되어야 하는가를 결정하는 과정에 앞에서 언급한 과학적인 방법과 사고를 적용하는 것이 바람직하다고 생각한다. 자연과학은 객관적 사실을 발견하고 이를 바탕으로 일관된 이론체계를 수립하는 것을 그 생명으로 한다. 나아가 새로운 사실이 발견되면 기존의 이론체계는 항상 수정될 수 있다는 유연한 사고에 바탕을 두고 있다. 우리가 추구하는 사회규범도 이러한 포용성의 정신을 받아들여 맹목적인 고정관념으로 전락하는 일이 없도록 해야 할 것이다.

셋째, 사람은 이성만으로는 살아갈 수 없는 존재이다. 이성과 감성의 적절한 조화는 사회생활에 불가피한 요소이다. 그렇지만 오늘날과 같이 복잡한 사회에서는 단순히 이성과 감성의 조화를 넘어서서 이성의 영역을 좀 더 확대시키는 것이 바람직한 경우가 많다. 이것은 사람들 간의 관계로부터 발생하는 문제나 개인적인 문제를 해결하는 데 감성적인 요소보다 이성적인 요소가 실질적으로 도움을 주기 때문이다. 단순한 사회일수록 감성적인 요소가 더 중요한 역할을 하겠지만 이제는 더 이상 이것을 기대할 수는 없는 것이 우리 현실이다. 이러한 의미에서도 이성에 기반을 둔 사회규범이 더 안정적으로 유지될 수 있다고 생각한다.

사회규범이 맹목적인 고정관념으로 전락해서도 안 되지만 시류에 따라 쉽게 변해서도 안 된다. 우리 사회에서는 지금까지 정권이 바뀔 때마다 새로운 표어slogan를 제시하는 것이 하나의 관행이 되었다. 대표적인 사례로는 군부독재시절 내세웠던 '정의사회 구현'을 들 수 있다. 정의에 반하는 방법으로 정권을 장악한 집단이 이러한 구호를 외친다는 것 자체가 사회의 의식수준을 한 단계 낮추는 행위이다. 이러한 방식으로는 건전한 사회규범이 형성되기 어렵다는 사실을 우리 모두 인식해야 한다.

사회규범의 장애요인

우리 사회가 바람직한 사회규범을 갖추는 데 장애가 되는 요인에는 무엇이 있는가? 필자는 무엇보다도 우리 사회에 만연한 비과학적 사고를 들 수 있다고 생각한다. 비과학적 사고란 곧 비이성적 사고를 말하는데, 이것은 단순히 감성에 의존하는 사고를 말하는 것은 아니다. 인간에게 감성은 타고난 본성의 일부이므로 이것을 실제 행동에서 배제한다는 것은 불가능하다. 따라서 인간과 사회에 대한 어떤 논의도 인간의 감성을 무시하고서는 현실성을 잃게 된다. 문제는 감성이 지배하는 영역과 이성이 지배하는 영역을 혼동하는 데서 비롯된다.

길을 가다가 걸인을 만나면 측은한 마음이 드는 것이 인지상정人之常情이다. 이때 이성적으로 사고해, 과연 그 걸인이 어떤 과정을 거쳐 현재의 위치에 이르게 되었는지, 아니면 일 안하면서 먹고 살려고 걸인으로 위장하고 있는 것은 아닌지 의심하는 것은 별다른 의미가 없다. 반면 깊이 생각해야 답을 알 수 있는 사회적 이슈가 있을 때 막연한 느낌에 의존해 성급하게 분노하거나 비난하는 것은 문제해결에 도움이 안 된다. 이러한 경우에는 자신의 감성을 자제하고 이성적 판단에 의존해야 할 것이다. 역사적으로 중세의 마녀사냥이나 한국전쟁 전후에 우리나라에서 벌어졌던 인민재판과 보도연맹사건 등은 이성적 판단이 마비된 대표적인 사례이다.

우리가 자주 경험하는 우리 사회의 지나친 쏠림현상herding은 바로 이성적 사고가 부족해서 생기는 현상이다. 이러한 현상을 이해하는데 도움이 되는 사례로 몇 년 전 우리나라를 강타한 '광우병 사태'를 들 수 있다. 정부가 광우병에 걸려 있을지도 모르는 미국산 쇠고기의 수입을 허용하자 국민들을 무분별하게 광우병에 노출시켰다는 비판이 거세게 일면서 사태는 수습하기 어려운 지경으로 치달았다. 이러한 사태로 발전한 데는 무엇보다도 이것을 정치적으로 이용하려는 세력들이 배후에서 적극적인 역할을 했기 때문이라고 생각한다. 나아가 정확한 정보에 입각해 판단하기보다는 인터넷을 떠도는 부정확한 정보나 근거 없는 소문을 믿는 사람들이 시위에 가담하면서 사태가 더욱 악화되었다. 지금은 사람들이 별 거부감 없이 미국산 쇠고기를 구입하고 있다는 사실에 비추어 볼 때 당시 시청 앞 광장을 가득 매운 시위 인파가 진실로 무엇을 걱정했는지 이해하기 힘들다.

당시 정부나 공신력이 있는 학계가 광우병의 위험을 최대한 객관적으로 알리고 나머지는 국민의 판단에 맡겼다면 그 정도로 심한 홍역을 치룰 필요는 없었을 것이다. 당시에 알려진 과학적 지식에 의하면 미국산 쇠고기를 먹을 경우 광우병에 걸릴 확률은 비행기를 타고 여행하다가 추락사할 확률보다 낮았다고 본다. 이것이 사실이라면 광우병을 걱정해 미국산 쇠고기를 거부하기보다는 비행기 여행을 자제하는 것이 합리적이었다. 이러한 점에 비추어 볼 때 광우병 사태는 우리들과 정부 모두가 비과학적으로 행동했다는 명백한 사례 가운데 하나이다.

우리 사회에는 언제부터인가 자신의 판단을 믿기보다는 주변의 다른 사람들이 어떻게 행동하는가에 따라 처신하려는 사람들이 많아졌다. 물론 이것은 어느 사회에나 있을 수 있는 현상이다. 경제학에서는 이러한 현상을 망외부효과network externality라 부른다. 망외부효과 중 대표적인 것이 밴드웨건 효과bandwagon effect이다. 유행도 일종의 밴드웨건 효과이다. 이것은 다른 사람들이 특정한 상품을 사용하기 시작하면 그것이 자신에게 필요한지 여부와는 상관없이 그 상품을 구입하는 것을 말한다. 흔히 남들이 하니까 나도 한다는 식의 행동을 말한다.

사람은 누구나 고립되는 것이 두려워 남들을 모방하려는 심리가 있다. 우리 사회에서는 이러한 현상이 지나치다는 것이 문제이다. 그 원인은 자신의 존재가치를 다른 사람들의 평가에 전적으로 의존하려는 태도 때문이다. 문제는 이것이 일부 계층이나 일부 상품에 국한된 것이 아니라 거의 모든 경우에서 관찰할 수 있다는 사실이다. 우리는 이와 유사한 현상이 부동산투기 붐이나 조기유학 붐, 조기영어교육 붐 등 다양한 형태로 나타나고 있다는 사실을 알고 있다. 이러한 풍토에서는 건전한 사회규범이 형성되기 어렵다.

흔히 우리나라 사람들은 정이 많다고 한다. 또한 다혈질이어서 쉽게 화를 내기도 하고 쉽게 진정되기도 한다. 그리고 사회적으로 중요한 사건이 발생하는 경우 쉽게 분노하다가도 곧 아무 일도 없었던 듯이 쉽게 잊어버리기도 한다. 이것이 우리 민족의 고유한 전통이라고 매도할 수는 없다. 하루하루의 삶이 불안한 가운데 눈치를 보며 기회주의적으로 살아야 했던 과거의 경험이 이러한 행동으로 표출되는 것으로 해석할 수 있다. 망국적인 포퓰리즘은 이러한 현상을 악용하는 세력에 의해 조장된 것이다. 나아가 사회의 일부 세력이 자기 이익을 챙기기 위해 이러한 경향을 이용하기도 한다. 이 모든 현상들을 종합할 때 우리는 아직도 지나치게 비이성적이라는 결론을 피할 수 없다.

우리에게는 사회규범을 포함해 법을 잘 지키면 오히려 손해를 본다는 근거를 알 수 없지만 상당히 뿌리 깊은 편견이 남아 있다. 사회규범이나 법은 당연히 지켜야 한다는 것이 사회통념이 되어야 함에도 불구하고 오히려 이것을 지키면 손해라는 의식이 사회를 지배하고 있다면 매우 심각한 문제가 아닐 수 없다. 법도 지키는 사람만 불리하다고 말할 정도라면 사회규범은 이제 그 명맥조차 유지하기 어려울 것이다. 우리가 왜 이렇게 되었는지 그 원인을 진지하게 고민해야 할 때이다.

우리 사회에 만연한 법과 사회규범에 대한 거부반응의 원인을 일제시대의 강압적인 통치에서 찾으려는 견해도 있다. 일본은 근대화라는 명분을 내세웠지만 실제로는 식민지로 삼은 우리나라를 효과적으로 착취하려고 우리에게는 낯선 여러 규범과 법을 제정해 강압적으로 시행했다. 그 당시 조금이라도 주권의식이 있던 사람들은 일제의 이러한 지배에 맞서는 방편으로 가능하면 일제가 만든 규범과 법을 무시하고 어김으로써 소극적인 독립운동을 했던 것으로 추측된다.[4] 안타까운 것은 해방 후 이와 같이 소극적이고 부정적인 사회참여방식이 좀 더 적극적이고 긍정적인 방식으로 대체되지 못했다는 점이다. 나아가 정권을 장악한 정치가들이 일제의 잔재를 이어받아 국민을 통제와 지배의 수단으로 악용했던 경험으로 인해 자발적으로 사회규범을 받아들이는 사회분위기가 형성되지 못했다.

사회규범의 기본조건은 사회구성원 누구를 막론하고 다같이 지켜야 한다는 것이다. 그런데 기득권 계층은 자신들에게는 특혜나 예외규정을 적용하면서 일반 국민에게만 법과 사회규범을 강요해 왔다. 예를 들면 요즈음 자주 거론되는 사회지도층 자녀들의 병역 기피라든가 위장전입, 불법적인 부동산 투기, 특목고 진학 등이 그

4 일제시대에 농촌에서 모내기를 할 때 줄에 맞추어 모를 심으면 모 사이에 통풍이 잘 돼 수확이 늘어난다는 사실을 알면서도 순사(당시의 경찰)가 지키고 있을 때는 줄을 맞추어 모를 심다가 순사의 감시가 소홀한 경우에는 모를 마구 심었다는 이야기가 전해온다. 이와 같이 소극적이고 부정적인 저항의 경험이 아직도 사회규범이나 법을 무시하는 태도 속에 남아 있는 것은 아닌지 자문해본다.

것이다. 이와 같이 사회규범이 보편성을 상실한다면 어느 누구도 이것을 지키려 하지 않는 것은 자명한 이치이다.

사회규범은 사회의 어느 한 계층이 다른 계층을 지배하거나 통제하려고 만든 것이 아니라 사회구성원 모두가 조화롭게 공존하기 위해서 만들고 지켜야 하는 것이다. 예를 들어 오늘날 노래방은 우리 사회에서 대중적인 문화공간의 일부로 확고하게 자리를 잡았으며 나름대로 국민정서를 함양하는 데 기여하고 있다. 노래방에서 음정과 박자를 잘 지키면서 노래 부르는 것을 규칙에 얽매인 부자연스러운 행동으로 비난하는 사람은 없을 것이다. 누구나 노래방에서 음정과 박자를 잘 지키는 것을 당연하게 생각한다. 그리고 누구나 노래를 잘 부르려고 노력하고 있다. 더 나아가서 우리가 음정과 박자를 맞추어 노래를 불러야 다른 사람들과 함께 중창, 나아가서는 합창도 할 수 있다.

이러한 점에서는 사회규범도 마찬가지이다. 노래방에서 음정과 박자가 중요하듯이 사회규범은 우리가 몸담고 있는 사회를 유지하고 발전시키는 데 중요한 역할을 한다. 사회구성원들이 사회규범을 잘 지킬수록 서로에 대한 거부감이 사라지고 좀 더 이성적인 사회가 될 것이다. 이와 같이 사회규범은 많은 사람이 공유해도 줄어들지 않고, 지키면 지킬수록 더 조화롭게 되는 과학적 지식의 특징을 가지고 있다.

자연에서 미의 구성요소로서 조화와 균형이 중요하다면 사회발전을 위해 중요한 구성요소로는 사회규범을 지적할 수 있다. 사회

질서를 형성하는 하나의 축인 사회규범은 우리의 자유를 제한하는 것이 아니고 우리가 공존하고 번영하기 위한 중요한 덕목이라는 인식을 더 넓혀가야 한다. 이제 규범이나 법이 개인의 자유를 구속하는 것이라는 편견을 버릴 때가 됐다. 나아가 우리가 지킬 만한 사회규범에는 무엇이 포함되어야 하는지 더 많이 생각해야 하고, 이를 지키기 위해 더 많이 노력해야 한다.

우리 사회규범의 현주소

이제 지금까지의 논의를 바탕으로 우리 사회규범의 현주소를 생각해보자. 우리는 현재 우리 사회에 형성되어 있는 사회규범이 바람직하다고 확신할 수 있는가? 아니, 한 걸음 더 나아가 우리 사회에 과연 사회규범이라 할 수 있는 것이 형성되어 있는가? 이러한 질문에 대해 긍정적으로 대답할 수 있는 사람들은 소수라고 생각한다. 만약 이들이 다수라면 필자의 시도는 무의미할 것이다. 아무 문제가 없는데 일부러 어떤 의도를 가지고 문제를 만드는 격이기 때문이다. 그렇지만 필자는 우리 사회에 건전한 사회규범이라 불릴 만한 것들이 너무 많이 훼손되었다고 확신한다. 우리 사회에는 중간적인 의식수준을 가지고 있으면서 경제적으로는 중산층에 해당하는 계층의 비율이 매우 낮다고 생각한다.[5] 그리고 이들이 앞에서 말한 임계치를 넘지 못하고 있

---

5 사회가 건전하려면 보통 중간계층 내지 중산층이 두터워야 한다고 말한다. 중산층에 대해 통일된 견해는 없지만 보통 사회에서 중간 정도의 재산과 소득을 얻는 계층이라 할 수 있다. 이러한 의미에서 중산층이 두터우면 경제적인 면에서는 이들이

다. 이러한 이유로 우리 사회는 건전한 사회규범이 뿌리 내리기 어려운 실정에 처해 있다고 생각한다.

우리나라는 전 세계에서 그 유례를 찾아보기 어려울 정도로 빠르게 발전한 국가에 속한다. 특히 경제적인 면에서 이룩한 놀라운 성과는 세계가 인정하고 있다. 1945년 해방 이후 미국의 대외원조에 의존하는 가운데 무늬만 자본주의였던 우리나라는 1960년대까지만 해도 일인당 국민소득이 아프리카 여러 국가들이나 북한보다도 낮은 수준에 있었다. 그야말로 세계에서 가장 빈곤한 국가 중 하나였다. 그렇지만 지금은 국내총생산 기준으로 세계 13위, 교역규모로는 세계 9위에 오를 정도로 발전했다. 나아가 세계적 수준의 기업들을 다수 보유함으로써 양적으로나 질적으로나 세계경제에서 무시할 수 없는 위상을 점하게 되었다. 전 세계는 우리의 이러한 비약적인 발전을 경외의 눈으로 바라보고 있다. 이것은 우리가 자부심을 가져도 좋을 만한 업적이다.

우리나라는 적지 않은 우여곡절이 있었지만 정치적으로도 어느 정도 성숙한 단계에 도달했다. 해방 후 60여 년이라는 짧은 기간

완충장치(buffer)로 작용할 수 있기에 사회가 안정적이다. 그래서 중산층을 육성해야 한다고들 말한다. 그런데 많은 사람들이 중간의식을 가진 계층의 중요성을 간과하고 있다. 여기서 중간의식은 성인(聖人)의 반열에 오를 정도의 높은 의식수준에는 미치지 못하지만 항상 사리사욕만 추구하는 천민의식보다는 상당히 높아 이들의 중간에 해당하는 의식수준을 말한다. 그런데 우리 사회에서 경제적인 중산층과 정신적인 중간의식층 간에는 상당한 괴리가 있다는 사실이 문제이다. 이들 간의 괴리가 줄어들어야만 건전한 사회규범이 자리 잡을 수 있다.

동안 한국전쟁과 학생혁명, 두 차례의 군사 쿠데타와 민주항쟁을 경험하면서 서구의 선진국에는 미치지 못하지만 민주주의가 어느 정도 궤도에 올랐으며 국민투표에 의한 평화적인 정권교체가 자연스러운 민주적 절차의 일부로 정착했다. 우리나라에서 민주주의가 발전하는 것은 쓰레기통에서 장미가 피어나기를 기대하는 것과 같다고 외국 언론에서 비아냥거리던 것이 불과 50여 년 전이었다. 또한 부족하나마 어느 정도 사회안전망이 구축되어 사회공동체를 유지하기 위한 최소한의 기능을 수행하고 있다. 예를 들어 아직 건전한 운영이 어려운 상태이긴 해도 건강보험, 실업보험 및 국민연금 등은 나름대로 사회안전망으로서 역할을 하고 있다.

또한 우리 사회는 전통적인 가치관을 가진 농업 중심의 단순한 사회에서 개방적이고 다양한 가치관이 공존하는 다원화된 사회로 변모했다. 과거에는 권위주의적이고 권력지향적인 획일화된 가치관이 사회를 지배했는데 이제는 각자의 개성을 존중하고 획일화된 가치 대신 다원화된 가치를 추구하는 선진사회의 모습을 갖추어가고 있다. 그런데 우리 사회를 조금 더 깊이 들여다보면 이러한 변화가 단지 표면상의 변화에 그치고 있다는 인상을 지울 수 없다. 아직도 우리 내면 깊은 곳에는 권위주의적이고 권력지향적인 가치관이 깊게 뿌리를 내리고 있다. 이것이 우리 사회의 진정한 발전을 방해하고 있다고 생각한다.

이와 같이 정치, 경제, 사회적으로 적지 않은 성과를 거두고 있는 시점에서 새삼스럽게 케케묵은 사회규범의 문제를 제기한다는 것 자체가 시대착오적이라 생각할 수도 있다. 나아가 객관적, 가치중립적 관점을 유지해야 하는 과학과 주관적, 가치론적 관점을 담을 수밖에 없는 사회규범을 접목시키려는 시도 자체가 어불성설인 것처럼 보일 수도 있다. 그렇지만 필자가 굳이 과학적 관점에서 사회규범의 문제를 다루려는 이유는 단순하다. 우리 사회에는 여전히 비이성적 사고가 우세하고 사이비 이성이 득세하고 있으며 이로 인한 부작용이 무시할 수 없는 수준에 이르렀다는 위기의식 때문이다.

이러한 위기의식을 갖게 된 이유 가운데는 주변에서 흔히 접할 수 있는 말들도 포함된다. "헌법보다 정서법이 우선이다"라는 말에 대해서도 특별히 거부감이 없는 것이 우리 현실이다. "교과서에 배운 대로 살아야 한다"고 말하면 시대착오적인 사람으로 매도당하는 풍토이다. "규정대로 실행해야 한다"고 주장하면 융통성 없는 소심한 사람으로 간주되는 것이 지금 우리 사회의 현실이다.

앞에서도 지적했듯이 우리가 외형적으로는 괄목할 만한 발전을 이루었지만 우리 사회에는 자신이 불행하다고 느끼는 사람들이 여전히 많이 있다고 생각한다. 이렇게 된 가장 큰 이유는 물질적으로는 괄목하게 발전했지만 정신적으로는 그렇지 못하기 때문이다. 사실 정신(또는 의식)과 물질은 외형적으로는 전혀 별개의 존재인 것처럼 보이지만 실제로는 그렇지 않다는 견해도 만만치 않다.

정신과 물질은 분리된 것이 아니라 동전의 양면처럼 하나의 실체의 다른 측면일 뿐이다. 굳이 무엇이 먼저인가 묻는다면 정신이 먼저이고 물질은 나중이라 할 수 있다. 우리가 의식하는 경우에만 물질은 그 존재가치를 인정받을 수 있다는 의미에서 그러하다. 그렇지만 이 둘은 불가분의 관계에 있는 것은 틀림없는 사실이다. 만약 우리가 이것을 부정한다면 심각한 모순에 직면하게 된다. 왜냐하면 과학적인 관점에서도 정신과 물질은 궁극적으로는 구분할 수 없는 실체라는 것이 밝혀지고 있기 때문이다. 동양학에서도 정신이 먼저이고 물질은 그것의 현현顯現이라고 말한다.[6] 우리가 접하는 모든 물질은 우리가 먼저 그것을 하나의 대상으로 의식하기 때문에 존재하는 것이다. 이 말이 무슨 뜻인지 조금만 생각해보면 이해할 수 있을 것이다. 이러한 형이상학적인 문제를 다루려는 것은 필자의 의도는 아니다. 그렇지만 사회규범의 문제를 다루기 위해서는 정신과 물질 간의 관계에 대한 분명한 이해가 선행되어야 한다.

우리 사회의 현재 상황을 한마디로 요약하자면 '정신과 물질의 부조화' 라 할 수 있다. 물질적인 발전이 정신적인 발전을 압도했기

6 동양학에서는 예부터 체(體)와 용(用)이라는 표현을 사용했다. 여기서 체란 본체를 말하고 용이란 작용을 말한다. 보이지 않는 본체가 스스로 모습을 드러낸 것이 작용이다. 이러한 의미에서 의식이 존재하고 이것을 반영한 것이 물질이라고 해석하는 것은 서양과 동양이 합일할 수 있는 영역이라고 생각한다. 드러난 형태는 차이가 있지만 본질적으로는 구분할 수 없다는 것이 핵심이다.

때문에 그 폐해는 현재 사회구성원들 사이에 적지 않은 갈등과 불화로 나타나고 있다. 이러한 폐해가 우리 세대에서 극복되지 않는다면 다음 세대에게 물려줄 미래사회의 발전을 저해할 것이 우려된다. 따라서 이것은 우리가 해결해야 할 중요한 과제이다. 이러한 이유 때문에 우리의 정신 또는 집단의식에 영향을 미치는 사회규범을 제대로 확립하는 것에 대해 논의하려는 것이다. 이러한 의미에서 우리 사회규범이 과연 바람직하게 형성되어 있는지 반성해보고 싶은 것이다. 과거 찬란했던 문명이 지금은 완전히 사라진 이유는 자기반성이 없는 개인이나 사회는 자기도취에 빠져 오만해지고 이로 인해 지속적인 발전이 불가능해진다는 자명한 사실을 망각했기 때문이다.

우리가 원하든 원하지 않든 정치는 우리의 일상생활에 지대한 영향을 미치고 있다. 정치적 과정을 통해 민심이 집약되고 이를 바탕으로 정권이 창출된다. 민주주의가 제대로 정착하기 위해서는 민심을 반영해 정권교체가 순조롭게 이루어져야 한다. 이러한 과정에서 누가 권력을 잡는가에 따라 여러 가지 정책이 달라지고, 이로 인해 국민들의 일상생활이 영향을 받는다. 정도의 차이가 있을 뿐 이것은 민주주의를 실시하는 모든 국가에서 공통적인 현상이다. 그런데 정권이 교체될 때마다 기득권층이 전부 바뀌고 이들의 이해관계에 따라 모든 정책이 크게 영향을 받는다면 이로 인해 심각한 문제가 발생할 수 있다. 이러한 패턴이 오랫동안 되풀이 된다면 그런 사회는 민주주의를 빙자한 우민정치로 인해 후진사회로 전락하고 말 것이다. 성숙한 민주주의가 뿌리 내리기 위해서는 어떤 정치세력이 권력을 장악하더라도 사회의 근본이 흔들려서는 안 된다.

그러면 우리의 정치현실은 어떠한가? 한마디로 권력유지와 정권 재창출에만 관심있는 정치인들이 득세하는 현실에서 이성적 사고에 바탕을 둔 정치적 과정이 실종되었다. 건국 이래 정치적, 사회적 이슈에 대해 여당과 야당이 이성적 대화를 통해 건설적인 타협안을 도출한 적이 거의 없다는 사실이 이것을 말해준다. 나아가 여당과 야당은 정치적, 사회적 이슈에 대해 항상 극단적인 반대 입장을 표명해왔다. 경부 고속도로 건설, 월남 파병, 광우병 사태, 최근의 천안함 사태와 4대강 사업 등은 그 대표적인 사례들이다. 그 결과 이제는 이것이 하나의 관행이 되어 국민 모두가 어떤 정당이 무슨 입장을 취해도 이에 대해 무관심해졌다. 정치의 실종을 초래한 것은 바로 정치인 자신들이다. 필자가 우려하는 것은 정치인들이 사익을 위해 이러한 정치적 실종을 암암리에 조장하고 있는 것은 아닌가 하는 점이다. 또한 국가와 국민을 앞세우는 정치인일수록 더 큰 개인적 욕망을 감추고 있다는 생각을 떨치기 어렵다.

정치는 우리의 일상생활과 직·간접적으로 관련되어 있으면서 의식적, 무의식적으로 우리에게 큰 영향을 미치고 있다. 사람들이 모이면 우리나라의 정치현황을 개탄하는 말을 많이 한다. 이것은 정치가 우리의 의식 가운데 깊이 자리 잡고 있다는 증거이다. 어느 누구도 정치와 무관할 수 없다. 이러한 의미에서 정치인들의 의식 수준은 중요하다. 정치인들이 솔선해서 바람직한 사회규범을 형성하는 데 앞장설 수만 있다면 우리가 걱정하는 문제를 해결하는 실마리를 찾을 수 있다. 그렇지만 현재까지 경험에 의하면 이것은 기대하기 어렵다.

다음 우리나라의 경제 현황을 살펴보자. 지속적인 경제성장을 통해 거둔 비약적인 양적 발전의 이면에는 적지 않은 부작용이 누적되어 왔다. 빈부격차의 확대와 노사갈등은 그 대표적인 사례이다. 어느 사회나 빈부격차는 존재하기 마련이다. 문제는 빈부격차의 정도와 그 형성과정이다. 우리나라의 경우 정경유착과 특권층의 정보독점(예를 들면 개발정보)으로 인해 부의 축적과정에 대해 부정적인 시각이 지배적이다. 이로 인해 자신의 노력과 창의성을 바탕으로 부를 축적한 사람들마저 매도당하는 실정이다. 반反기업정서라는 말이 공공연하게 사용되고 있다는 현실이 이를 반증한다. 정당한 부의 축적이 비난받는 사회는 발전하기 어렵다. 그리고 양극화라는 말로 요약되듯이 우리 사회에서 빈부격차가 날로 확대되고 있다고 믿는 사람들이 점점 많아지고 있다.

여러 가지 경제지표에 의하면 우리나라의 불평등도는 미국이나 남미의 여러 국가에 비해 그다지 나쁘지 않다고 한다. 그렇지만 이러한 통계를 신뢰하는 사람들이 과연 얼마나 될지 의문이다. 많은 사람들이 우리나라의 불평등도가 심화되고 있다고 믿고 있다. 특히 부의 불평등이 문제가 되고 있다. 서울의 강남으로 대변되는 특별 지역과 그렇지 않은 지역으로 구분하는 이분화된 사고가 우리를 지배하고 있다. 정부도 빈부격차가 줄어들다가 최근에는 오히려 늘어나고 있음을 인정했다. 그렇지만 국민들은 정부가 발표한 통계자료보다 체감 불평등을 더 믿고 있다.[7] 그 이유는 통계자료가 객관적으로 현실을 반영하고 있다고 믿지 않을 뿐만 아니라 조작 가능성을 의심하기 때문이다. 빈부격차가 확대되는 사회는 결코 안정적이지 않다. 이로 인한 갈등은 세대를 이어 우리 사회가 발전할 수 있는 기반을 약화시킨다. 이러한 문제점들을 효과적으로 해결할 수 있는 사회적 기준이 필요하다.

경제는 인간적인 삶의 기본이다. 우리가 추구하는 대표적인 가치인 자유와 평등도 경제적인 자립 없이는 불가능하다. 사회구성원들이 가장 민감하게 반응하는 분야가 바로 경제이다. 왜냐하면 사람들이 어떤 생각을 하는지는 알기 어렵지만 자기 이웃이 어떤 아파트에 살며 어떤 차를 보유하고 있는지는 쉽게 알 수 있기 때문이다. 이러한 현실로 인해 사람들은 이성적인 판단 대신에 감성적인 판단에 빠지기 쉽다. 이러한 태도는 사회적 통합에 결코 도움이

---

7 소득분배의 공평성을 측정하는 경제적 지표로 지니계수(Gini coefficient)가 있다. 지니계수는 0보다 크고 1보다 작은 범위 안에 있는데 0에 가까워질수록 소득분배가 평등하다는 것을 나타낸다. 우리나라의 경우 지니계수가 꾸준히 개선되는 추세를 보이다가 최근에는 오히려 악화되고 있다고 한다. 그렇지만 지니계수가 보여주는 것보다 사람들이 느끼는 불평등의 정도는 훨씬 더 크다. 그 이유는 소득분배와 부의 분배는 별개의 문제이기 때문이기도 하고, 지니계수에 대한 신뢰도가 높지 않기 때문일 것이다.

되지 않는다. 따라서 우리에게 필요한 것은 어느 정도 경제적 불평등이 불가피하다면 이것을 수용할 수 있도록 하는 사회규범이다. 이것은 인위적으로 형성되어서는 안 되고 사회구성원들의 자발성에 기초해야 한다. "사촌이 땅을 사서 배가 아프다"라는 말 대신 "사촌이 땅을 사서 즐겁다"라는 말이 일상화되어야 한다. "남의 불행은 나의 행복이다"라는 생각 대신 "남의 불행을 그냥 지나칠 수 없다"는 생각이 떠올라야 한다. 이를 위해서는 우리의 의식이 바뀌어야 한다. 이러한 의미에서 우리는 아직도 바람직한 사회규범을 형성하기에는 여러 면에서 준비가 부족하다.

이제 필자는 "우리 사회는 현재와 미래의 상황에 적합한 사회규범을 형성해가고 있는가?" 하는 문제를 제기하려고 한다. 이것은 우리 사회에서 한번쯤은 본격적으로 다루어져야 하는 문제임에도 불구하고 아직 그런 적이 없었다는 것이 필자의 생각이다. 이에 대해 적지 않은 사람들이 "우리는 지금까지 잘 해오고 있다. 비록 우여곡절은 있었지만 결과가 말해주듯이 세계적으로 유래가 없을 정도로 발전해왔다. 이것은 우리 사회가 규범적인 면에서도 건강하다는 증거다"라고 반박할 수도 있다. 우리 사회가 최근 50여 년 동안 이룩한 외형적인 경제발전을 보면 이러한 주장이 어느 정도 설득력이 있다. 그러나 사회발전은 경제발전에만 의존하지는 않는다. 현재 우리 사회가 경제 이외의 다른 분야에서 해결해야 하는 중요한 문제는 무엇이고, 이로 인해 미래에 어떤 위험에 직면할 것인지 생각해보아야 한다.

먼저 우리 사회의 고질적인 병폐 중 하나인 지역감정이 해소될 수 있는지 생각해보아야 한다. 많은 사람들이 지역감정을 개탄하면서도 은연중에 이것을 이용하고 있는 것이 현실이다. 특히 정치권력과 언론은 이를 해소하기는커녕 오히려 부추기는 듯한 인상을 주고 있다. 망국적인 지역감정을 해소하지 않는다면 앞으로 어떤 일이 벌어질지 누구도 예측하기 어렵다.

사실 지역정서라는 말은 어느 시대, 어느 국가에나 존재했다. 오랫동안 서로 다른 경제적, 사회적, 문화적 환경에서 살다보면 사람들의 사고방식이나 표현방식에 차이가 생기는 것은 자연스러운 일이다. 이러한 차이를 서로 용납할 수 있는 한 지역정서는 문제되지 않는다. 따라서 지역정서라는 말은 그 지역 사람들의 평균적인 정서를 나타내는 말로 특별한 거부감이 없다. 문제는 이러한 격차가 일정 수준, 즉 임계치를 넘어서는 경우에 발생한다. 이때는 지역정서라는 말보다 지역감정이라는 말이 자연스럽게 사용되면서 서로 불편한 감정을 보유하고 있다는 것을 강력하게 암시한다. 이러한 파편화된 의식수준에서는 건전한 사회규범이 형성되기 어렵다.

한편 우리와 정치적, 군사적으로 대치하고 있는 북한의 실상은 어떠한가? 우리와 북한은 역사적으로, 민족적으로 같은 뿌리를 갖고 있다. 따라서 문화나 DNA의 측면에서 볼 때 우리가 북한처럼 되지 않을 것이라 장담할 수 있는지 자문하지 않을 수 없다. 이것은 우리가 시간을 되돌려 북한처럼 된다는 의미가 아니라 북한과 같이 교조적이고 경직된 사회로 추락하지 않을 것이라 장담할 수 없다는 의미이다. 우리는 북한을 조롱하기 전에 우리에게도 그럴 수 있는 가능성이 있지 않은지 생각해보아야 한다. 모든 상황을 종합할 때 과연 우리 사회는 안정되어 있으며 미래에도 계속 번영하리라 장담할 수 있는가? 필자는 평균적인 의식수준이라는 면에서 우리 사회는 마치 면도날 위에 있는 것처럼 불안정하다고 생각하고 있다. 우리는 비록 겉으로는 서로 이해하고 많은 가치를 공유할 수 있는 것처럼 행동하지만 내면의 의식세계는 어떤 가치도 공유하지 않고 있다는 인상을 지울 수 없다. 이러한 우려를 덜고 우리 후손들에게 건전한 사회를 물려주기 위해서 사회규범의 문제를 논의하려는 것이다.

정신과 물질의 조화가 중요하다는 관점에서 볼 때 우리 사회에서 가장 큰 병폐는 무지나 감정적인 행동이라기보다 이성으로 위장한 사이비 이성이 득세하고 있다는 사실이다.[8] 사이비 이성은 때로는 보수주의자로 때로는 진보주의자로 행동하지만 이것은 어디까지나 자신의 목적을 감추기 위한 위장술인 경우가 대부분이다. 사이비 이성은 흔히 국가와 민족, 또는 약자들을 위한다는 명분으로 위장한 가운데 교묘하게 자신의 이익을 추구한다. 이들은 다양한 대중조작적인 방법을 동원해 자신의 주장을 관철하기 때문에

---

8 1976년 노벨 경제학상을 수상한 미국의 밀턴 프리드만(Milton Friedman)은 그의 노벨상 수락연설에서 프랑스혁명의 사례를 인용하면서 무지한 자(ignorant)보다 잘못된 논리를 가진 자(bad logician)가 사회에 더 큰 피해를 준다고 주장했다. 사이비 이성이란 바로 그가 말한 잘못된 논리를 가진 자에 해당한다고 볼 수 있다.

일반인들은 이들의 숨은 의도를 쉽게 간파할 수 없다. 나아가 이들은 교묘한 방법으로 바람직한 사회규범의 형성을 방해한다. 이들이 가장 두려워하는 것은 사회구성원들이 갑자기 이성적으로 사고하고 행동하는 것이다. 왜냐하면 그런 일이 벌어지면 더 이상 자신들의 전략이 먹히지 않을 것이기 때문이다. 이러한 의미에서 우리는 과학적 사고를 바탕으로 이성적 사고와 행동의 영역을 넓혀 나가야 한다. 사회구성원들의 다수가 이렇게 행동한다고 믿는다면 사이비 이성은 그 존립 기반을 잃게 될 것이고 우리가 바라는 건전한 사회규범이 현실에 뿌리 내릴 것이다.

과학적 사고와 우리의 사회규범

지금까지 과학적 관점에서 우리 사회가 당면하고 있는 여러 가지 문제들을 해결하는 데 꼭 필요한 사회규범에는 어떤 덕목이 포함되어야 하는지 살펴보았다. 많은 지면을 할애해 이에 대한 논의를 전개한 이유는 사회규범으로서 갖추어야 할 객관성과 보편성을 강조하기 위해서이다. 사회구성원 모두가 지켜야 하는 사회규범이 되기 위해서는 최소한 이 두 가지 기준이 충족되어야 한다. 그렇지 못하면 상대론적 관점에서 어떤 좋은 덕목에 대해서도 반론이 제기될 것이며 불필요한 논쟁만 양산할 뿐이다. 우리 사회에 유독 불필요한 논쟁이 만연한 이유는 이 두 가지 기준을 지키려는 노력이 부족했기 때문이다.

과학의 본질은 과학적 사고에 있다. 그리고 과학적 사고의 핵심은 이성적 사고이다. 이성적 사고는 논리적 추론을 통해 누구나 수용할 수 있는 법칙이나 규칙을 발견하는 것을 목적으로 한다. 이성적 사고를 바탕으로 해야만 합리적인 행동을 할 수 있다. 그렇지만 사람은 이성과 감성이라는 상반된 두 가지 요소를 바탕으로 행동하는 존재이다. 이러한 사람들이 모여 사는 사회에서는 다양한 수준의 이성과 감성이 서로 교차하는 가운데 끊임없이 다양한 갈등이 발생한다. 선천적, 후천적 이유로 인간은 결코 동일한 수준의 이성과 감성을 소유할 수 없다. 그럼에도 불구하고 우리가 사회를 유지하는 이유는 간단하다. 자신과 자신의 가족뿐만 아니라 후손들의 안전과 행복을 위해서 사회공동체를 형성해 살아가는 것이 유리하기 때문이다. 이렇게 끊임없이 서로 경쟁하면서도 결국 서로 협력할 수밖에 없는 것이 우리의 운명이다.

여기서 한 가지 분명히 해야 할 것이 있다. 과학적 사고는 인간의 감성을 배제하려는 것이 아니다. 이성과 감성은 상극相剋이 아니라 상생相生의 관계에 있다. 과학적 사고는 지식을 추구하고 이를 바탕으로 궁극적으로 높은 차원의 지혜에 다가갈 수 있도록 해준다. 감성은 우리로 하여금 느낌과 직관에 의존하도록 유도하지만 이에 그치지 않고 마음속 깊은 곳에서 울림과 떨림의 황홀감ecstasy을 경험하게 해준다. 진 · 선 · 미는 결국 동일한 것이다. 차가운 이성과 따뜻한 가슴은 공존할 수 있는 가치이다. 이러한 가치들을 서로 공존할 수 없는 것으로 간주해 양자택일적으로 몰고 가는 사회는 결코 건전한 사회가 될 수 없다. 과학적 사고를 바탕으로 우리에 적합한 사회규범을 형성하려면 이러한 사실을 가슴 깊이 명심해야 한다.

우리나라의 교육열과 교육수준은 세계에서 그 유래를 찾기 어려울 정도로 높다. 형식논리로 본다면 우리나라 사람들은 다른 어떤 나라 사람들보다 더 이성적이고 더 과학적이어야 한다. 그런데 현실은 그렇지 않다. 그 이유는, 우리 사회에서 교육은 초등학교교육부터 대학교육까지, 이성적 사고를 배양하는 데 목표를 둔 것이 아니라 입시경쟁에서 살아남아 생존경쟁에서 우위를 차지하기 위한 교육으로 전락했기 때문이다.

과학적 사고는 단순히 지식이 많다고 해서 가능한 것이 아니다. 과학적 사고는 자신이 갖고 있는 지식에는 한계가 있으므로 자신이 항상 옳을 수는 없다는 사실을 인식하는 것으로부터 시작된다. 어느 누구도 모든 것을 다 알지 못하므로 어느 누구도 절대적인 진리를 주장할 수 없다는 소박한 사실을 인정하는 것이 과학적 사고의 출발이다.

이러한 점에서 우리 사회에서 여러 가지 문제를 만들어내는 계층은 개인적인 야심으로 무장한 정치인들이나 선점한 지식으로 개인적 이익만을 추구했던 지식인들이었다. 그들은 마치 자신만이 유일한 해결책을 알고 있는 것처럼 주장함으로써 수많은 국민들을 미혹시키고 사회에 불필요한 혼란을 초래해왔다. 누구도 모형 의존적인 현실 인식의 한계를 극복할 수 없다는 사실을 무시한 것이다. 이러한 한계를 아는 사람들은 겸허하게 나서지 않는 반면 조금 아는 사람들이 전부를 아는 것처럼 착각해 자신의 견해가 전적으로 옳은 것처럼 오만하게 행동해왔다. 노자老子가 말했듯이 "아는 자는 말이 없고, 말이 많은 자는 아는 것이 없다"는 경구警句가 오늘날 우리 사회에 적용되는 현실이 안타까울 뿐이다.

우리나라가 물질적으로는 이미 대단한 발전을 이루었다. 이제부터 가장 절실하게 필요한 것은 과학적 사고를 일상화하는 작업이다. 국민 대다수가 과학적 사고에 익숙해진다면 서로 의사소통이 수월해질 뿐만 아니라 많은 사회문제를 해결할 수 있는 건전한 사회규범을 형성할 수 있다. 이러한 의미에서 필자는 다음과 같은 점을 강조하고 싶다.

첫째, 누구나 받아들일 수 있는 사회규범이 되기 위해서는 표준화의 원칙이 공정하게 적용되어야 한다. 이미 앞에서 언급했듯이 과학발전의 원동력 가운데 하나가 표준화이다. 이를 통해 누구나 수용할 수 있는 객관성을 확립할 수 있다. 그런데 표준화를 위해서는 일정한 기준이 필요하다. 즉, 기성세대의 전통적인 사고와 젊은층의 새로운 사고를 적절하게 혼합해 조화와 균형을 갖춘 기준이 확립되어야 한다. 그러면 이를 바탕으로 누구나 수용할 수 있는 사회규범의 기본 틀을 만들 수 있다.

둘째, 사회구성원의 동의를 얻어 만들어진 사회규범은 언제, 어디서, 그리고 누구에게나 똑같이 적용되어야 한다. 이 원칙은 과학에서의 재현성이나 법치주의 정신을 확대한 것으로 이해하면 된다. 우리 사회에는 아직도 법치주의가 제대로 정착하지 못했다. 이러한 상황에서 지위고하를 막론하고 사회구성원 모두가 똑같이 정해진 사회규범을 수용하고, 엄격하게 지켜나가는 사회분위기를 조성하는 것은 쉬운 일이 아니다. 그렇지만 과학이 재현성을 통해 비약적으로 발전한 것처럼 재현성을 충족하는 사회규범은 사회발전에 크게 기여할 것이다. 따라서 사회규범을 지키는 것이 당연하게 받아들여지는 관습을 정착시키는 데 사회구성원들이 모두 협력해야 한다.

셋째, 사회규범에는 다른 사람들의 행동을 쉽게 예측하도록 해주는 그런 덕목이 포함되어야 한다. 나아가 우리 사회가 미래에 어떤 모습일지 예측할 수 있는 덕목이 포함되어야 한다. 그러면 우리같이 후손들의 안위를 염려하는 사회에서는 이러한 사회규범을 유지하려는 자발적인 노력을 기대할 수 있다. 한마디로 사회규범을 보존하고 발전시키기 쉬워진다.

넷째, 사회규범에는 기존 가치를 부정하고 새로운 가치만을 존중하는 내용이 포함되어서는 안 된다. 이와 반대로 사회규범은 기존 가치 가운데 미래에도 적용될 수 있는 것들을 기본으로 하면서 시대적 상황에 맞는 새로운 가치를 접목시켜야 한다. 우리가 물려받은 좋은 정신적 유산을 바탕으로 기존의 가치에 새로운 가치를 포용함으로써 우리 사회 고유의 사회규범을 만들고 실천할 수 있다.

다섯째, 사회규범은 추상적인 가치나 이상적인 행동원칙의 실현을 목적으로 해서는 안 된다. 사회규범은 철저하게 실행 가능성을 고려하는 가운데 형성되어야 한다. 아무리 훌륭한 가치라도 실행하기 어려운 것은 사회규범에 포함되어서는 안 된다. 인류의 위대한 스승들이나 실천할 수 있는 가치는 사회규범보다는 우리가 항상 마음에 담아두어야 할 가치로 남아 있는 것이 좋다. 예를 들면 "원수를 사랑하라"든가 "모든 중생에게 자비를 베풀어라"와 같은 말들은 우리가 가슴 깊이 새겨 둘 말이지만 사회규범으로서 실행되기를 기대하기는 어렵다.

여섯째, 사회규범은 모든 사회구성원들이 공유할 수 있는 가치에 근거해야 한다. 혈연이나 지연 및 학연에 따라 배척당할 수도 있는 가치는 결코 사회규범의 일부가 되어서는 안 된다. 어떤 이유로도 반박할 수 없기에 누구나 공유할 수 있는 가치를 반영한 사회규범만이 오랫동안 유지될 수 있다.

일곱째, 사회규범은 사람들 간에 신뢰수준을 높일 수 있는 내용을 담아야 한다. 아무리 좋은 가치라도 사람들 간의 신뢰를 무너뜨릴 수 있는 것은 사회규범의 일부가 될 수 없다. 신뢰는 사회를 유지시키는 가장 기본적인 가치이다. 사회규범은 저低신뢰사회를 고高신뢰사회로 바꿀 수 있는 내용을 담아야 한다.

이상 우리 사회에 필요한 사회규범을 재정립하는 데 과학적 방법과 과학적 사고를 적용할 수 있는 가능성을 살펴보았다. 한 가지 아쉬운 점은 사회규범이 형성되는 과정에서 과학적 사고가 어떤 역할을 할 수 있는지 구체적인 사례를 제시하지 못한 것이다. 앞으로 이와 관련해 활발한 논의가 이루어지기를 기대한다. 일반적으로 관습이나 도덕의 영역에 속하는 사회규범은 오랜 시간 동안 시행착오적인 과정을 거치면서 형성된다. 이러한 과정에서 수많은 사람들의 생각이나 느낌 그리고 양심과 의식수준이 반영되고 조절된다. 이것은 특정 개인이나 집단이 통제하거나 설계하는 가운데 진행되는 과정이 아니다. 그렇지만 호혜적 이타주의라든가 모방심리 등 서로에게 영향을 미치는 상호작용은 끊임없이 이루어지고 있다. 이러한 과정에서 개개인이 조금 더 과학적 사고로 무장하고 과학적 방법의 장점을 이해한다면 과거 우리가 경험했던 것보다 훨씬 신속하게 그리고 갈등을 최소화하는 가운데 건전한 사회규범을 형성할 수 있다. 이것이 우리가 미래 세대에게 물려줄 수 있는 자랑스러운 유산이 될 것이다.

6장

미래와 사회규범

| 우리 사회의 의식수준 | 경제와 사회규범 | 교육과 사회규범

| 사회지도층과 사회규범 | 우리 사회의 미래 전망

우리들은 우리 사회의 현황에 대해 어느 정도 만족하고 있는가? 우리 사회에서 누구나 지켜야 하는 사회규범을 지키지 않고 반칙을 잘 해서 성공한 사람들이 있다면 이러한 행위에 대한 사회적 정화시스템을 어떻게 마련해야 할 것인가? 우리의 일상생활과 밀접하게 관련된 정치, 경제, 교육 영역에서 사회지도층이 기여할 수 있는 방법은 무엇인가? 이들은 사회적 책임을 다하고 있다고 자부할 수 있는가? 우리는 이러한 문제를 과학적 사고의 관점에서 재조명함으로써 사회 전반의 의식수준을 향상시키고 사회지도층의 변화를 촉구하는 계기를 만들 수 있다. 우리의 후손들이 미래에 더 나은 사회에서 살아가도록 하기 위해 절실하게 필요한 것은 물질적 풍요가 아니라 공유와 신뢰에 바탕을 둔 정신적 가치이다. 그리고 이것은 누구나 수용할 수 있는 건전한 사회규범이 정착되면 유지 · 전승될 수 있다. 이를 위해서 우리에게 필요한 것은 생활 속에 과학적 사고를 깊게 뿌리 내리는 것이다.

우리 사회의 의식수준

우리는 과연 우리가 원하는 사회에서 살고 있는가? 또한 우리 후손들에게 더 나은 사회를 물려줄 수 있다는 믿음을 가지고 살고 있는가? 우리 사회에서는 정직, 성실, 신뢰, 협동, 공정, 배려, 절제와 같은 덕목들이 존중받고 있는가? 현실적으로 약자인 사람들이 주변의 따뜻한 배려 덕에 견딜 만하고, 공정한 원칙이 적용되므로 후손들은 더 나은 여건에서 살 수 있으리라 믿고 있는가? 이러한 질문에 대해 긍정적으로 생각하는 사람들이 과연 얼마나 될지 궁금하다.[1] 우리나라에서 계속 살고 싶

---

1 2010년 5월 삼성경제연구소는 자체 개발한 '선진화 지표'를 이용해 OECD 30개 국가들의 선진화 수준을 점수화해 비교한 결과 우리나라는 65.5점으로 24위를 기록했다고 밝혔다. 선진화 지표는 7대 선진화 요건(창의성, 역동성, 행복감, 자부심, 자율성, 다양성, 호혜성)과 70개 세부항목으로 구성되어 있다. 선진화 수준이 가장 높았던 국가는 스웨덴으로 84.3점이었고 그 다음이 덴마크로 83.9점이었다. 이들 국가의 순위에 공감할 수 있다는 점에서 이 연구소가 개발한 지표에 어느 정도 객관성을 부여할 수 있다고 생각한다. 이에 덧붙여 최근 매일경제신문과 삼성경제연구소는 선진화 지표 70개 세부항목 가운데 △약자에 대한 배려 △사회적 공정성 △다

은지 묻는 질문에 우리나라를 떠나고 싶다고 대답하는 사람들이 많다는 사실은 우리 사회가 반드시 해결해야 할 문제가 적지 않다는 것을 의미한다.

이러한 문제들은 현재 우리만 겪고 있는 것은 아닐 것이다. 역사상 어떤 시대, 어떤 사회에서도 의식 있는 사람들은 이러한 문제로 고민했었다. 단지 시대 상황이나 지역적 특성에 따라 정도의 차이가 있었을 뿐이다. 비록 부침은 있었지만, 꾸준히 자유와 평등이 확대되는 방향으로 사회가 발전해왔다는 사실이 우리에게 희망을 준다. 그렇지만 이러한 사실에서 위안을 얻기 보다는 열린 자세로 우리 사회가 안고 있는 여러 가지 문제들을 진지하게 검토하는 것이 오늘날 우리에게 주어진 과제라고 생각한다. 왜냐하면 우리 사회에서는 지금까지 우리가 경험해왔고, 앞으로 우리 후손들이 경험하게 될 여러 가지 사회문제들에 대해 진정 사심 없이 논의하고 실행 가능한 해결방안을 모색했던 기억이 없기 때문이다. 사회문제에 대한 토의는 많았지만 정치적인 편향 때문에 출발부터 왜곡

른 문화에 대한 개방성 △시스템적인 규율 등 4개 분야 총 12개 항목을 이용해 이른바 선(善)인프라스트럭처를 측정했다. 그 결과 덴마크의 선인프라지수가 가장 높게 측정되었으며 우리나라는 30개 회원국 가운데 28위를 기록했다. 선인프라스트럭처란 국민의 선한 행동(사회협력)을 촉진시켜 국가의 실질적인 부(富)의 증대에 기여할 수 있는 제도적 기반을 말한다. 이러한 의미에서 사회적 자본과 유사한 개념으로 이해하면 된다. 이 조사에서 우리나라의 순위가 낮게 나온 것은 당연하다. 실제로 우리나라 사람들이 피부로 느끼는 순위는 훨씬 더 낮을 것이다. 이것은 그만큼 우리나라에서는 선한 행동이 보상받을 수 있는 제도가 마련되어 있지 않다는 것을 의미한다.

되었거나 특정 이데올로기에 바탕을 두었기 때문에 진정한 소통이 어려웠다.

다양한 사람들이 모여 사는 사회의 미래는 구성원들의 평균적인 의식수준에 의해 영향을 받는다. 헌신적이고 양심적인 소수의 사람들이 자기희생을 감수하면서 사회발전을 위해 노력한다 하더라도 한계가 있다. 역으로 말하면 이들이 존재하기 때문에 그나마 우리 사회가 이 정도나마 공동체로서의 면모를 유지하고 있는 것이다. 그렇지만 사회가 복잡해지고 다원화될수록 이들의 영향력은 줄어들게 되어 있다. 사람들이 추구하는 가치가 다양해지고 의식수준의 격차가 더 벌어질수록 서로 이해하는 일이 어려워진다. 그 결과 사회는 끝없는 갈등과 분열을 피할 수 없게 된다. 사회구성원들의 평균적인 의식수준을 높여야 하는 것은 바로 이 때문이다.

지난 수십 년간 경제개발과 민주화라는 정치 · 경제적 변화과정을 거치면서 우리 사회에는 기회주의적으로 개인의 이익을 우선하고 부당한 방법으로 권력을 추구하면서 양심에 반하여 살아온 사람들이 많이 등장했다. 여기서 그들이 누구인지 일일이 거론할 필요는 없다. 단지 이러한 부류의 사람들 가운데는 보통사람들보다 많이 배운 지식인들이 많았다는 사실만은 지적하지 않을 수 없다. 물론 군사독재 시절을 보낸 우리로서는 군부에 뿌리를 둔 많은 사람들이 권력을 장악하고, 이들과 결탁한 사람들이 정경유착을 통해 막대한 부를 축적하는 과정을 지켜보아야 했다. 그렇지만 그들의 수명은 그다지 길지 않았던 반면, 지식인들이 그들과 야합해 저지른 반사회적 행위는 다양하게 위장된 형태로 지금도 우리 주변에 만연해 있다. 이들은 때로는 정치인, 고급관료, 법률가, 교수, 대기업의 임원, 사회 주요단체의 간부라는 직책을 가지고 나름대로 전문가로서 자신의 역할을 다하고 있는 것처럼 보인다. 우리는 그들의 드러난 행위를 통해 감춰진 의도를 어느 정도 짐작할 수 있다. 그들은 자신의 이익을 추구하는 데는 철저한 반면, 사회적 비용을 분담하는 데는 인색하다. 그럼에도 우리 사회가 현재와 같은 수준을 유지하게 된 데에는 적지 않은 보통사람들이 양심을 지키면서 다른 사람에게 피해를 주는 일들을 삼가면서 살아왔기 때문이다. 더 이상 이들의 양보와 희생에 의존해서는 안 된다.

우리가 언론을 통해 자주 듣는 용어 가운데 노블레스 오블리주 noblesse oblige가 있다. 이 말은 원래 귀족의 의무를 지칭하는 것이었지만 오늘날에는 사회지도층의 솔선수범 내지 도덕적 책임을 의미한다.[2] 우리 사회에 진정한 의미에서 노블레스 오블리주를 실천

---

2 이 말의 어원은 14세기 영국과 프랑스 간 백년전쟁 당시 프랑스 도시 칼레가 영국군에게 포위당한 데서 찾을 수 있다. 칼레는 더 이상 버티지 못하고 영국군에게 항복했고 당시 영국 왕 에드워드 3세는 모든 시민의 생명을 보장하는 조건으로 저항에 대한 책임을 물어 6명을 처형하려 했다. 누구를 희생양으로 세워야 하는가를 놓고 의견이 분분하던 상황에서 칼레에서 가장 부유한 사람, 시장, 법률가 등 귀족들이 처형을 자청했다. 영국 왕은 이들의 희생정신에 감복해 모두 살려주었다. 이 이야기는 역사가에 의해 기록되었으며 후일 높은 신분에 따른 도덕적 의무인 노블레스 오블리주를 상징하는 사건이 되었다. 이러한 전통은 이미 고대 로마시대에 확립되었다. 이러한 영향으로 서구에서는 노블레스 오블리주 정신을 실천했던 다양한 사례를

하는 사회지도층이 과연 얼마나 되는지 궁금하다.[3] 반면 우리는 평생 근면하게 살면서 모은 전 재산을 불우한 이웃이나 후손들의 교육을 위해 쾌척하는 평범한 사람들의 미담美談을 간간히 접할 수 있다. 이들이야말로 사회로부터 아무런 혜택도 받지 못했음에도 불구하고 어떤 원망이나 복수의 감정 없이 문자 그대로 노블레스 오블리주 정신을 실천한 사람들이다. 재벌총수가 형사적 책임을 면하기 위해 몇 천억 원을 사회에 환원하는 것은 노블레스 오블리주와는 아무 상관없다. 그들의 행동은 단순한 거래에 불과하다. 또는 전직 대통령들이 자신의 전 재산을 자신의 이름을 내세운 재단이나 기념관의 건립을 위해 사회에 환원하는 것 또한 자신의 명성을 오랫동안 유지하려는 이기심의 발로일 뿐이다,

세계적인 부호인 미국의 워렌 버핏W. Buffet은 자신이 막대한 부를 축적할 수 있었던 것은 다행히도 미국이라는 사회와 시장경제가 있었기 때문이었다고 고백한 적이 있다. 그러면서 그는 자신의 막대한 부는 자신의 근면함과 능력 때문만이 아니라 자신이 속해 있는 사회로부터 얻은 것이기 때문에 당연히 사회에 환원한다고

찾아볼 수 있다. 미국에서 부호들이 자신의 재산을 사회에 기부하는 전통도 이에 해당한다.

3 앞에서 언급했던 삼성경제연구소가 개발한 선진화 지표 70개 세부항목 가운데 노블레스 오블리주에 해당하는 「사회 지도층의 경제정의 실현에 대한 기여」를 측정한 결과 OECD 30개 회원국 가운데 30위로 최하위였다는 사실이 우리 사회의 현주소를 말해준다. 그런데 실제로 우리가 피부로 느끼는 정도는 수치화된 순위보다 훨씬 더 큰 격차를 보일 것으로 생각한다.

말했다. 그는 이를 실천하기 위해 수백억 달러에 달하는 재산을 자신의 이름을 내건 재단이 아니라 가장 효과적으로 기금을 운영할 수 있는 '빌 게이츠와 멜린다 게이츠의 재단'에 출연하기로 결정했다. 이것이 진정한 의미에서 노블레스 오블리주를 실천한 것이다. 우리나라의 부호 가운데 과연 버핏과 같은 마음에서 자신의 재산을 사회에 환원하는 사람이 있었는지 궁금하다. 모두 자신의 이름을 널리 알리고 오랫동안 명성을 유지하기 위해 사회에 재산을 환원했을 뿐이다. 우리 사회에 진정한 의미에서 노블레스 오블리주 정신이 뿌리 내리기 위해서는 특정인의 노력이 중요한 것이 아니라 사회 전반의 의식수준이 향상되어야 한다. 이러한 풍토에서 비로소 전정한 노블레스 오블리주를 실천하는 사람들이 많이 등장할 수 있다.

우리의 현실은 어떠한가? 사회 모든 분야에서 지위가 높을수록, 배움이 많을수록 공익보다는 사익을 우선하고 모든 혜택에는 무임승차하려는 의도를 가진 사람들이 대부분이라는 의심을 떨칠 수 없다. 그리고 이것이 우리의 왜곡된 역사적 전통의 일부가 아닌지 묻지 않을 수 없다. 필자가 과문한 탓인지 권력과 금력이 클수록 더욱 오만해지는 경우는 자주 보았지만 진정 자신의 권한을 행사하는 데 절제의 미덕을 발휘한 사례는 거의 들어보지 못했다. 정치인은 정치인대로, 관료는 관료대로, 법조인은 법조인대로, 기업인은 기업인대로, 언론인은 언론인대로, 교수는 교수대로 소위 관행이라는 미명하에 각종 혜택과 특권을 누리는 것은 당연시하고 고

통과 비용을 분담하는 데는 인색하다는 생각을 떨치기 어렵다.

정치란 다양한 사회적 갈등을 조정해 사회적 통합을 이룩하고 미래를 위한 비전을 제시함으로써 더 나은 사회를 만드는 것을 목표로 하는 고난도 작업이다. 따라서 대중적 인기를 얻고 있다고 아무나 정치에 뛰어 들어서는 안 된다. 정치인으로서 입신하려는 사람들은 무엇보다도 자신을 되돌아볼 줄 알아야 한다. 다른 사람들과의 소통에 문제가 없는지, 다른 사람들이 원하는 것을 공정하게 평가할 수 있는 능력이 있는지, 그리고 무엇보다도 자신의 명성을 위해 다른 사람들을 이용하는 것은 아닌지 스스로 자문해야 한다.

공자孔子는 수제자인 안회安回가 도탄에 빠진 위魏나라 백성을 구하기 위해 위나라 임금을 교화하러 가려 하자 이런저런 질문을 한 뒤에 마지막으로 심재心齋가 가능한지 물었다고 전해온다.[4] 심재란 어려운 단어라 그 깊은 뜻을 헤아리기는 어려우나 보통 '마음 굶김'이라 풀이한다. 이 말은 자신이 다른 사람들을 위해 사심 없이 봉사한다는 사실조차 의식하지 않고 상대방과 소통하려는 마음 상태를 의미하는 것으로 풀이할 수 있다. 우리는 정치인들이 국정운영과 관련해 공을 세우면 이를 자신의 정치적 입지를 강화하는 데 이용하는 것을 자주 경험했다. 그리고 본인은 이것을 당연한 것으

4 이것은 장자(莊子)의 인간세편(人間世篇)에 나오는 이야기이다. 이 이야기가 역사적 사실인지는 확실하지 않다. 중요한 것은 장자가 이 이야기를 통해 전달하려고 했던 메시지이다.

로 간주하는 경향이 있다. 이것은 공자가 말한 '심재' 와는 거리가 멀다. 정치인이 자신이 사회에 얼마나 기여했는가를 강조하는 것은 자신의 동상銅像을 세우려는 것과 다를 바가 없다.[5] 자신을 드러내는 수단으로 다른 사람들의 형편을 이용한 것뿐이다. 우리가 직접 또는 간접적으로 접했던 많은 정치인들 가운데 조금이나마 이러한 한계를 극복한 사람이 있었는지 의문스럽다. 그들은 대부분 자신의 동상을 세우는 것이 목적이었다.

우리나라에서 관료, 특히 중앙부처의 고급관료는 막강한 권한을 가지고 있다. 한때 작은 정부를 지향해야 한다는 논의가 무성했지만 결과적으로 달라진 것이 없다. 관료는 여전히 민간부문에 대해 '갑' 의 입장에서 큰 영향력을 행사하고 있다. 이러한 입장에서 과연 자신에게 주어진 권한을 공익을 위해서만 썼다고 자부할 수 있는 관료가 얼마나 될지 궁금하다. 이것은 단순히 관료 개인의 문제라기보다는 관료조직 자체의 문제이다. 민간부문에 대한 각종 규제권한을 가지고 있다는 이유로 관료집단은 여전히 구태의연한 관

---

5 자신의 동상을 세운다는 표현은 얼마 전 작고한 소설가 이청준의 대표작인 『당신들의 천국』에서 인용한 것이다. 나병환자들이 수용된 소록도에서 나병환자들을 위해 병원을 책임지고 있던 병원장은 그들을 긍휼히 여겨 그 직책을 수행한 것이 아니라 다른 사람들에게 자신의 숭고한 희생정신을 자랑하기 위해서였음이 드러난다. 그는 자신의 동상을 세우려 했던 것이다. 여기서 동상은 겉으로는 다른 사람들을 위한다는 명분을 내세우지만 진정한 의도는 자신을 드러내기 위한 것이라는 메시지를 담고 있다. 우리 모두 이러한 함정에서 빠져나오기 어렵다는 사실을 인정하고 이것을 극복하려 노력해야 한다.

존민비官尊民卑의 사고에서 크게 벗어나지 못하고 있는 것 같다. 본인은 그렇지 않다고 항변하겠지만 마음 깊은 곳에는 여전히 그런 의식이 남았다는 사실을 부인하기 어려울 것이다. 그들의 의식구조가 바뀌지 않는 한 공복公僕으로서의 사명감을 요구하는 것은 연목구어緣木求魚에 불과하다.

교과서적으로 말하면 관료는 공복으로서 국민들의 편의를 위해 봉사해야 한다. 관료는 자신의 입신양명을 목적으로 하기보다는 국민들의 안녕과 복지를 위해 최선을 다해야 한다. 이렇게 말하면 현실을 모르는 사람의 순진한 생각이라고 매도당할 것이다. 관료도 하나의 직업이고 어떤 직업이든 고유한 영역이 있으므로 이것을 존중해야 한다. 기업은 이익을 추구하는 조직이므로 기업의 소유주나 임직원이 이익을 극대화하기 위해 노력하는 것은 당연하다. 관료는 공적 영역에서 국민들의 안녕과 복지를 위해 일하는 사람들이다. 기업이 이익을 추구하는 것이 당연하듯이 이들 또한 국민의 안녕과 복지를 위해 일하는 것이 당연하다. 이러한 주장을 단순히 현실을 모르는 순진한 사람의 생각으로 매도하는 자체가 문제이다. 하루 속히 원래의 정신을 회복할 수 있는 풍토가 조성되어야 한다.

이를 위해서는 무엇보다도 공적 영역에서 사회를 위해 일하는 것 자체에 의미를 부여하는 사람들이 관료를 지망해야 한다. 그리고 자신의 영달을 앞세우는 관료는 자체 정화시스템에 의해 도태되어야 한다. 그들 스스로 이러한 시스템을 만들지는 의문이다. 그래서 현실적인 보상보다는 국민과 국가를 위해 일하는 자체에 더 큰 의미를 부여하는 사람들이 많아져야 한다.

우리 사회에서 법조인이란 보통 판사, 검사 그리고 변호사를 지칭한다. 이들은 법률전문가가 되기 위해 소정의 시험을 통과한 사람들로서 국민의 기본권을 수호하고, 공공질서를 유지하며, 사회 안정에 기여하는 것을 사명으로 한다. 그러나 이것 또한 교과서적인 표현이고 이들은 현대판 지주地主계층으로 군림하고 있다. 지주란 토지에 대한 소유권을 바탕으로 특별한 노력 없이 반영구적으로 지대地代를 징수하는 사람들이다. 이들은 법조인이라는 사실만으로 특별한 대접을 받고 있다. 이들이 지주와 같이 행동한다는 것을 보여주는 대표적인 사례가 바로 전관예우前官禮遇이다. 많은 사람들이 오래전부터 그 부당함을 지적해왔지만 여전히 관행으로 남아 있다는 사실은 지주로서 그들의 권한이 얼마나 강력한지 보여준다.

다른 사람들보다 노력을 많이 한 경우에는 이에 걸맞는 보상이 주어지는 시스템은 바람직하다. 이러한 의미에서 이들에게 평균 이상의 금전적 보상이나 명예와 권한이 주어지는 것을 반대할 명분은 없다. 문제는 이들이 가진 의식적, 무의식적 선민의식으로 인해 자신들이 누리는 혜택을 당연하게 여긴다는 데 있다. 현실적인 혜택을 즐기는 데 익숙해지면 법조인으로 마땅히 유지해야 할 공명정대한 자세를 잃기 쉽다. 비유하자면 마약에 중독된 사람은 오직 마약에만 관심이 있지, 자신이 중독되었다는 사실을 잊어버리게 된다. 그들은 중독된 상태가 정상이고 깨어 있는 상태가 비정상적인 것으로 생각하게 된다. 법이라는 기본적인 규범을 다루는 사람들이 현실의 달콤함에 안주한다면 사회정의와 공공의 안녕에 봉사한다는 것은 거추장스럽고 비현실적인 목표로 전락하고 만다. 우리는 이 점을 경계하는 것이다. 그들에게 가장 필요한 것은 절제moderation이다.

기업인들은 불철주야 기업을 키움으로써 고용증대와 경제발전에 기여하고 있다. 우리나라가 전례를 찾아보기 어려울 정도로 고속 성장하는 데 기업인들이 기여한 바를 결코 과소평가해서는 안 된다. 여기서 기업인이란 다소 모호한 표현이지만 대기업의 소유주, 전문경영자 및 임원을 가리킨다고 이해하면 될 것이다. 물론 재벌총수도 당연히 포함된다. 그럼에도 사회적 관점에서 이들에 대해 마냥 긍정적으로 평하기 어려운 이유가 있다. 기업은 자본주의체제에서 중추적인 역할을 담당한다. 기업이 성장해야 경제가 발전할 수 있기 때문이다. 그렇지만 우리나라의 자본주의를 천민자본주의라고 비판하는 사람들이 적지 않다. 그 이유가 무엇인지 깊이 생각해보아야 한다. 나아가 기업이 성장하게 된 주된 원인이 기업인들의 창의와 근면 때문이라기보다는 정경유착이나 불법적인 사업관행에 있다고 생각하는 사람들이 많을수록, 그리고 기업이 사회적 책임을 다하지 않는다고 생각하는 사람들이 많을수록 기업인들에 대한 부정적인 태도가 쉽게 사라지지 않을 것이다.

우리는 기업과 기업인을 구분하지 않는 경향이 있다. 이로 인해 여러 가지 혼란이 발생한다. 사회에 대한 기업의 일차적인 책임은 좋은 품질의 제품을 저렴한 가격으로 공급하는 것이다. 사람들이 이러한 제품을 사용함으로써 만족을 얻는다면 기업의 일차적인 책임을 다한 것이다. 기업은 소비자들이 더 많은 잉여를 즐길 수 있도록 해줘야만 기업의 생존과 번영을 추구할 수 있다. 이것이 무한경쟁 속에서 기업이 사회에 기여하는 방법이다. 그리고 이에 덧붙여 기업이 나름대로의 방식으로 사회에 기여한다면 이것은 환영할 일이다.

한편 기업인들은 기업의 최종 결과물인 이익을 공유하는 사람들이다. 이들은 기업가치 증대에 기여한 만큼 보상을 받는다. 주주들은 자신들이 보유한 지분가치를 통해 보상받고 임원은 성과에 따라 보상받는 금전적 혜택을 얻는다. 이들이 얻는 금전적 보상은 사회의 평균적인 수준에 비해 엄청나게 높다. 자본주의체제에서 이들에 대한 보상을 통제할 정당한 근거는 없다. 그렇지만 이들의 과시적 소비로 인해 다른 사람들이 위화감을 느낄 수 있다는 점을 감안할 때 이들이 조금 더 조심스럽게 행동해주기를 바란다. 이것은 후손들을 위해서도 필요하다는 것이 필자의 생각이다. 이들에게 요구되는 것도 절제이다.

그 외 우리나라에서 언론인이나 교수 또한 나름대로 혜택을 받은 계층으로서 이들 또한 본분을 다해왔다고 말하기 어렵다. 언론인들은 정론正論을 펴기보다는 권력의 눈치를 보는 데 급급했던 시절이 있었다. 이러한 경향은 최근에도 크게 달라지지 않아 수시로 권력과 야합하면서 자신들의 이해득실에 따라 편파적인 보도를 한다는 인상을 지우기 어렵다. 교수는 최고 교육기관인 대학에서 연구와 교육을 통해 사회발전에 기여해야 한다. 그런데 현실은 그렇지 않다. 교수라는 직업을 부업 정도로 적당히 즐기고 정계, 행정부 또는 기업체 주위를 배회하면서 각종 이권에 개입하는가 하면 다른 사람들의 연구결과를 표절하는 경우도 있다. 사회에서 가장 모범이 되어야 할 계층으로서의 윤리의식조차 상실한 경우도 자주 볼 수 있다. 필자 또한 교수집단의 일원으로서 여러모로 근신하고 있다.

이상 우리나라에서 사회지도층에 속한다 할 수 있는 여러 계층을 비판적인 시각에서 평가했다. 이 계층에 속한 사람들 가운데 묵묵히 자신의 본분을 다하고 있는 사람들도 적지 않다. 필자는 이들을 비판하려는 것이 아니라 오히려 격려하려는 것이다. 이들을 포함해 사회 각 계층에서 묵묵히 자신의 일을 하고 있는 다수의 사람들이 존재하기 때문에 우리 사회가 그나마 이 정도 수준을 유지하고 있다고 생각한다. 그러나 더 이상 이들의 희생과 양보를 바탕으로 사회가 유지되어서는 안 된다. 왜냐하면 이러한 상태가 오래 지속되면 결국 선량한 사람들이 사회에서 도태되고 그렇지 않은 사람들로 인해 국민의 평균적인 의식수준이 점점 더 저하되는 결과를 초래할 것이기 때문이다.

정상적인 사회는 범죄자들을 사회로부터 격리시킴으로써 선량한 사람들이 안심하고 자신이 원하는 일을 할 수 있게 해준다. 선량한 사람들은 범죄자들을 격리시키는 데 소요되는 비용을 부담하지만 그렇게 하는 것이 자신들에게 더 좋다는 것을 알고 있다. 우리는 이 원칙이 사회 전반에 걸쳐 폭넓게 적용되도록 제도와 사회 분위기를 만들어가야 한다. 즉, 선량한 사람들이 일정 비용을 부담하지만 이로 인한 혜택을 모두 향유할 수 있는 그런 사회를 만들어야 한다.

현대 스포츠에서는 반칙도 게임의 일부가 되어 있다. 자기 팀이 정상적인 방법으로는 위기상황을 돌파할 수 없을 때 선수가 부득이 반칙을 쓰는 것을 일정한 한도 내에서 용납한다. 여기서 중요한 것은 자기 팀이 불리한 상황을 모면한 후에 그 선수는 반칙을 인정하고 반드시 벌을 받는다는 것이다. 그리고 반칙이 누적된 정도나 경중에 따라 게임에서 퇴장되기도 한다. 축구에서 옐로카드 두 장을 받으면 퇴장당하는 것이 그런 예이다. 반칙에 따른 벌이 엄격하게 지켜지기 때문에 스포츠가 하나의 게임으로 유지될 수 있는 것이다.

오늘날 우리 사회에는 누구나 지켜야 하는 사회규범을 지키지 않고 반칙을 잘 이용했기 때문에 성공을 누리고 있는 사람들이 적지 않다. 이들은 자신의 행적을 뒤돌아봄으로써 자신이 행했던 반칙을 인정하고 이에 합당한 벌을 받으려는 자세를 보여야 마땅하다. 사회가 벌을 주지 않더라고 스스로의 양심에 비추어 반칙의 대가를 지불한다면 그런 행동을 용서받을 수 있으며 건전한 사회규범이 살아 있음을 다른 사람들에게 보여줄 수 있다. 그러나 이와 반대로 우리 사회에는 반칙으로 얻은 성공을 당연시하거나 오히려 자랑스럽게 받아들이면서 또 다른 성공을 위해 또 다른 반칙을 궁리하는 사람들이 많다. 사회생활을 하다 보면 누구나 반칙의 유혹에 빠져서 한두 번 실수할 수 있다. 그 실수의 경중에 따라서 벌을 받고 그런 실수를 되풀이하지 않는다면 그런 실수조차 그 사람의 인생 나아가 사회의 기강확립과 질서유지에 도움이 될 수 있다. 우리 사회는 반칙을 일삼으면서 반칙에 따른 벌을 받지 않으려고 하고 이것을 성공의 비결로 삼는 사람들을 더 이상 용납해서는 안 된다.

사회지도층으로 활동하고 있는 사람들이 어떤 의도를 가지고 있는지 알기 어렵다. 겉으로는 모두 공익을 위해 봉사하고 있는 것처럼 보이기 때문이다. 이러한 상황에서 우리는 이들을 크게 두 부류로 분류할 수 있다. 한 부류는 진심으로 공익을 위하는 마음을 가진 사람들이고 다른 부류는 공익을 앞세우지만 속으로는 사리사욕을 채우는 것이 목표인 사람들이다. 이들의 드러난 행동을 보면 어느 정도 구분할 수는 있지만 완벽하지는 않다. 그렇기 때문에 기회주의적이면서 사리사욕을 추구하는 사람들이 얼마든지 득세할 수 있다. 문제는 이러한 사람들의 세력이 만만치 않다는 사실이다. 이들은 다양한 인적 네트워크를 통해 서로 결속하면서 사신들의 이익을 확대 재생산하기 위해 전력투구한다. 그렇지 않은 선량한 사람들은 이러한 네트워크를 형성하는 데 소극적일 뿐만 아니라 자신의 권리를 양보하고 인내하는 데 익숙하다. 우리 후손들을 위해서도 이러한 악순환의 고리를 끊어야 한다.

인간의 본성에 대해서 일찍이 동양에서는 성선설性善說과 성악설性惡說이 대립했었다.[6] 이 두 가지 상반된 주장 가운데 어떤 것이 인간의 본성을 더 잘 설명해주는지 논하려는 것이 아니다. 오히려 인간은 선한 면과 악한 면을 동시에 보유하고 있는 독특한 존재라고 생각한다. 이러한 시각에서 보면 인간이 선하게 행동하도록 만드는 조건은 무엇이며, 반대로 악하게 행동하도록 만드는 조건은 무엇인지 알아보는 것이 현실적으로 더 의미가 있다고 생각한다. 이것은 마치 천사와 악마는 별개의 분리된 존재가 아니라 하나의 실체의 두 측면으로 해석하는 것과 같다. 우리가 잘 알고 있는 '지킬 박사와 하이드'가 한 사람의 다른 두 모습인 것과도 같다. 필자가 이 이야기를 하는 이유는 사회를 구성하는 다양한 사람들을 이러한 관점에서 이해하는 것이 여러 가지 사회문제를 해결하는 데 도움이 된다고 생각하기 때문이다. 원래부터 사리사욕만 탐하는 사람은 없으며, 어떤 경우에도 자기희생을 마다하지 않는 사람도 없다. 한 사람이 상황에 따라 선하게 행동할 수도 있고, 악하게 행동할 수도 있다. 우리가 악하게 행동한다고 생각하는 사람들도 항상 그런 것이 아니라 현재 그렇게 행동할 뿐이다.

우리 몸에는 각종 병균이 상존하고 있다고 한다. 어떤 계기가 있

---

6 맹자(孟子)는 성선설을 주장했고, 순자(荀子)는 성악설을 주장했다. 필자는 이들이 인간의 한 면을 일부러 강조했다고 생각한다.

어서 이러한 병균의 숫자가 갑자기 늘어나게 되면 우리 몸에 여러 가지 질병의 증상들이 나타나게 된다. 평소 병에 걸리지 않는 것은 우리 몸의 면역체계가 병균들의 숫자를 일정 수준 이하로 잘 조절해주기 때문이다. 탐관오리나 악덕 기업가와 같이 사회적으로 지탄을 받는 사람들은 마치 병균과 같이 늘 우리 주변에 존재한다. 이들에게 스스로 반성하고 선한 사람이 되는 것을 기대하기는 어렵다. 따라서 우리 몸의 면역체계와 같이 우리 사회도 부정부패에 대한 확고한 면역체계나 사회정화체계로서 사회규범을 확립하고 지킴으로써 이들의 준동을 억제할 수 있다.

이러한 관점에서 사회와 사회구성원들을 이해한다면 우리가 추구해야 할 목표는 간단해진다. 누구라도 수용할 수 있는 건전한 사회규범이 형성되어 있다면 사람들은 가급적 선하게 행동하려 할 것이다. 그리고 많은 사람들이 선하게 행동한다는 자체가 나머지 사람들도 선하게 행동하도록 하는 강력한 유인誘因으로 작용한다. 이러한 사회규범은 어두운 바다를 항해하는 배에게 등대와 같은 역할을 할 수 있다. 나아가 이것은 사람들의 의식에도 영향을 미쳐 자신의 행동을 되돌아보게 만들 수 있다. 사리사욕만 추구하는 사람들은 자신의 행동이 최선이라 믿기 때문에 결코 자기반성을 하지 않는다. 왜냐하면 사회의 전반적인 의식수준이 현재와 같은 상태를 유지하는 한 그렇게 행동하는 것이 현실적으로 가장 유리하다는 것을 잘 알기 때문이다. 이러한 사람들이 자신을 되돌아볼 수만 있다면 우리 사회는 크게 달라질 것이다. 그래서 건전한 사회규범이 필요하다.

우리가 정착시켜야 할 사회규범은 보통사람들이 준수하기에 지나치게 어려워도 안 되고, 무시할 정도로 가벼워도 안 된다. 예를 들어 "네 이웃을 네 몸처럼 사랑하라"는 말은 사람들이 실천하기 어려운 규범이다. 반면 "대중교통수단을 이용하는 경우 사람들이 내린 후 타야 한다"는 말은 사람들이 특별히 훈련할 필요가 없는 자명한 규범이다. 필자가 주장하고 싶은 것은 건전한 사회규범에는 진정 사회발전에 기여할 수 있는 보편적이고 실천 가능한 덕목이 반영되어야 한다는 점이다. 예들 들어 공정성과 신뢰, 그리고 배려와 절제 등과 같은 덕목은 누구나 원하며 상식적인 사람이라면 실천할 수 있는 덕목들이다. 이에 못지않게 중요한 것이 사회구성원들이 이러한 덕목들을 어떤 수준에서 준수해야 하는지에 대한 기준을 마련하는 것이다. 예를 들어 보통사람들에게 '지나친 절제'나 '완벽한 배려'를 기대하는 것은 무리다. 우리에게는 '약간의 절제'와 '조그만 배려'면 충분하다. 사회구성원들이 보편적으로 수용할 수 있는 기준이 마련되지 않으면 이로 인해 또 다른 갈등이 발생할 수 있다.

최근 우리 사회에서 공정성에 대한 논란이 있었다. 정부가 공정성에 관한 논의를 주도한 것 자체가 처음부터 잘못된 일이었다. 공정성에 관한 논의는 문제의 성격상 이해관계로부터 자유로운 사람들에 의해 주도되어야 한다. 이렇게 시작된 논의의 결과가 사회구성원들 다수에 의해 자발적으로 수용될 때 비로소 공정성이 사회규범의 일부가 될 수 있다. 정부는 유치한 온정주의적 발상에서 이러한 절차를 무시하는 실수를 저질렀다. 마치 정부가 공정성의 기준을 정할 수 있는 유일한 주체인 것처럼 행동한 것은 크게 잘못된 일이다. 민주주의를 체험하지 않은 사람이 민주주의를 실천할 수 없듯이, 공정한 행동이 몸에 익지 않은 사람은 공정한 행동이 무엇인지 알 길이 없다. 최근 우리 사회에서의 공정성 논의는 현실정치로부터 자유로울 수 없는 한계를 그대로 드러냈다.

공정성이란 정부가 나서서 중소기업을 착취하는 대기업을 일시적으로 압박한다고 해결될 수 있는 것이 아니다. "무엇이 공정한 것인가?"와 관련해 시대와 국가를 초월해 적용될 수 있는 객관적인 기준은 없다. 따라서 현재, 우리 사회의 관점에서 공정성의 기준을 만들어가야 한다. 이때 분야에 따라 공정성의 기준을 직접 마련하는 것이 기술적으로 어려울 수도 있다. 이러한 경우에는 역으로 '명백하게 공정하지 않은 행위들'을 사회에서 추방함으로써 효과적으로 공정성의 기준을 제시할 수 있다. 예를 들어 소득이 많은 사람들이 탈세하는 것은 명백하게 불공정한 행위이다. 이에 대해서는 현재보다 훨씬 더 엄격하게 처벌함으로써 이러한 행위를 줄일 수 있다. 공직자가 부적절한 방법으로 자식의 군복무를 면제받도록 하는 것은 명백하게 불공정한 행위이다. 이에 대해서는 공직자를 해임함으로써 더 이상 이와 같은 불공정한 행위가 일어나지 않도록 예방할 수 있다. 이와 같이 명백하게 불공정한 행위가 무엇인지에 대한 국민적 합의를 끌어낸 다음 우리 사회에서 이러한 행위를 추방할 수 있는 실천적인 방안을 강구하는 것이 진정 사회발전에 기여할 수 있다.

이러한 과정을 거쳐 공정성이 우리 사회의 건전한 사회규범의 일부가 되기까지는 적지 않은 시간이 걸릴 것이다. 하나의 덕목이 사회규범으로 정착하는 데는 오랜 시간이 필요하다. 이것은 조급하게 서두른다고 해결될 수 있는 문제가 아니다. 정부조차 건전한 사회규범이 어떤 과정을 거쳐, 어떤 기준에 입각해 형성되어야 하는지 모르고 있는 현실이 안타까울 뿐이다. 우리는 이러한 경험을 타산지석他山之石으로 삼아 진정 우리 사회의 미래를 위해 필요한 건전한 사회규범을 어떤 기준과 절차에 따라 형성해가야 하는지 진지하게 고민해야 한다.

경제와
사회규범

우리나라가 세계에서 그 유래를 찾아보기 힘들 정도로 단기간에 괄목할 만한 경제발전을 이룩했다는 사실을 부정할 사람은 없다. 그리고 이것은 각종 데이터를 통해 확인할 수 있다. 1960년대 경제개발계획이 본격적으로 추진되기 전 우리나라의 일인당 국민소득은 100달러 미만으로 세계에서 가장 가난한 국가에 속했다. 그러던 것이 지금은 일인당 국민소득 2만 달러에, 경제규모는 세계 10위권으로 성장했으니 가히 경천동지驚天動地할 일이다. 그것도 현재 선진국들이 200여 년에 걸쳐 이룩한 업적을 불과 50년 만에 달성했으니 대단한 성과가 아닐 수 없다. 더욱이 이러한 경제발전과정에서 경제의 근간이라 할 수 있는 기업들의 눈부신 성장은 중요한 의미를 갖는다. 우리 기업들은 현재 반도체, 전자, 통신기기, 조선, 자동차 등 주요 산업분야에서 세계적으로 1, 2위를 다툴 뿐만 아니라 후발주자들과 일정한 격차를 유지하리라 예상된다. 이것은 우리의 고속성장이 상당 기간 지속될 수 있으리라는 믿음을 준다는 면에서 고무적이다.

필자는 이러한 고속성장과정에서 어떤 문제가 드러났는지, 그리고 이 가운데 우리 사회의 지속가능한 발전sustainable development을 위협하는 문제에 대해 진지하게 고민해야 한다고 생각한다. 그렇다고 경제발전과정에서 드러난 모든 문제를 다 다루려는 것은 아니다. 우리 사회가 안고 있는 경제문제 가운데 건전한 사회규범이 형성된다면 해결의 실마리를 찾을 수 있는 그런 문제에 국한해 논의하고자 한다.

재벌과 재벌총수

시장경제는 수많은 개별 시장들 간의 네트워크이다. 시장경제에서 고용, 생산 및 분배라는 국민경제의 핵심요소들은 기업의 역량과 미래에 대한 비전에 의해 결정된다. 이러한 의미에서 기업은 경제문제를 해결하는 키를 쥐고 있다. 우리나라 기업들에 대해 논하는 경우 빠뜨릴 수 없는 것이 우리나라 특유의 기업집단, 흔히 재벌이라 불리는 거대 기업집단의 공과功過에 관한 것이다. 여기서 재벌에 대한 논의는 우리 사회가 지향해야 하는 미래 모습, 그리고 이를 위해 필요한 사회규범과 관련된 문제에 국한하려고 한다. 재벌이 우리나라 경제발전에 어떤 기여를 했고, 어떤 부작용을 초래했는지에 대해서는 구체적인 통계자료와 객관적인 분석결과를 바탕으로 논의가 이루어져야 한다. 이 점에서 여기서의 논의는 상당히 제한적이다.

재벌과 관련해 가장 기본적인 사항은 이들이 우리나라 경제에서 차지하는 비중이 점점 더 커지고 있다는 사실이다. 우리나라에서는 보통 총자산 규모를 기준으로 기업집단들의 규모를 분류한다. 상위 몇 개 기업집단을 대상으로 하는가에 따라 달라지겠지만 이들 기업집단은 고용, 생산, 이익규모 등 모든 면에서 사실상 우리나라 경제를 지배하고 있다고 해도 과언이 아니다. 이러한 기업집단에 속한 기업들은 대부분 증권시장에 상장되어 있는데 여기에 비상장 계열기업들까지 포함한다면 국민경제에 대한 이들의 지배력은 훨씬 더 커진다. 긍정적으로 생각하면 이들이 우리나라 경제에 기여하는 바가 그만큼 크다고 볼 수도 있다. 그렇지만 어느 분야든 특정세력의 지배력이 일정 수준 이상을 초과하면 관성慣性으로 인해 점점 더 강화되어 누구도 통제할 수 없는 상황에 이르게 된다. 우리나라가 이미 이러한 상황에 처해 있는 것은 아닌지 우려된다.

기업은 자본과 사람이 결합해서 만들어진 조직이지만 결국 핵심은 사람이다. 국민경제에 대한 기업집단의 영향력이 강력해질수록 이것을 지배하는 사람, 즉 재벌총수는 사실상 독재자 못지않은 권력을 갖게 된다. 백번 양보해도 이들은 과거 서구의 봉건영주와 같은 지위를 획득해 후손들에게 영구히 그 지위를 물려줄 수 있게 된다. 이것이 사실이라면 우리나라 경제는 점점 그들의 영향력에서 벗어나기 힘들어질 것이다. 그리고 이들 기업집단과 별다른 연결고리가 없는 대부분의 중소기업들이나 개인사업자들은 점점 위축되고 말 것이다. 그 결과 경제의 양극화는 필연적이다. 이러한 경제상황에서는 진정한 사회발전을 기대하기 어렵다.

이와 같은 이유로 우리나라에서도 기업의 지배구조governance structure를 개선하려고 꾸준히 노력해왔다. 예를 들어 상장기업의 경우 사외이사 제도를 강화함으로써 대주주의 횡포를 막고 기업의 이해당사자들의 이해관계를 적절하게 조절하려 하고 있다. 그러나 아직까지 이러한 노력이 큰 효과를 보고 있다는 어떤 증거도 발견하기 어렵다. 우리나라에서 재벌총수는 기업집단에 대해 여전히 막강한 권한을 행사하고 있다. 예를 들어 재벌총수는 적은 금액을 출자해 비상장기업을 만든 후 기업집단 차원의 전폭적인 지원을 바탕으로 짧은 시간에 엄청나게 실적이 좋은 우량기업으로 만들 수 있다. 그 후 이 기업을 증권시장에 상장시켜 수백 배에 달하는 자본이득을 얻을 수 있다. 재벌총수는 이렇게 확보한 자금을 기업집단에 대한 지배를 강화하는 데 사용할 수 있다. 한마디로 땅 짚고 헤엄치는 격이다. 이러한 방식이라면 어떤 바보라도 막대한 부를 축적할 수 있을 것이다.

문제는 재벌총수들 대부분이 이러한 방식으로 부를 축적하는 데 아무런 죄의식을 느끼지 않는다는 사실이다. 그들은 법적으로 충분한 검토를 거친 후 실행한 일이므로 실정법에 비추어 아무 문제없다고 생각할 것이다. 필자도 법적으로 문제가 있다고 주장하려는 것이 아니다. 단지, 이로 인해 사회구성원들이 받을 좌절감을 생각한다면 그들이 어느 정도 절제하는 태도를 보이기를 기대할 뿐이다. 예를 들어 기업집단의 전폭적인 지원을 받은 비상장기업을 후일 증권시장에 상장시켜 얻은 막대한 자본이득 가운데 일정 부분을 순수한 마음에서 사회에 환원하든가 아니면 기업집단 내의 근로자들의 복지에 사용한다면 본인도 명예로울 뿐만 아니라 기업 전체의 이미지도 개선되므로 장기적으로는 오히려 득이 될 수도 있다. 그렇지만 어느 누구도 이러한 생각을 행동으로 옮기지 않았다. 그들은 오직 수단방법을 가리지 않고 부를 축적하는 것만이 인생에서 유일하게 가치 있는 일이라 생각하는 듯하다.

재벌총수의 행태와 관련해 한 가지 더 지적할 것은 자신이 축적한 부에 대한 사고방식이다. 우리나라는 사유재산제도를 바탕으로 한 시장경제를 표방하고 있으므로 개인의 재산은 헌법으로도 보호받고 있다. 따라서 다른 사람에게 피해를 주지 않거나 법적으로 문제가 없는 한 자신의 재산을 어떻게 사용하든 그것은 개인의 자유이다. 자식에 대한 부모의 마음은 재벌총수든, 옆집의 구멍가게 주인이든 마찬가지이다. 부모는 가급적 넉넉한 재산을 자식에게 물려주어 후손들이 경제적으로 여유 있게 살기를 바란다. 그런데 이러한 마음이 지나쳐 일부 재벌총수들은 편법상속과 편법증여를 통해 자신의 재산을 자식들에게 물려주려 한다. 그리고 실제로 이렇게 행동하지 않았더라도 여기에 아무 문제가 없다고 생각하는 사람이 대부분인 듯하다. 이것은 2003년 미국 공화당 정부에서 부호들의 상속세를 폐지하려 할 때 빌 게이츠나 워렌 버핏 등 미국의 대표적인 부호들이 취했던 행동과 극명하게 대비된다. 그들은 빈부격차가 커지면 건전한 사회를 해치게 된다는 입장에서 상속세 폐지에 반대했다. 이러한 기사를 읽었을 때 필자는 우리나라 재벌 총수들이라면 어떤 반응을 보였을지 궁금했다. 아마 그들은 모두 상속세 폐지조치를 적극 환영했을 것이다. 그러면 굳이 편법증여나 편법상속 때문에 고민할 필요가 없을 것이기 때문이다. 이러한 태도는 노블레스 오블리주 정신을 말살하는 것이다.

사실 우리나라 재벌들은 경제개발과정에서 정경유착을 통해 서민들은 상상도 못할 막대한 특혜를 받았다. 그들은 자신들의 근면과 도전정신 그리고 위험을 무릅쓴 과감한 행동으로 인해 오늘의 왕국을 건설했다고 주장할지 모른다. 그러나 그들이 어떤 주장을 하든 정부가 통제하던 금융기관을 통해 유리한 조건으로 막대한 자금을 조달할 수 있었고, 이것이 재벌기업들의 성장에 크게 기여했음을 부인하기 어려울 것이다. 이것만으로도 재벌기업은 독자적으로 성장한 것이 아니라 사회로부터 많은 혜택을 받았다는 것을 알 수 있다. 금융권의 적절한 자금지원이 있으면 웬만한 기업은 생존경쟁에서 살아남을 수 있다. 그러면 다른 경쟁기업들이 퇴출된 후 시장지배력을 강화함으로써 더 빨리 성장하게 된다. 이것이 우리나라에서 재벌기업들이 처해 있던 경제적 환경이었다.

필자가 중 · 고등학교 시절에 자주 듣고, 가슴에 붙이고 다니던 표어 중에는 '국산품 애용' 도 있었다. 아직 경쟁력이 약한 국내 기업을 활성화시키기 위해 온 국민이 질이 떨어지는 국산품을 이용해준 것도 기억해야 한다. 재벌총수들은 자신들의 부의 원천이 자신의 근면과 열정에만 있는 것이 아니라 사회에도 있음을 인정해야 한다. 그리고 이러한 인식을 바탕으로 부의 세습에 대한 사고방식을 바꿔야 한다. 이것이 그들이 노블레스 오블리주를 실천하기 위한 선행조건이다.

재벌기업들이 우리나라 경제에 미친 부정적인 영향은 이것으로 끝이 아니다. 예를 들면 이들의 성장과 부의 축적과정을 지켜본 많은 기업들이 재벌을 이상적인 기업집단 모형으로 생각해 이들을 모방하는 경향이 있다. 그래서 많은 기업들은 어느 정도 성장한 다음부터는 주력사업과 별다른 시너지 효과가 없는 신규사업에 뛰어들어 여러 기업들을 거느린 기업집단으로 변신을 꾀한다. 그렇지만 이러한 기업들은 사업다각화에 의한 시너지효과를 제대로 활용할 수 있는 능력이 부족한 상태에서 외형을 키우는 데 주력한 나머지 경기변동에 매우 취약한 구조를 갖게 되었다. 그 결과 많은 기업들이 도산하고 이로 인해 사회적으로 엄청난 낭비가 발생했다. 우리나라의 경우 1997년 외환위기로 인해 이러한 문제들이 그대로 드러났다. 기업이 외형 키우기와 같은 과시적 행동을 자제하는 것은 기업 자신만이 아니라 사회를 위해서도 바람직하다.

노사문제

우리나라 경제가 짧은 시간에 비약적으로 발전하는 과정에서 노출된 여러 가지 문제 가운데 대표적인 것이 노사문제이다. 1960년대 경제개발계획이 추진된 이래 1987년 민주화운동이 결실을 맺기까지 근로자들은 매우 열악한 조건에서 근무했다. 그 후 문민정부가 들어서자 그동안 쌓인 불만이 봇물처럼 터져 나와 근로조건 개선과 정당한 몫을 주장하는 노사분규가 끊이지 않았다. 이것은 서구에서 200년이 걸린 것을 50년 만에 달성하고자 했던 데 따른 필연적인 귀결이었다. 그리고 그들의 주장은 대부분 타당한 근거를 갖고 있었다.

필자는 여기서 노사분규의 정당성에 대해 논하려는 것이 아니다. 또한 어느 한쪽 입장을 두둔하거나 반박하려는 것도 아니다. 복잡한 사회에서 사람들 간에는 갈등이 있기 마련이다. 특히 금전적 보상과 관련된 문제에서는 더욱 그러하다. 이러한 경우 대부분의 갈등은 강자와 약자 간에서 발생한다. 소유한 것이라고는 자신의 노동력밖에 없는 사람들이 인간다운 삶을 위해 투쟁하는 것을 누구도 비난할 자격이 없다. 생존의 문제는 인간의 가장 기본적인 권리이기 때문이다. 약자의 관점에서 갈등을 바라볼 때 비로소 해결의 실마리를 풀 수 있다는 점을 인정하고 여기서부터 논의를 시작하는 것이 중요하다.

이 문제를 특정 집단의 관점이 아니라 사회 전체의 관점에서 살펴보자. 시장경제가 정상적으로 작동하려면 시장을 구성하는 모든 경제주체들이 안정적으로 계획을 세우고, 이것을 실행할 수 있어야 한다. 이 점은 기업과 근로자 모두에게 마찬가지이다. 이것은 세계화로 인한 무한경쟁시대에 특히 중요하다. 따라서 기업의 주요 이해당사자인 근로자와 사용자는 서로의 입장을 이해하고 상극이 아니라 상생의 길을 모색해야 한다. 이것은 원칙적인 이야기이다. 그렇지만 원칙으로 돌아가 생각하는 자세가 사회 전체의 관점에서 문제를 바라보는 출발점이다. 이것은 노사분규를 일으켜서는 안 된다고 주장하려는 것이 아니라 노사 간에 갈등이 있는 경우에는 무엇보다도 정보를 공유하면서 허심탄회하게 소통해야 한다는 것을 강조하려는 것이다.

근로자들이 진정 의도하는 바가 체제전복이나 기업의 소유권 쟁취가 아니라면 사용자 측과 진정으로 타협할 줄 알아야 한다. 사용자는 상대적으로 약자인 근로자들을 진심으로 배려해야 한다. 여기서 배려란 단순한 립 서비스가 아니라 진정 그들의 입장을 이해하려는 자세를 말한다. 기업이 어려울 때는 근로자들에게 양보와 협력을 호소하지만 기업이 여유가 있을 때는 근로자들에게 파격적인 보상을 해주어야 한다. 나아가 이러한 계획을 공표함으로써 근로자들의 신뢰를 얻어야 한다. 중요한 것은 노사 간의 신뢰를 회복하는 것이다. 시장에서 도태되는 기업이나 노사분규가 잦은 기업에게 가장 부족한 것이 노사 간의 신뢰이다. 이러한 신뢰를 회복하는 열쇠는 사용자가 쥐고 있다. 근로자들을 진정한 사업 파트너로 생각하는 자세가 신뢰를 회복할 수 있는 출발점이다.

신뢰를 회복하는 가시적인 첫 걸음은 노사 간의 임금 격차를 줄여가는 것이다. 그런데 근로자의 임금상승분을 사용자가 부담하지 않고 소비자에게 전가한다면 그 의미가 퇴색된다. 이것은 진정한 노사 간의 신뢰 회복을 위해서 노력하는 것이 아니기 때문이다. 금전적인 것도 중요하지만 함께 나눈다는 생각, 즉 공유정신이 있을 때 비로소 신뢰가 형성된다. 3장에서 다룬 과학에서 공유와 신뢰의 관계는 노사관계에서도 그대로 적용될 수 있다. 특히 기업에서 공유와 신뢰를 강화하기 위해서는 지위고하를 막론하고 기업의 구성원들 모두 기업발전에 기여하고 있다는 믿음이 있어야 하며 서로에 대한 인격적인 존경심이 전제되어야 한다.

필자가 아는 어떤 회사에서는 직책의 고하를 막론하고 초과근무수당을 똑같이 지급한다고 한다. 근무시간 외 개인시간의 중요성은 직책에 상관없이 똑같다는 발상에서 만들어진 제도라고 한다. 일부 기업의 현장에서는 실제로 초과근무수당의 비중이 크지 않기 때문에 신입사원과 똑같은 수당을 받는다고 임원들이 불평하지 않는다고 한다. 반면 신입사원에게는 똑같이 인격적으로 대우한다는 의미를 잘 전달할 수 있다고 한다. 기업체에서 연말에 지급하는 보너스의 경우 지급같이 지위에 따라 차등지급하지 않고 누구에게나 균등하게 분배하는 것도 생각해볼 만하다.

이익공유제

이러한 의미에서 최근 우리나라에서 논란이 되고 있는 이익공유제profit sharing에 대해 살펴볼 필요가 있다. 이미 앞에서도 언급했듯이 이익을 공유한다는 의미는 지금까지 사용한 공유와 다른 의미이다. 여기서 공유는 일정 이익을 이해당사자들이 서로 나누어 갖는 것을 말한다. 따라서 지식공유와는 다른 의미이다. 어쨌든 자본주의체제에서 이익공유제가 잘 운영될 수 있다면 공유정신을 확대한다는 의미에서 바람직하다. 그런데 이 제도가 정착하기 위해서는 몇 가지 조건이 충족되어야 한다.

첫째, 이익을 공유하는 대상과 명분이 분명해야 한다. 누가 무슨 이유로 이익을 공유할 수 있는지를 명확하게 이해할 수 없다면 이 제도는 실행할 수 없다.

둘째, 이 제도는 기업과 이해당사자 모두에게 인센티브 시스템으로 작용할 수 있어야 한다. 기업에 고용된 직원들의 경우 이익공유제는 인센티브 시스템으로 작용할 수 있다. 그런데 지금 우리나라에서 논의되고 있는 것처럼 대기업에 납품하는 중소기업들까지 이익공유의 대상에 포함시키는 경우 이들에게 인센티브 시스템으로 작용할지 불분명하다. 만약 대기업이 이 제도가 중소기업들에게 기술개발이나 원가절감을 추진할 인센티브를 제공할 수 있다고 믿는다면 실행 가능할 것이다. 그렇지 않은 경우에는 장기적으로 유지되기 어렵다.

많은 사람들이 이익공유제가 사회적인 안정을 위해 바람직하다고 생각할 것이다. 그렇지만 자신이 이익에 대해 배타적 권리를 가지고 있다고 생각하는 기업의 소유자나 대주주는 이에 쉽게 동의하지 않을 수도 있다. 이것은 입장을 바꿔 생각하면 어느 정도 이해할 수 있다. 오늘날 세계화의 대세 속에 우리나라의 상당수 기업들의 경우 외국인 주주의 지분비율이 매우 높다. 이들이 힘을 합치면 대주주로서의 지위를 확보할 수도 있다. 물론 자신들의 이익을 일정 수준 이상 유지시켜 준다면 이들이 직접 경영에 참여할 가능성은 낮다. 그렇지만 이들은 자신들의 이익을 훼손할지도 모르는 무원칙한 이익공유제에는 찬성하지 않을 것이다. 여기에도 반드시 이해당사자들이 합의할 수 있는 원칙이 있어야 한다. 이익공유제가 사회적으로 바람직하다는 이유 때문에 정치논리에 의해 실행되어서는 안 되며 경제논리에 의해서도 지지받을 수 있어야 한다. 필자는 이것이 가능하다고 본다. 기업이 단기적인 이익에 집착하지 않고 장기적 이익을 추구한다면 기업가치를 극대화하는 데 기여하는 이익공유제를 실행할 수 있기 때문이다.

이익공유제가 우리 사회에 정착하기 위해서는 이를 뒷받침하는 사회규범이 형성되어 있어야 한다. 그리고 이러한 사회규범을 확립하려면 가진 자들의 의식변화가 선행되어야 한다. 이러한 변화 없이 이 제도를 강요한다면 여론의 힘에 밀려 겉으로는 수용하겠지만 사회에 정착되기 힘들다. 따라서 문제는 가진 자나 힘 있는 자들의 의식을 어떻게 변화시킬 수 있는가에 있다. 우리는 무엇보다도 공유정신을 이익공유로 확대하는 것이 사회적으로뿐만 아니라 자신과 자신의 후손들에게도 바람직하다는 것을 설득할 수 있는 논리적 근거를 마련해야 한다. 이러한 논리적 근거를 만드는 데 건전한 사회규범이 일정한 역할을 할 수 있다.

교육과
사회규범

교육은 현재 세대에게만 중요한 것이 아니라 미래 세대에게도 중요하다. 왜냐하면 현행 교육제도와 교육내용은 지금 세대의 미래를 결정할 뿐만 아니라 지금 세대의 후손들의 미래에도 영향을 미치기 때문이다. 현행 교육제도에 잘 적응해 명문대학을 졸업한 사람은 평균적으로 더 나은 직장을 얻는 것으로 알려져 있다. 따라서 이들이 결혼해 낳은 자식들은 평균적으로 더 나은 환경에서 교육을 받게 될 가능성이 크다. 그러면 이들은 미래에 더 나은 직장을 얻을 확률이 높아진다. 이와 같이 교육은 현재 세대와 미래 세대의 소득수준 및 삶의 질과 밀접하게 관련되어 있다. 우리가 진정 공정한 사회를 지향한다면, 새로운 시각에서 교육문제에 대해 진지하게 고민해야 한다. 현재 우리 교육에 문제가 많다는 것은 우리 이전 세대가 이 문제를 진지하게 고민하지 않았다는 증거이다. 똑같은 실수를 반복하지 않으려면 이 문제를 새로운 각도에서 깊이 생각해봐야 한다.

초 · 중 · 고등학교 그리고 대학교로 이어지는 현재의 교육제도는 과학발전과 맥을 같이 하고 있다. 과거 농경사회에서는 교육기간도 길지 않았고, 교육을 받을 수 있는 사람도 소수였다. 조선시대를 생각하면 쉽게 이해할 수 있다. 당시에는 양반만이 교육을 받을 수 있는 권리를 가졌다. 그렇지만 지금은 의지와 노력할 마음만 있으면 누구든 교육을 받을 수 있다. 단지 교육기간이 길어지고 입시경쟁이 치열해 여러 가지 심각한 문제를 만들어내고 있는 실정이다.

과학적 지식이 축적되고 사회의 평균적인 지식수준이 높아짐으로써 이에 적응하기 위해서는 교육기간이 길어질 수밖에 없었다. 또한 과학발전으로 인해 경제적으로 풍요해짐에 따라 젊은이들이 어린 나이에 돈을 벌어야 할 부담이 적어졌기에 사회진출에 대비해 더 많이 준비할 수 있는 여건이 조성되었다. 따라서 오늘날 청소년기는 사회진출이 유예된 기간으로서 과거 우리 선조들은 즐길 수 없었던 소중한 기간이다. 그런데 지금 청소년들은 이 기간을 자기발전을 도모하고 공동체의 일원으로서 시민의식을 높이기 위해서가 아니라 오직 성공적인 사회진출을 위해 사용하고 있다. 이러한 교육 현실로 인해 발생하는 수많은 문제들이 그대로 방치되고 있는 실정이다.

현재 우리가 직면하고 있는 교육문제는 '교육제도'와 '교육내용'의 문제로 압축할 수 있다. 교육제도의 문제는 입시제도의 문제와 직결되어 있다. 교육내용의 문제는 교육을 담당한 교사나 교수의 자질뿐만 아니라 자녀를 교육시키고자 하는 부모, 교육행정을 담당하는 행정관료 그리고 교육을 받는 학생들의 태도와 관련되어 있다. 우리나라 교육문제를 논하려면 이러한 문제들을 심도 있게 다루어야 한다. 필자는 이 책을 통해 우리나라의 교육문제에 대한 근본적인 해결방안을 모색하려는 것이 아니라 더 나은 사회를 만들려면 교육 분야에서 어떤 변화가 필요한지 검토하려는 것이다. 그런 변화를 위해 사회구성원들이 교육과 관련해 추구해야 할 새로운 규범에 대해 생각해보려는 것이다.

입시제도와 고교평준화

우리나라에서 항상 문제가 되고 있는 입시제도에 대해 생각해보자. 입시제도란 곧 대학입시제도를 말한다. 이 제도가 어떻게 바뀌는가에 따라 초 · 중 · 고등학교의 교육내용이 근본적으로 달라졌던 것이 우리의 교육현실이다. 입시제도와 관련해 먼저 지적하고 싶은 것은 교육과 관련된 모든 문제를 해결해주는 입시제도는 불가능하다는 점이다. 이 점을 인식하지 못했기 때문에 그동안 교육행정을 담당하는 사람들이 수많은 시행착오를 반복해왔으며 그들의 인식이 바뀌지 않는 한 앞으로도 그럴 가능성이 있다.

한때 정부 차원에서 망국적인 사교육비를 줄이는 것을 정책목표로 내세운 적이 있다. 이것은 사교육비를 줄여 가구당 교육비 부담을 경감시켜주고 공교육을 정상화하겠다는 강력한 의지의 표현이었다. 그리고 이를 뒷받침하기 위해 입시제도를 개혁했다. 그러나 새로운 제도를 실시한 후 일정 기간이 지난 뒤 확인해보니 사교육비가 줄어들기는커녕 오히려 증가했다. 이것은 정부의 발상 자체가 잘못되었다는 명백한 증거이다.

우리나라와 같이 명문대학, 인기학과의 서열이 확실한 사회에서 부모들은 자식의 미래를 위해 사교육비를 지출하는 것을 아까워하지 않는다. 더욱이 자식이 어떤 대학, 어떤 학과에 들어갔는지 서로 비교하고, 이것을 가지고 우월감을 느끼려는 부모들이 다수 존재하는 한 사교육비를 줄이는 것은 결코 쉬운 일이 아니다. 그리고 명문대학을 졸업한 학생들이 상대적으로 우수하다는 사회인식이 변하지 않는 한 사교육비를 줄이는 것은 기대하기 어렵다.

사교육비 지출의 배경이 되는 이러한 상황이 달라지지 않는 한 정부의 어떤 입시정책도 사교육비를 줄일 수 없다는 것이 자명했다. 그럼에도 불구하고 정권이 바뀔 때마다 입시제도가 달라지는 것은 무엇보다도 교육행정을 담당하는 관료들의 무지와 오만 때문이라고밖에 달리 원인을 찾기 어렵다. 사교육비를 줄이는 것은 불가능할 뿐만 아니라 반드시 그럴 필요도 없다는 현실인식을 바탕으로 천문학적인 사교육비를 효과적으로 사용하도록 하는 정책을 개발해야 한다. 바꿀 수 없는 것을 강제로 바꾸려는 것은 자연질서를 위반하는 것이다. 이것은 오히려 역효과를 낳을 수 있다. 따라서 교육에 관한 한 제도가 아니라 이 문제와 관련된 사람들의 의식이 바뀌어야 한다. 의식이 바뀌려면 사회 전반의 여건이 바뀌어야 하고 이것은 사회에 건전한 규범이 확립되었을 때 가능하다.

입시제도와 관련된 다른 문제로 고교평준화를 생각할 수 있다. 교육은 소득분배의 공평성을 회복하기 위한 가장 기본적인 방법이다. 우리 사회에는 불균등한 교육기회로 인해 소득분배가 불평등해진다는 인식이 강하다. 그래서 복지사회를 지향하고 소득분배의 불평등을 완화한다는 것이 고교평준화의 명분이었다. 고교평준화로 특정 지역 학생들이 명문대학에 다수 입학하는 현상을 어느 정도 완화시킬 수는 있을 것이다. 이것이 고교평준화의 진정한 목적이라면 이에 따른 사회적 비용을 감안할 때 결코 바람직하지 않은 정책이었다. 이것은 정치논리가 교육논리를 압도했던 전형적인 사례이다. 교육은 정치로부터 자유로워야 한다. 그러나 유감스럽게도 우리나라에서는 이 원칙이 지켜진 적이 없다. 정치인들이나 교육관료들은 이 점을 명심해야 한다.

고교평준화는 정부가 내세웠던 창의력creativity을 높이는 교육과도 모순된다. 언제부터인가 우리 사회에서는 창의력이 국가의 미래를 위한 핵심 가치가 되었다. 마치 창의력을 강조하는 교육을 시키면 국민 모두가 창의적인 사람이 될 수 있는 것 같은 분위기였다. 신문이나 방송에서는 창의적인 한 사람이 수만 명을 먹여 살린다는 등의 표현이 자주 등장했다. 그런데 창의력이란 정부와 언론에서 구호처럼 떠들어댄다고 해서 생기는 것이 아니다. 역으로 우리 사회는 창의력을 말살하는 데는 탁월한 능력을 가지고 있다는 사실을 제대로 인식해야 한다. 노벨상을 두 번 수상했던 퀴리 부인이 한국에서 태어났다면 평범한 화학교사로 생을 마쳤을 것이라는 자조적인 말이 무엇을 의미하는지 생각해봐야 한다.

현재 우리 사회에는 창의력을 키울 수 있는 선생님도, 창의력을 키워주는 제도도 거의 존재하지 않는다. 이러한 현실 인식을 바탕으로 창의력의 문제를 다루어야만 해결책을 모색할 수 있다. 무엇보다도 고교평준화는 창의력과 정반대의 발상임을 인정해야 한다. 그리고 지금 활동하는 교육자들 가운데 창의력을 제대로 이해하고 이를 위한 교육방법을 제시할 수 있는 사람은 극소수라는 사실도 인정해야 한다. 필자를 포함해 현재 활동하는 어떤 교육자도 어떻게 하면 창의력을 키울 수 있는지 잘 모른다. 이것은 마치 평생을 독재정권에서 요직을 맡았던 사람이 정권을 잡은 후 민주화를 위해 최선을 다하겠다는 말과 같다. 민주주의가 무엇인지 실제로 체험하지 않은 사람은 민주주의를 위해 기여할 수 없다. 그런 사람은 단지 민주주의라는 용어만 알고 있을 뿐이다.

우리 사회에 창의적인 사람이 많이 등장하기 위해서는 무엇보다도 창의적인 사고를 하는 사람을 존중하는 풍토가 조성되어야 한다. 스위스 베른의 특허사무소의 서기였던 아인슈타인이 위대한 물리학자로 변신할 수 있었던 것은 그 당시 스위스를 포함해 서구에는 창의적인 사고를 존중하는 풍토가 조성되어 있었기 때문이다. 학문적 배경이나 현재의 지위를 중시하는 우리나라와 같은 풍토에서는 아인슈타인과 같이 위대한 과학자가 탄생하기 어렵다. 이러한 사람을 포용하는 사회분위기가 형성되어 있어야 비로소 창의적인 사람들이 자유롭게 활동할 수 있는 것이다. 이와 같이 창의력의 문제도 결국 사회 전반의 분위기, 즉 다양한 사람들을 포용할 수 있는 사회규범이 형성되어 있는가와 무관하지 않다.

평준화는 앞에서 논의한 과학의 중요한 요소인 표준화와는 전혀 다른 개념이다. 평준화가 하나의 기준을 정한 뒤 모든 것을 억지로 여기에 맞추는 것인 반면 표준화는 어떤 정해진 기준을 시발점으로 해서 다양하게 발전해 나가는 것을 의미한다. 이러한 의미에서 평준화는 획일화와 유사하다. 특목고, 자사고 그리고 해외유학 등으로 대안을 마련할 수 있는 경제력이 있는 사람들에게는 평준화에 바탕을 둔 교육제도는 전혀 해당사항이 없다. 다만 아직도 정부의 정책을 믿고 따르고 있거나 사회규범을 지키려고 하는 선량한 다수의 사람들의 참여로 그 명맥을 이어가고 있다는 것이 더 정확한 표현일 것이다. 따라서 대학입시제도가 이들에게 불이익을 주어서는 안 된다. 한 가지 대안은 대학입시전형에서 입학정원을 공립고와 특목고 학생 수에 따라 정해진 비율로 나누어서 공립학교 학생들은 공립학교 학생들끼리 그리고 특목고 학생들은 특목고 학생들끼리 경쟁을 하게 하는 것이다.

고교평준화의 이상은 존중할 만하다. 그렇지만 현실적으로 달성하기 어려운 목표를 고집하는 것은 과학적 사고가 아니다. 이른바 모든 정책은 실행력을 고려해야 한다. 이러한 관점에서 고교평준화에 대한 대안을 모색해야 한다. 이 책에서 논의된 과학적 사고를 기반으로 하여 교육 전문가들과 관계자들이 선입관이나 편견 없이 우리 사회에서 고교평준화에 대한 대안으로 고교표준화[7]에 대한 논의가 활발하게 진행되기를 기대한다.

조기유학과 선행학습

교육과 관련된 다른 중요한 문제로 조기유학이나 선행학습과 같이 전 세계에 그 유래를 찾아볼 수 없는 우리만의 특이한 현상을 지적하지 않을 수 없다. 이러한 현실은 명문대학 출신을 우대하는 사회풍토, 자식이 좋은 대학에 진학하기를 바라는 부모의 염원, 좋은 대학을 나와야 좋은 직장, 좋은 배우자를 만날 수 있는 사회분위기 등 여러 가지 문제와 복잡하게 연결되어 있다. 그래서 이 문제를 분리해서 다루는 것은 적절하지 않다. 그럼에도 이 문제를 별도로 거론하는 이유는 우리나라 교육의 총체적 부실을 보여주는 대표적인 현상이기 때문이다.

어린 자녀를 해외로 유학 보낸다는 것은 한 가족에게 경제적으로나 정서적으로 커다란 문제이다. 우리나라에서 조기유학은 대부분 중, 고등학교에 재학 중인 학생들이 홀로 또는 엄마와 함께 해외에서 공부하는 것을 말한다. 이로 인해 가장인 아버지는 국내에

7 고교표준화는 평준화와는 상당히 다른 개념이다. 이것은 고등학교가 갖추어야 할 최소한의 인적, 물적 자원과 교육 프로그램에 대한 명확한 기준을 정한 후 이것을 충족한 고등학교에게 자신만의 고유한 교육 프로그램을 개발해 실행할 수 있는 권리를 부여하는 것이다. 그럼으로써 다양한 고등학교들이 공존할 수 있을 뿐만 아니라 나름대로 창의적인 교육을 시킬 수 있다. 이것은 하나의 선언적인 내용으로서 이에 대해서는 많은 연구가 필요할 것이다.

홀로 남아 해외에 거주하는 가족을 재정적으로 뒷받침해야 한다. 이른바 기러기 아빠가 되는 것이다. 문제는 이러한 가족의 숫자가 이미 상당할 뿐만 아니라 매년 그 숫자가 늘어나고 있는 실정이라는 데 있다. 필자가 과문한 탓인지 교육당국은 이 문제와 관련해 정확한 자료도 확보하지 않고 있으며 어떤 조치도 취하지 않고 있는 것처럼 보인다. 마치 조기유학은 순전히 개인적인 문제로서 선택의 폭이 넓어졌으니 좋은 것이라고 생각하는 듯하다. 교육당국이 이러한 생각을 하고 있다면 정말 큰 문제가 아닐 수 없다. 수많은 어린 학생들이 자기 나라의 교육환경에 적응하지 못하고 도피하듯이 해외로 유학을 떠난다는 것은 세계적으로 그 유례를 찾아보기 어려운 희귀한 사건이다.

조기유학을 간다고 해서 성공한다는 보장은 없다. 이에 대해서는 신뢰할 만한 자료가 없기 때문에 단정하기는 어렵지만 필자의 유학경험에 비추어 볼 때 상당수가 실패할 가능성이 높다. 그럼에도 불구하고 부모들이 막대한 재정적 부담을 지면서도 자녀를 해외로 보내는 이유는 한국에서 교육시키는 것보다는 나을 것이라는 막연한 기대 때문이다. 해외에서 한국인으로서의 정체성을 상실해 가면서 노력했지만 많은 학생들이 적응에 실패한다는 사실, 그리고 가족과 떨어져 살게 됨으로써 발생하는 여러 가지 사회문세를 감안할 때 조기유학은 결코 개인적인 선택의 문제가 아니라 모두 같이 고민해야 하는 사회문제이다. 정부나 언론에서 이 문제를 일회성 사건으로 다루는 것 자체가 문제의 본질을 모르고 있다는 증거이다.

선행학습은 조기유학과 반대의 관점에서 이해해야 한다. 조기유학이 우리 교육풍토에 적응하지 못해 발생하는 사건이라면 선행학습은 우리 교육풍토에서 우위를 점하려는 시도이다. 그렇지만 자녀들에게 유리한 교육환경을 만들어주겠다는 부모의 의지의 표현이라는 점에서는 마찬가지이다. 이 모두 학생 본인의 의사와는 무관하게 진행되는 일들이라는 공통점도 있다. 선행학습 또한 명문대학을 선호하는 사회풍토와 무관하지 않다는 점에서 우리 사회의 교육문제는 모두 한 가지 문제로 귀결되는 듯하다. 여기서는 선행학습이 우리 사회에 미치는 부정적 효과, 그리고 이를 극복하기 위한 방안에 대해 생각해보고자 한다.

선행학습은 경제적으로 여유 있는 부모들만 감당할 수 있다는 점에서 불공정한 경쟁의 대표적인 사례이다. 아직 우리말도 제대로 구사하지 못하는 어린애들이 조기영어교육의 붐으로 인해 비싼 강의료를 지불하면서 유치원에서 영어를 배우고 있는 것이 우리 현실이다. 초등학교 학생들은 중등과정에서 배울 내용을 미리 공부하며 중학교 학생들은 고교과정에서 배울 내용을 미리 공부한다. 이 추세는 대학으로까지 이어져 명문대학에 합격한 자녀들에게 입학하기 전 1, 2월에 대학교육에 대비해 선행학습을 시키는 모임도 구성되어 있다고 한다. 심지어 사법시험에 합격한 사람들이 판사나 검사로 임용되려면 좋은 성적을 얻어야 하므로 연수원 입소를 미루고 선행학습을 한다는 소식이 들리기도 한다.

과학적 사고를 기반으로 하여 지식을 전달하는 데는 단계별로 두 가지 측면을 생각할 수 있다.

첫째, 새로운 지식을 얻기 위해서는 지식을 전달하는 수단인 공통의 언어를 배워야 한다. 예를 들면 우리가 어려운 시나 소설을 읽고 이해하기 위해서는 우선 '가나다라' 부터 시작해서 한글을 깨우치고 그리고 문장을 읽고 쓰는 법을 배워야 한다. 시의 의미와 심오한 비유를 깨닫기 위해서는 상상력과 창의력이 필요하지만 우선 한글을 암기해야 한다. 암기를 무조건 전근대적인 교육방식으로 매도하는 분위기는 지식의 습득단계를 잘 이해하지 못하고 있는 것이다. 지식전달에서 암기가 차지하는 비중은 상당히 크고 중요하다. 암기의 장점은 비교적 짧은 기간에 집중적이고 기계적인 반복을 통해 상당한 성과를 얻을 수 있다는 데 있다. 이렇게 암기로 얻어진 지식은 지식의 다음 단계로 진입하기 위한 출발점으로서 역할을 한다. 마치 한글을 깨우친 후에 시와 소설의 내용을 이해하고 즐기게 되는 것과 같다.

둘째, 이렇게 배운 공통의 언어를 가지고 지금까지 축적된 지식을 이해하는 것이다. 처음부터 혼자 공부하는 것보다 이미 다른 사람들이 발견한 것부터 시작함으로써 학습기간을 획기적으로 줄일 수 있었다. 이러한 학습과정에서 한 가지를 가르치면 열 가지를 깨닫는 학생들이 나타난다. 이들이 바로 우리가 말하는 수재라고 할 수 있다. 과학적 사고의 관점에서 보면 학습이란 이렇게 한 가지

원리를 배워 이것을 열 가지 이상 더 다양한 상황에 적용할 수 있는 방법을 배우는 것이다. 그리고 과학적 사고에 의하면 이러한 학습원리는 누구나 체계적인 훈련을 통해서 터득할 수 있다. 과학적 사고에 의하면 누구나 수재가 될 가능성이 열려 있는 것이다.

선행학습은 이러한 과정을 무시하고 짧은 시간에 더 많은 답을 맞히기 위해서 상위지식을 습득하거나 출제 가능한 예상문제를 풀어보는 것을 말한다. 선행학습을 하는 학생들은 학교 강의시간에는 이미 알고 있는 내용을 듣고 있는 셈이며, 시험에서는 이미 알고 있는 문제를 푸는 격이다.

선행학습으로 우수한 성적을 받고 있는 학생들은 자신의 능력이 우수하다고 착각하기 쉽다. 안타깝게도 과학적 사고의 관점에서 보면 이들은 전혀 우수한 학생이 아니다. 왜냐하면 이들은 하나를 배워서 열을 알고 있는 사람이 아니라 남들은 하나를 알 때 열 가지를 미리 배운 사람이기 때문이다. 이미 강의내용을 알고 있고 문제풀이에 익숙해 있는 학생들이 성적은 좋겠지만 그것이 이들의 지적 능력을 보장하는 것은 아니다. 왜냐하면 남보다 미리 알아서 문제를 푼 것이지 남보다 더 생각을 잘 해서 문제를 푼 것이 아니기 때문이다. 훗날 대학에서 선행학습을 하지 않았던 과목을 수강하게 되면 이들의 사고능력은 보통학생들보다 뒤질 가능성이 크다. 스스로 생각하지 않고 주어지는 대로 받아들이는 데 익숙한 학생은 강의에서 들은 내용을 필기하고 중요한 것을 찾아내는 능력도 현저하게 떨어진다. 이러한 학생들이 대학에 와서 공부를 하게 되면 강의내용을 이해하려고 하기보다는 단지 시험에 나올 내용을 요약 · 정리한 노트를 요구할 뿐이다.

과학적 사고는 전혀 새로운 것을 접했을 때도 당황하지 않고 알고 있는 지식과 생각을 바탕으로 그것을 이해하는 방법을 터득하는 것이다. 여기서 중요한 점은 모르는 것을 접하게 된다는 사실이다. 이러한 과학적 사고의 특징은 단시간에 배울 수 없다는 점이다. 이것은 스스로 흥미를 갖고 꾸준히 다양한 문제에 접하면서 많은 시행착오를 거쳐야 터득할 수 있다. 단시간 배워서 창의력을 얻을 수 있고 나아가 몇 십 분 동안의 시험을 통해서 우열을 가릴 수 있다고 믿는 무모함은 과학적 사고의 원리를 이해하지 못한 데서 기인한다.

이러한 학생들은 자기가 원해서 스스로 선행학습을 받은 것이 아니라 부모의 강요에 못이겨 그리한 것이다. 이들에게는 오직 선행학습을 통해 시험에서 좋은 점수를 받는 것만이 중요하다는 생각이 각인되기 쉽다. 이들은 자신의 능력에 대한 왜곡된 우월감을 가지고 있거나 배움 그 자체에 대한 진지하게 받아들이는 자세가 결여되기 쉽다. 필자의 고등학교 시절에도 선행학습을 하는 친구들이 있었다. 그 당시에는 이러한 학생들의 숫사도 적었고 아무도 이들이 선행학습을 통해 얻은 좋은 성적을 부러워하지 않았다. 오히려 그렇게 해서 얻은 성적은 친구들 사이에서 인정받지 못하는 분위기였다는 편이 더 정확한 표현이다. 남보다 더 열심히 공부하는 것은 좋은 일이지만 초등학생이 중학생 교재, 중학생이 고등학교 또는 대학교 교재까지 가져다가 공부하고 남보다 나은 성적을 받는 것이 후일 본인에게도 적지 않은 아픔을 주지 않을까 우려된다. 이들도 이렇게 얻은 성적이 진정 자기가 남보다 우수한 능력을 가진 데 대한 보상이라고 생각하지 않을 것이다. 어린 학생들에게는 정정당당하게 경쟁하는 것을 가르치는 것도 중요하다.

자녀가 명문대학에 들어간 부모들은 자녀들에게 선행학습을 시켜 좋은 결과를 얻은 것으로 생각할 수 있다. 그러나 필자는 이러한 학생들은 선행학습을 하지 않고 정상적인 교육과정을 거치도록 했어도 좋은 결과를 얻을 수 있는 능력이 있는 학생들이라고 생각한다. 선행학습을 시킨다고 모든 학생들이 다 공부를 잘하게 된다면 자녀교육이 훨씬 더 쉬워질 것이다. 중요한 사실은 소수의 학생들만이 이러한 과정을 따라올 수 있는 성실성과 과도한 분량의 지식을 이해할 수 있는 학습능력을 가지고 있다는 점이다. 이렇게 우수한 자질을 가진 학생들은 성실성과 학습능력으로 과도한 선행학습을 잘 소화했지만, 스스로 생각해서 문제를 푸는 능력을 개발하지 못하는 상황에 처하게 된다. 그들은 몇 시간씩 고민하면서 새로운 문제를 풀어가는 과정에서 깨닫게 되는 과학적 사고의 가치나 이러한 노력 끝에 얻은 지식의 즐거움을 알 수 없게 된다. 그리고 이들은 등교해서 하루 종일 강의를 듣는 시간을 낭비하고 있는 것이다. 이것은 단지 시간낭비뿐만 아니고 사고능력의 낭비로 이어지기 때문에 더 심각하다. 충분히 과학적 사고를 배우고 익힐 수 있는 능력을 가진 학생들에게 이와 같이 득보다 실이 많은 선행학습은 지양되어야 한다.

문제는 이러한 선행학습이 얼마나 효과가 있는지 아무도 모르는 가운데 이루어지고 있다는 사실에 있다. 부모들은 자녀들이 경쟁에 뒤처질까 봐 선행학습을 시킬 수밖에 없다고 생각한다. 우리나라의 많은 부모들은 또 다른 유형의 용의자의 딜레마에 빠져 있는 셈이다. 이 딜레마로부터 이들을 구해줄 수 있는 어떤 조치도 불가능해보인다. 부모들 스스로 선행학습이 오히려 아이들의 잠재력을 훼손시킬 수 있다는 사실을 자각하지 않는다면 문제를 해결하기 어렵다. 부모들은 막연한 불안감에서 자녀를 검증되지 않은 선행학습에 맡기기보다는 스스로 우리 아이에게 적합한 교육이 무엇인지 진지하게 고민해야 한다. 그리고 다른 학생들과 불공정한 경쟁을 강요하는 것이 자신의 자녀에게 어떤 영향을 미칠 수 있는지도 고려해야 한다.

우리나라 사람들에게 유독 쏠림현상이 자주 발생한다. 그 이유는 다른 사람들과 달리 행동하는 데 따른 불안감이 상대적으로 크기 때문이다. 사람은 다른 사람들을 모방하려는 경향이 있음은 생물학적으로도 입증되었다. 때로는 복잡한 계산에 의존하지 않고 단순히 다른 사람들의 행동을 모방하는 것이 유리하다는 사실이 대부분의 사람들에게 각인되어 있다. 이것도 문화의 일부이다. 부모의 이러한 행동을 바꾸려면 건전한 사회규범을 형성하는 것 이외에 다른 대안이 없다. 우리 시대를 대표하는 첼리스트 요요 마가

한 인터뷰에서 어린 시절 어떤 교육을 받았는지에 대한 질문에 다음과 같이 대답했다.

"우리 시대 부모는 자식의 성공만을 바라면서 교육을 시켰습니다. 자식의 행복에 대해서는 고려하지 않았습니다……."

우리나라의 부모들은 이 말이 의미하는 바를 진지하게 고민해야 한다. 그래야만 무엇이 진정 자녀를 위한 교육인지 깨닫게 될 것이다.

학벌문제

앞에서 언급했듯이 우리 사회에서 발생하는 교육문제는 대부분 학벌에 대한 사회적 평에서 비롯된다. 만약 어느 대학, 어떤 학과를 나왔든 오직 그 사람의 능력에 의해 사회적 평가가 결정된다면 교육문제는 대부분 해결될 것이다. 굳이 명문대학에 진학시키려 하지 않을 것이고, 따라서 선행학습도 필요 없으며, 조기유학을 보낼 필요도 없어진다. 그러나 현실은 그렇지 않다.

학벌문제는 고졸과 대졸을 차별하는 것과 어떤 대학을 졸업했는가 하는 문제로 나누어볼 수 있다. 어느 나라, 어느 시대에나 학력에 따른 차별은 존재한다. 역으로 학력에 차이가 있음에도 똑같이 대접하는 사회는 형식적인 평등을 추구하는 것으로 오히려 여러 가지 부작용을 초래한다. 문제는 학력에 따른 사회적 차별의 정도에 있다. 우리 사회에서는 지나친 차별로 인해 여러 가지 문제가 드러나고 있다. 한 개인이 고등학교를 졸업하는 것으로 공식적인 교육을 마친 데는 여러 가지 이유가 있을 것이다. 이것을 단순히 개인의 능력부족으로 간주하는 사회는 불평등을 조장하는 것이다. 명문대학을 졸업하지 못한 학생들은 고등학교 시절 여러 가지 이유로 공부에 집중하지 못했기 때문이다. 이렇게 일생에 한 번 실수했다는 이유 때문에 평생 만회할 기회를 박탈하는 사회는 건전하지 못하다. 이러한 사회에서는 많은 사람들이 사회를 원망하기 때문에 건전한 사회규범이 형성되기 어렵다.

오늘날 사회는 상상하기 어려울 정도로 복잡하다. 어떤 문제를 해결하려면 복잡하게 얽혀 있는 모든 부문에서 동시에 문제 해결을 위해 노력해야 한다. 사회가 학벌을 중시하는 데는 나름대로 이유가 있다. 명문대학을 졸업한 사람은 그렇지 않은 사람들보다 우월한 인적 네트워크를 가지고 있을 가능성이 높다. 기업의 입장에서는 개인적인 능력도 검증되었으므로 이러한 사람을 고용하는 것이 더 유리하다고 생각할 것이다. 사회 모든 분야에서 이렇게 생각하고 있다면 누구나 명문대학을 졸업하고 싶어 할 것이다. 이러한 사실을 잘 알고 있는 부모들은 무슨 수단을 써서라도 자녀를 명문대학에 진학시키기 위해 전력투구하게 된다. 이러한 악순환의 고리는 매우 견고해 쉽게 깨지지 않는다. 이것이 오랫동안 우리나라에서 벌어지고 있는 학벌문제의 핵심이다.

이와 같이 해결하기 어려운 학벌문제에 대한 현실적인 대응방안이 있는가? 이 문제와 관련해 개인적인 해결방안과 사회적 해결방안을 생각해볼 수 있다. 여기서 다루는 방안이 학벌문제를 근본적으로 해결해줄 수는 없지만 이러한 시도조차 없다면 문제는 더욱 악화될 것이다.

우선 개인적인 차원에서 명문대학에 입학하지 못한 학생들의 자세에 획기적인 변화가 있어야 한다. 부모의 뒷받침이 부족해 명문대학에 입학하지 못했다는 변명으로 자신의 인생을 낭비해서는 안 된다. 한 번 실패했다고 해서 더 이상 기회가 없는 것이 아니다. 필자가 이와 같이 당연한 얘기를 강조하는 이유는 실제로 많은 학생들이 대학생활을 무기력하게 보내는 것을 경험했기 때문이다. 비록 자신이 대학입시경쟁에서는 실패했다 하더라도 이것을 만회할 기회가 있다고 믿는다면 자신이 재학하는 대학에서 열과 성을 다하는 것이 마땅하다.

언론에서는 종종 학벌문제를 다루지만 우리 사회는 이것을 해결하려는 의지를 보이지 않는다는 점에 비추어 학벌 자체가 상당 부분 학생들의 능력을 반영한다고 믿는 것 같다. 학벌만큼 개인의 능력을 측정할 수 있는 더 나은 수단이 존재하지 않는다고 생각하는 사람들이 많은 것이다. 따라서 학벌로 인한 불이익을 극복하려면 무엇보다도 개인적인 노력이 중요하다. 다른 사람보다 몇 배 더 노력도 하지 않고 학벌로 인해 부당한 대우를 받고 있다고 불평하는 것은 입장을 바꿔 생각하면 설득력이 떨어진다는 사실을 알아야 한다.

학벌문제는 사회적 관점에서도 진지하게 고민해야 한다. 우리나라에서 명문대학으로서 확고한 위치를 점하고 있는 대학은 오히려 학벌문제가 거론되는 자체를 즐기고 있는 것 같다. 자신이 소유한 땅이 비옥하므로 척박한 땅을 소유한 사람에 대해 연민의 정을 가지고 있지만 자신의 땅을 넘보는 행위는 용납 못하는 것과 다를 바 없다. 기존 명문대학들은 학벌문제를 해소하는 데 관심이 없다. 이들은 이것이 심각한 사회문제이며 다음 세대를 이어갈 많은 젊은이들에게 중요한 문제임을 인식하지 못하고 있다. 이들은 현재 누리고 있는 기득권을 최대한 즐기려고 할 뿐이다.

명문대학들의 공통점은 교육을 잘 해서 좋은 학생을 배출하는 것이 아니라 우수한 학생을 선점하려고 한다는 것이다. 그리고 이들은 이미 포화상태에 도달한 수험생들의 학습량이나 경제적 부담을 줄여줄 생각은 하지 않고 그 효력이 검증되지 않은 논술이나 시험을 추가함으로써 입시와 관련된 학생과 부모의 부담을 더 늘리려고 한다. 이렇게 해서 우수하기보다는 성적이 좋은 학생을 확보하면 대학의 위상을 높일 수 있다고 생각한다. 이것 또한 용의자의 딜레마의 전형이다.

소위 명문대학들이 법학대학원이나 약학대학원 등의 신설을 위해 군소대학이나 신생대학들과 경쟁하는 이유가 무엇이겠는가? 이들이 지금도 충분히 명문대학이라는 확신이 있다면 이러한 것들은 학벌타파를 통한 사회발전 차원에서 다른 대학들에게 양보해도 좋을 것 같다. 그렇지만 이러한 사안이 생길 때마다 이것을 독점 내지 선점하겠다는 명문대학의 행태를 보면 강자가 약자를 지배한다는 밀림의 논리가 대학사회에도 그대로 적용되는 것 같아 안타까울 뿐이다. 스스로 명문대학이라고 주장하려면 명문대학답게 후발대학들에게 양보하는 미덕을 보여주면서 학문의 질을 높이고, 새로운 분야를 개척하여 학문의 새로운 지평을 열어야 할 것이다. 국내에서 이미 확보한 기득권을 향유하는 데 안주한다면 이들 대학들이 우리 사회에 기여할 여지는 없다.

사회의 어느 분야나 서열은 존재하기 마련이다. 기업의 경우에도 시장에서는 블루칩, 옐로우칩이라고 하면서 1등 기업과 2등 기업을 구분한다. 이것은 마치 평론가들이 매일 쏟아지는 많은 문학작품들을 읽고 어떤 문학작품이 좋은 것인지 평가하는 것과 유사하다. 따라서 대학서열이 어느 정도 대학에 대한 사회의 평가를 종합적으로 반영한 것임을 인정해야 할 것이다.

문제는 대부분의 대학들이 학벌문제로 인한 불이익을 극복하고자 하는 노력보다는 대학서열 경쟁에만 매진함으로써 대학 고유의 발전모형을 상실해간다는 사실에 있다. 대학은 영국 프리미어리그에 속한 축구팀이 아니다. 따라서 일렬로 줄을 세우는 것이 곧 대학발전 나아가 우리나라 교육발전에 기여하는 길이 아니다. 역으로 형식적인 서열경쟁에 매진하다 보면 대학 자체의 고유한 기능을 상실할 수도 있다. 따라서 대학은 스스로 새로운 영역을 개척해 나가야 한다. 이를 위해서는 대학 자신이 어떤 목표를 세우는 것이 바람직한지 진지하게 고민해야 한다. 특정 분야의 교육이나 연구에 특화하는 것도 한 가지 방법이다. 그리고 무엇보다도 사회가 대학에게 변화를 준비할 수 있는 일정한 유예 기간과 기회를 주어야 한다. 이것은 강요할 수 있는 일이 아니므로 기업이 어떤 결정을 내리든 정부나 대학이 간섭할 수 없다.

교육문제는 어느 특정 분야만 관련된 문제가 아니라 사회 모든 분야가 관련된 종합적인 문제이다. 기업도 사회의 중추적인 일부로서 일정 부분 이 문제의 해결에 참여해야 할 의무를 갖고 있다. 기업에서 중요한 요소 가운데 하나가 팀워크이다. 그렇다면 기업은 신입사원을 선발하는 과정에서 단순히 학벌이나 영어시험성적보다는 취업희망자의 인성이나 경험 등에 더 많은 비중을 둘 수 있다. 최근 이러한 기업들이 늘어나고 있다는 사실은 학벌문제를 고려할 때 고무적이다. 대부분의 기업들이 취업희망자의 인성과 경험 등에 더 많은 비중을 주는 것이 하나의 패러다임이 된다면 우리 사회의 고질적인 학벌문제에 대한 해결방안을 모색할 수 있을 것이다.

우리 사회에서 학벌문제라고 하면 늘 학벌이 좋은 사람들이 학벌이 뒤지는 사람들에게 불이익을 주는 것으로 인식되고 있지만 그 반대의 경우도 있다. 많은 사립대학에서 본교 출신과 타교 출신의 마찰은 잘 알려져 있다. 이러한 마찰은 교수뿐만 아니라 교직원 사이에서도 뿌리 깊게 유지되어 온 것을 보면 학벌문제의 상당 부분은 졸업한 대학교의 문제만이 아니라 사회구성원들의 인성과 더 많이 관련된 것으로 보인다. 외부에 나가서는 학벌의 피해를 입었다고 하면서도 학내에서 자신이 누리고 있는 학벌의 혜택은 당연한 것으로 받아들인다면 이것도 학벌의 폐해에 해당한다. 학벌 때문에 차별을 받거나 불이익을 받은 사람들조차도 본인이 필요하면 학벌을 내세우는 이중적인 잣대도 해결되어야 하는 문제이다. 따라서 학벌문제를 포함해서 사회갈등을 유발하는 모든 문제에 대해 사회구성원들 모두 일정 부분 공동의 책임이 있다는 사실을 공유해야 한다. 그래야만 스스로 자신의 이익을 포기하는 결단을 내릴 수 있으며 이로부터 문제해결의 실마리를 풀 수 있다.

대학교육

마지막으로 대학의 교육문제와 관련해 학생과 교수의 자세에 대해 언급하려고 한다. 대학에서 배우는 학생들은 두 부류로 나눌 수 있다. 하나는 지식을 수단으로 생각하는 학생들이고 다른 하나는 지식을 목적으로 생각하는 학생들이다. 교수의 경우도 마찬가지이다. 가르치는 것을 수단으로 생각하는 교수들이 있는 반면, 가르치는 것을 목적으로 생각하는 교수들도 있다. 이러한 두 타입의 학생과 교수가 만나 교육이 진행되면 어떤 일이 벌어질 것인가? 이것은 단순히 호기심을 자극하는 질문이 아니다. 실제 우리 대학의 교육현장에서 벌어지는 상황을 냉정하게 평가할 필요가 있다는 점에서 중요한 문제이다.

우리 대학교육의 큰 문제 중의 하나는 지식을 목적이 아니라 수단으로 생각하는 학생들이 급속히 증가하고 있으며 나아가 이것이 대세로 자리 잡아 가고 있다는 것이다. 이들은 취업을 위해 필요한 지식을 얻는 데 대학교육이 부족하다고 생각하고 있으며 새로운 지식을 습득하는 과정에서 얻는 기쁨에는 관심이 없다. 이들에게는 오직 좋은 학점을 받아 졸업하는 것만이 중요하다. 이들에게 진정한 지식이란 무엇인지, 과학적 사고는 왜 필요한지, 나아가 우리가 삶에서 추구할 것은 무엇인지에 대한 교수의 강의는 그저 지루한 이야기에 불과하다. 많은 학생들이 학점을 잘 받아 졸업 후 좋은 직장에 취업하는 것을 당연한 목표로 생각한다. 졸업 후 취업하는 과정에서 필요한 지식은 대학에서 기본적으로 가르치고 있다. 그렇지만 대학은 여기서 머물지 않고 한 걸음 더 나아가 학생들이 지식을 목적으로 받아들였을 때 얻을 수 있는 즐거움에 대해 가르쳐 주려고 한다.

대학생활을 막 시작하는 신입생들은 지식을 받아들이는 자세에서 목적과 수단 중에서 어디에 더 우선권을 둘 것인지 고민하게 된다. 대부분의 학생들은 자의반 타의반 중 · 고등학교 교육에서 익숙해진 대로 지식을 수단으로 선택하는 경향이 있다. 여기서 자의반 타의반이라고 하는 것은 학생들이 이러한 문제 자체에 대해서 심각하게 고민하지 않는다는 뜻이다. 중 · 고등학교에서 대학입시를 목표로 하루의 대부분의 시간을 공부에만 전념할 것을 강요당했던 학생들에게는 지식은 수단이었지 목적이 될 수 없었다. 이들에게 배움 그 자체가 인생에 큰 즐거움이라는 사실을 이해하라는 것은 무리한 요구이다. 필자도 어린 시절에는 모르는 수많은 단어의 뜻을 외우고, 알지 못하는 사실들을 이해하기 위해서 많은 고통을 감내해야 했기 때문에 어른들이 배우는 즐거움을 이야기했을 때 그 의미를 이해할 수 없었다. 그러나 이러한 교육과정을 꾸준히 밟아오던 중 어느 순간 배움의 고통을 극복하고 난 후 자신이 몰랐던 새로운 세상에 대해 눈을 뜨는 기쁨을 알게 되었다. 늙지 않고 젊음을 유지하는 방법 가운데 "늘 새로운 것을 배우는 것에 대한 도전을 멈추지 않는다"는 조언이 의미하는 바를 이해해야 한다. 배움을 통해 깨닫게 되는 즐거움은 과학자들이 과학적 발견을 통해서 얻었던 즐거움과 일맥상통한다.

강의를 진행하다 보면 지식을 수단으로서 받아들이는 학생들에게는 여러 가지 문제점이 드러난다. 먼저 이들의 지적 수준과 이해도를 시험해보면 문제가 심각하다. 이들은 아는 것은 많지만 어느 것도 정확하게 아는 것이 없다. 객관식이나 주관식 문제에 정답은 쓰지만 그 답에 대한 설명은 하지 못한다. 그 이유는 대학입시를 준비하는 과정에서 최대한 많은 문제들의 답을 맞혀야 하므로 질보다는 양의 관점에서 지식을 얻으려 했기 때문이다. 문제의 답을 구하는 것은 지식의 첫 번째 단계이다. 여기서 한 단계 더 올라가려면 그 문제와 문제에 포함된 예문, 그리고 답과 오답에 대해 설명할 수 있어야 한다. 그 다음 최종 단계는 새로운 문제를 만들 수 있는 능력을 갖추는 것이다. 입시 위주의 중·고등학교 수준에선 답을 맞히는 단계에서 지적 능력을 확인하면 되지만 사회에 나가서 활용할 수 있는 지식을 다루는 대학교육에서는 두 번째 이상의 단계를 습득할 것을 요구한다. 그런데 이러한 학생들은 지적 능력을 두 번째 단계 이상으로 끌어 올림으로써 지식의 질을 높이는 노력을 하려는 의지를 보이지 않는다. 다른 재화와는 달리 지식이란 양이 아니라 질이 중요하다는 사실을 인식하는 것이 무엇보다 중요하다.

지식이 목적인 학생이라도 하루 종일 또는 대학 생활 내내 공부만 하는 것은 아니다. 이들 사이에서 보이는 가장 뚜렷한 차이는 강의에 참여하는 태도에서 나타난다. 정해진 강의시간에 강의내용에 대해 집중하고 관심을 가지고 있는 학생들은 지식에 목적을 두었을 가능성이 높다. 이들은 강의를 시작하기 전에 지난 강의에서 무엇을 배웠는지 또는 오늘 무엇을 배울지 생각하면서 강의 준비를 하는 학생들이다. 반면 지식을 수단으로 하는 학생들은 그날 배운 지식은 그대로 잊어버리고 있다가 시험이 닥치면 급박하게 단편적으로 지식을 습득하려 한다. 따라서 이들에게는 학기말 고사를 치루고, 방학이 지나고 나면 전 학기에 배운 과목에 대한 아무런 지식도 남아 있지 않게 된다. 단기간 알고 있다가 잊어버리는 단편적인 지식은 축적되지 않기 때문에 학생들은 더 높은 수준의 전공지식을 얻을 수 없다.

이 학생들의 차이는 성적으로 나타나지는 않는다. 꾸준히 공부하는 학생과 시험을 앞두고 몰아서 공부한 학생은 성적에서도 분명히 차이가 나야 한다. 그러나 현재 국내 대학들에서 나타나는 성적 인플레이션으로 인해서 이들에 대한 변별력이 현저하게 떨어지고 있다. 지식을 수단으로 생각하는 학생들도 성적표의 결과만 본다면 대학공부를 제대로 하고 있다는 착각에 빠질 수 있다.

이것은 모든 대학과 대학원과정에서도 공통적인 현상이다. 이에 대한 일차적인 책임은 학생들과 교수들에게 있지만 우리 사회도 그 책임을 면할 수 없다. 사회에서는 종종 대학이 사회에서 필요한 인재를 양성하지 못한다고 비난한다. 그런데 정확하게 말하면 이것은 기업체에 필요한 인재를 양성하지 않는다고 해야 맞다. 대학은 사회에 필요한 인재를 양성하는 곳이지 어느 특정한 기업체의 입맛에 맞는 인재를 양성하는 곳은 아니다. 인재란 주어진 어떤 상황에도 적응할 수 있는 지식인을 의미한다. 대학의 역할에 대한 그릇된 편견은 대학생들이 지식을 목적으로 선택하지 못하게 하는 주요 원인을 제공한다. 학생들은 졸업 후 취업하는 것만이 이 사회가 기대하는 대학의 최종목표라고 생각하게 만들기 때문이다.

대학에서 교육을 담당하는 교수들 가운데도 가르침을 자신의 입신立身을 위한 수단으로 생각하는 사람들이 적지 않다. 이들은 교수라는 지위를 신분상승이나 금전적 이익의 수단으로 생각하는 사람들이다. 이들 강의의 특징 중 하나는 언제나 수강하는 학생 수가 많다는 것이다. 그 이유는 이들이 후한 학점과 함께 학생들이 편하게 따라올 수 있는 수준으로 강의의 양과 진도를 조절해 가르치고 있기 때문이다. 따라서 이들 강의에 대한 학생들의 평가는 늘 호의적이다. 수강생의 숫자와 학생 평가로만 보면 대학에서 바람직한 교수라고 할 수 있다. 이것은 "악화가 양화를 구축한다"는 법칙이 대학교육에도 적용되는 사례이다. 이러한 성향의 교수들이 점점 늘어나고 있는 것이 우리 대학의 현실이다.

반면 일부 교수들은 학생들의 평가나 반응과는 무관하게 오직 자신의 신념에 따라 학생들에게 진리라고 믿고 있는 지식을 전달하고자 심혈을 기울인다. 이러한 교수에게 강의는 단순한 지식전달에 그치지 않고 학생들이 지식을 제대로 습득했는지 확인하는 것까지 포함한다. 이들은 학생들이 강의시간마다 배움에 대한 진지한 태도를 꾸준히 유지해 몸에 익힌다면 강의에서 얻는 지식 이상으로 졸업 후 인생을 살아가는 데도 큰 버팀목이 될 것이라고 믿는다. 문제는 오늘날 대학교육의 현실로 인해 이러한 교수들의 신념이 점점 약해지고 있다는 사실이다.

가르치는 사람이 강의에 진지하게 임하면 당연히 강의에 임하는 학생들에게도 똑같은 진지함을 기대하게 된다. 지식을 수단으로 생각하는 학생들은 강의는 다 똑같은 강의이고 졸업을 하기 위한 통과의례 정도로 생각하기 때문에 진지함 없이 강의에 임하게 된다. 가르침을 수단으로 생각하는 교수는 이러한 학생들에게 아무런 제재를 가하지 않는다. 이러한 교수에게는 가르침이라는 것이 난지 수단이기 때문에 학생들의 강의태도에 대해 뭐라 지적할 필요를 느끼지 못한다. 가르침이 목적인 교수는 이러한 상황을 그냥 지나칠 수 없다. 지식을 얻는 데 기본인 배움의 과정에서 꼭 필요한 사항을 놓치고 있는 학생들이 안타까워 수시로 귀에는 거슬리는 질책을 하게 된다. 교수는 질책도 배움의 한 과정이고, 배움에서는 태도가 중요하다는 것이 학생들에게 전달되기 바란다. 나아가 지금은 학생들이 다 이해하지 못해도 훗날 학생들이 이것을 기억하고 그들 인생에 도움이 될 것까지도 기대한다. 그렇지만 배움을 수단으로 하는 학생들에게는 이러한 질책이 아무런 가치가 없거나 오히려 반감을 유발하게 된다는 것이 현재 대학의 현실이다. 이러한 상황이 계속되면 그런 교수의 강의에 대한 학생평가는 곤두박질치게 되고 심한 경우에는 다음 학기 강의가 폐강되는 사례가 발생하기도 한다.

성실한 교수가 같은 전공에서 비슷한 과목을 십여 년 이상 가르치게 되었을 때 매년 새롭게 강의를 준비하는 과정에서 여러 가지 다른 교과서들을 면밀히 검토하게 된다. 이러한 준비과정이 몇 해 쌓이게 되면 본인이 석 · 박사과정에서는 몰랐던 부분을 새롭게 발견하게 된다. 이러한 과정을 통해 자기 나름대로 배움의 소중함을 알게 된다. 이렇게 깨달은 것을 학생들에게 전달하고 싶은 사명감과 호의적인 학생들의 반응에 대한 기대감이 해당 교수를 한 번 더 즐겁게 할 수 있다. 교수는 자신이 깨달은 것이 강의내용 못지않게 학생들에게 유용할 것이라 믿고 강의시간에 학생들에게 이야기하게 된다. 이러한 강의는 지식을 목적으로 하는 학생들에게 감동을 줄 수 있다. 그러나 지식을 수단으로 하는 학생에게는 이러한 강의는 시간낭비로 간주된다. 지식을 수단으로 공부하는 학생들은 시험문제에 나오지 않을 내용에는 전혀 관심이 없기 때문이다. 자신들에게는 아무 소용도 없는 것을 나이든 교수는 왜 지루하게 이야기하는가 생각하고 있는 학생들의 표정을 읽게 되면 교수는 실망을 넘어서 자괴감까지 가지게 된다. 가르침을 수단으로 생각하는 교수는 학생들의 수준에 맞게 강의한다면, 가르침을 목적으로 생각하는 교수는 학생의 수준을 높이려고 강의한다. 현재 우리 사회의 대학생들이 어떤 교수의 강의를 들으려고 할지 궁금하다.

지식이나 가르침을 수단으로 생각하는 교수나 학생들은 배움 그 자체가 무척 힘들고 어려운 것이라는 선입관이나 두려움에 사로잡혀 있는 것 같다. 그래서 지식을 목적으로 하려면 많은 시간과 노력을 투입해야 하는 것으로 오해하기도 한다. 지식에 대한 수단과 목적의 가장 중요한 차이는 배움의 양에 있는 것이 아니고 배움에 참여하는 태도에 있다. 지식을 목적으로 받아들인다고 해서 배움을 위해 특별하게 더 많은 시간이나 노력이 필요한 것은 아니다. 다만 늘 머릿속에서 내가 무엇을 새롭게 배웠는지, 또 앞으로 무엇을 배워야 하는지에 대해 지속적인 관심과 진지함을 요구한다. 즉 배움에 대한 태도로서 학생이 지식을 어떻게 추구하는지 구별할 수 있게 된다.

지식에 대한 순수한 관심 혹은 호기심이 과학의 출발점이었다. 이러한 관심을 기반으로 해서 과학적 사고가 개발되었고 이로 인해 과학적 지식의 급속한 축적이 가능했다. 이렇게 축적된 과학적 지식은 오늘날 우리가 누리고 있는 물질문명을 이룩하는 원동력이 되었다. 따라서 대학에서는 학생들이 지식을 목적으로 하고 여기서 얻어진 지식과 배움에 대한 진지함을 통해 과학적 사고능력을 배양할 수 있게 되기를 바라는 것이다.

인간에게는 기본적인 세 가지 욕망이 있다고 한다. 그것은 식욕, 수면욕 그리고 성욕이다. 이들 모두 사람이 살아가면서 피할 수 없는 것으로서 무엇과도 바꿀 수 없는 육체적, 정신적 쾌감을 주는 것들이다. 그런데 지난 200여 년 동안 과학을 기반으로 한 새로운 세계가 열리면서 또 하나의 욕망이 추가되었다. 이것이 바로 지식욕이다. 이제는 먹고 자는 것만큼 얼마나 알고 있는가 하는 것이 우리가 삶을 영위하는 데 중요하게 되었다. 과학이 발전하면서 사람들은 지식을 통해 물질적인 만족뿐만 아니라 이보다 더 중요한 정신적 만족도 얻을 수 있다는 사실을 알게 되었다. 대학에서는 사람이 살아가면서 느낄 수 있는 기쁨 중에서도 지식탐구와 지식을 깨우쳤을 때 얻는 기쁨, 즉 지식욕의 미덕과 가치를 학생들에게 전달하려고 한다. 지식탐구는 인류가 추구해온 소중한 가치로서 인류의 정신문화사와 선진사회가 이것을 증명하고 있다. 지식탐구는 대학에 국한되고, 그것도 학문에만 국한된 것으로 간주하는 우리 사회의 근시안적인 풍토를 앞으로 어떻게 극복해야 할지 걱정이다.

학생이 지식을 목적과 수단 중에서 어떤 의미로 이해하든 그것은 그 학생의 자유의지에 의한 선택이다. 다만 수단으로 택한 학생들이 사회에 진출한 후 대학이 사회발전에 기여하는 바가 없다고 비난하는 것은 잘못된 것이다. 왜냐하면 이 학생들은 대학 본연의 역할을 제대로 배우지 못하고 졸업한 사람들이기 때문이다. 마치

이솝 우화 「여우와 신포도」와 같이 자신이 취하지 못했던 것에 대해 그 가치를 모르면서 무조건 좋지 않을 것이라고 말하는 것과 같다.

시간이 걸리더라도 우리 사회에서 대학은 지식을 목적으로 하는 학생들과 가르침을 목적으로 하는 교수들이 만나는 곳으로 거듭나야 한다. 그리고 좋은 강의를 위해서는 교수의 적극적인 자세가 필요하지만 더 중요한 것은 강의를 받는 학생들의 태도이다. 대학의 명성에는 일류, 이류가 있지만 대학에서 다루고 있는 지식에는 일류나 이류가 없다. 백번 양보해서 실험실습기기나 수업내용의 질과 양에서 조금씩 차이가 있을 수는 있다. 그러나 대학 교육에서 가장 중요한 배움에 대한 진지한 태도에는 일류나 이류의 구별이 없다. 이것은 본인 스스로 노력에 의해 얻을 수 있는 가치이기 때문이다. 어느 대학에 가든 지식을 목적으로 진지한 배움의 태도를 가지게 되면 대학을 다니는 소정의 목표를 달성하는 것이다. 이것이 바로 선진사회에서도 대학마다의 명성에는 차이가 있지만 일단 대학을 졸업한 사람들의 능력에서는 차이가 많이 나지 않는 이유이다.

대학에서 배움의 즐거움을 알게 된 학생들은 이로 인해 졸업 후에도 정신적으로 풍요롭게 살아갈 수 있다. 정신적인 풍요를 즐길 줄 아는 사람은 스스로 행복할 수 있는 방법을 깨닫게 된다. 나아가 사회구성원 모두의 행복을 위해 우리 사회의 여러 가지 문제에 대해 고민하고 그것을 해결할 수 있는 방법도 모색하게 된다. 이들이 우리 사회를 유지하고 발전시킬 수 있는 정신적 사회지도층이다.

이상 우리나라의 대표적인 교육문제 몇 가지를 중심으로 현황과 해결방안에 대해 간단히 논의했다. 필자의 생각으로는 교육문제의 상당 부분은 건전한 사회규범의 확립을 통해 해결할 수 있다. 물론 오랜 시간이 걸릴 것이다. 그렇지만 만성적인 병을 치유하려면 시간이 오래 걸린다는 사실을 알아야 한다. 우리에게 교육문제는 만성적인 문제이므로 이것을 해결하려면 이에 합당한 시간이 필요하다. 해결하는 데 오랜 시간이 필요한 문제를 조급하게 해결하려 했던 기존의 실수를 더 이상 되풀이해서는 안 된다.

사회지도층과 사회규범

사회가 복잡해지면 종전에는 없었던 새로운 문제들이 등장한다. 불과 수십 년 전만해도 우리 사회는 전형적인 농업중심의 사회였다. 이러한 사회는 단순하기 때문에 사회문제 또한 단순했다. 그러다가 경제발전과 더불어 우리 사회도 어느 사회 못지않게 복잡해졌다. 특히 세계화의 영향으로 외국과의 교류가 활발해짐으로써 외국과의 분쟁이 많아졌으며, 외국인 근로자들이 다수 국내에서 살아가게 됨으로써 종전에는 없었던 외국인 근로자 문제까지 등장했다. 또한 자본시장 자유화의 여파로 금융시장은 항상 불안정한 모습을 보이고 있다. 나아가 남북관계가 불안정해짐에 따라 이에 대처하는 방안에 대한 현저한 견해차로 인해 여러 가지 갈등이 발생하고 있다. 이른바 변동성, 불확실성 그리고 복잡성으로 대변되는 현대 사회의 특징이 우리 사회에서도 사람들의 일상생활에 적지 않은 영향을 미치고 있다.

사회가 복잡해지고 다양한 가치가 공존하면서 여러 가지 갈등이 발생할 때 이에 대한 사회적 합의가 제대로 이루어지지 않으면 그 사회는 형식으로는 공동체의 면모를 유지하지만 사실상 해체된 것이나 다름없다. 우리 사회가 아직 이러한 지경에 이른 것은 아니지만 우리가 자주 목격하는 소모적인 갈등을 목격할 때마다 불안한 생각을 떨치기 어렵다. 우리는 마치 면도날 위에서 불안정한 균형을 취하고 있는 것은 아닌가 하는 생각이 들기도 한다. 이러한 상황에서 특히 중요한 것이 사회지도층의 자세이다. 사회지도층이 누구를 지칭하는지 일반적으로 정의하기는 어렵다. 시대에 따라 사회에 따라 사회지도층은 달라지기 때문이다. 현재 우리 사회에서 사회지도층에는 누가 포함될 수 있는지 생각해볼 필요가 있다.

앞에서 우리 사회에서 진정 사회지도층으로 자격을 갖기 위해 필요한 자질에 대해 언급했었다. 여기서는 현실적으로 사회지도층으로 간주되는 사람들의 행동에 대해 언급하려 한다. 이들은 사회구성원들로부터 정당한 권위를 인정받고 있는 계층으로서 평균 이상의 지식과 전문성을 갖추고 있으면서 사회구성원들에게 직·간접적으로 영향을 미칠 수 있는 지위에 있는 사람들을 말한다. 구체적으로는 행정부와 입법부 그리고 사법부에 속한 일정 직급 이상의 관료와 국회의원 및 법조인들, 주요 공공기관의 임원들, 주요 민간기업의 임원들, 각 분야의 전문가들, 대학교수들, 중견 언론인들과 방송인들이 포함될 수 있다. 이것은 어디까지나 예시에 불과하며, 사회지도층이라면 누구를 지칭하는지 사람들 간에 묵시적인 합의가 있는 것으로 간주한다.

한 사회가 건전성을 유지하기 위해서는 사회지도층의 역할이 중요하다. 특히 우리 사회에서 이것은 중요한 의미를 갖는다. 왜냐하면 우리 사회에서 사회지도층에 속한 사람들은 사회로부터 받는 혜택에 비해 합당한 의무를 다하지 않고 있다는 비판이 만만치 않기 때문이다. 사회지도층에 대한 우리 사회의 부정적인 시각이 근거가 있는 것인지 살펴보고 대안을 마련할 필요가 있다. 이에 대한 논의를 시작하기 전 우리가 명심해야 할 역사적 사실 두 가지를 언급하려고 한다.

첫째는 임진왜란 당시 전쟁터에서 목숨을 걸고 싸우고 있던 이순신 장군을 불러서 파직했다가 다시 백의종군하게 했던 사실이다. 조선시대 당파싸움이 심했다는 것이 식민사관에 물든 학자들에 의한 역사왜곡이었다고 우리 자신을 위로해도 좋다. 그러나 이순신 장군에 대한 이처럼 분명한 사실은 우리 선조들의 파벌싸움이 얼마나 심했는지 분명히 보여주고 있다. 국가의 안위가 걸려 있는 상황에서도 그렇게 했다는 역사적 사실이 그 시대에 국한된 것이 아니라 현재 우리 사회에서도 비슷하게 반복되고 있는 것은 아닌지 의문이 든다. 당시와 비슷한 상황은 아니지만 지금도 개인이나 특정 계파의 이익을 지키려고 진정 국가를 위해 헌신하려는 사람을 음해하고 모함하는 사람들이 득세하고 있는 것은 아닌지 생각해볼 필요가 있다.

둘째는 한국전쟁이 발발했을 때 대통령을 포함해 정부 요직에 있는 사람들은 서울을 벗어나 피난을 갔으면서도 서울 시민들에게는 서울을 사수하겠다는 방송을 했다. 그들이 실제로 레코드판을 무한으로 재생하도록 조작해 서울 사수 방송을 했었는지 확인하지는 못했다. 필자는 아직도 이것이 과장된 것으로서 그 진위가 잘못 알려진 것이라 믿고 싶다. 그렇지만 그들이 국민들을 위해 먼저 위험을 감수하려는 자세를 보이지 않았다는 사실만은 부인할 수 없다. 그리고 이러한 비겁한 행동을 감추기 위해 국민들에게 허위정보를 제공했던 것도 사실이다. 이러한 연장선상에서 현재 주요 공직자들이 국민의 공복으로서 국민에게 모든 것을 사실대로 밝히고 필요하다면 먼저 위험을 감수할 준비가 되어 있는지 의문이다.

우리 역사에서 수치스러웠던 이러한 사례를 언급하는 이유는 사회가 복잡해질수록 사회지도층의 역할이 중요하기 때문이다. 노블레스 오블리주는 서구역사에서 사회지도층의 당연한 의무였다. 그들은 이것을 당연한 사회규범으로 받아들였기 때문에 필요한 경우 자연스럽게 그 정신을 실천할 수 있었다. 그렇지만 우리 사회에서 이것은 어느 누구도 실천하지 않는 가운데 단순한 구호에 그치고 있다. 노블레스 오블리주라는 용어는 알지만 이것을 실천한다는 것이 무엇인지 모르는 가운데 사회지도층으로 군림하려는 사람들이 대부분이다. 이것이 우리 사회의 현실이다. 권리는 챙기고 의무는 다른 사람에게 전가하는 천민적인 발상이 우리 사회의 의식을 낮은 수준으로 끌어내렸다.

예전의 왕족사회에 비해 민주주의사회에서는 사회지도층의 영향력이 더 커졌다. 그 이유는 사회구성원 모두가 주인일 수도 있고 아니면 아무도 주인이라 주장할 수 없는 경우도 있기 때문이다. 자본주의사회에서 사회지도층은 성공한 계층이라 할 수 있는데, 이들이 사회규범을 잘 지키느냐에 따라 그 사회가 건강한지 아닌지 결정된다. 우리 사회에서는 아직도 봉건시대의 잔재가 남아서인지 사회지도층이 지배자로서 군림하려는 듯 행동하는 경우를 자주 목격할 수 있다. 형식적으로는 평등사회지만 그들의 의식 저변에는 봉건적 잔재가 남아 있기 때문이다.

필자는 우리 사회가 진정 선진사회로 발전하려면 무엇보다도 사회지도층의 의식상승이 필요하다고 본다. 그리고 이들의 의식상승을 위해서는 과학적 사고와 건전한 사회규범을 생활화할 필요가 있다고 생각한다. 그들의 정서에 호소하는 것만으로는 의식상승을 이끌어낼 수 없기 때문이다. 누구든 구태를 벗고 새로운 모습으로 다시 태어나기 위해서는 의식 자체가 달라져야 한다. 그런데 무지한 상태에서는 의식상승이 이루어질 수 없다. 또한 사회구성원으로서 지켜야 할 사회규범을 무시한다면 의식상승은 불가능하다. 사회지도층이라면 과학적 사고를 습득할 능력이 있는 사람들이다. 여기서는 사회지도층이 건전한 사회규범을 형성하고 이를 지키기 위해서는 어떤 덕목을 갖춰야 하는가에 초점을 맞추고자 한다. 이들을 위해 세 가지 덕목을 지적하고 싶다. 이것은 누구나 알고 있는 교과서적인 덕목들이지만 온고이지신의 정신에 입각해 그 의미를 되새길 필요가 있다. 이러한 덕목은 절제, 솔선수범 그리고 언행일치이다. 이것은 어디까지나 사회지도층의 책무를 강조하기 위한 것이다. 진정 사회발전을 추구하는 사회지도층이라면 이러한 덕목을 기본으로 더 많은 책임과 의무를 통감해야 한다. 이것이 부담스러운 사람들은 사회지도층으로서 자격이 없다.

절제

절제는 자신의 지위와 권한을 이용해 사리사욕을 추구하지 않으면서 필요하다면 자신의 권한의 일부를 포기할 수 있는 자세를 의미한다. 구체적으로 무엇이 절제에 해당하는지 생각해보자. 사회지도층에 속한 사람들은 대개 어린 시절 어려운 형편에서 열심히 노력해 성공한 것에 대해 보상받고자 하는 심리가 있다. 그래서 관행으로 굳어진 각종 특혜를 당연하게 여기는 경향이 있다. 자신의 선배도 그랬고 앞으로 후배들도 그 자리에 있으면 그리할 것이므로 아무런 죄의식이 없다. 이들은 자신의 권리에 대해 확신에 가까운 신념을 가지고 있다. 예를 들어 중앙부처의 고급관료가 업무상 관련 있는 민간기업의 법인카드를 사용하는 경우가 종종 있다고 한다. 필자는 이것이 사실이 아니기를 바랄 뿐이다. 만약 이것이 사실이라면 이들은 이것을 관행으로 알고 아무런 죄의식 없이 편리하게 사용했을 것이다. 그들이 절제의 정신을 이해한다면 법인카드를 사용해서는 안 된다. 또한 이로 인해 관련 기업에 어떤 불이익도 있어서는 안 된다. 진심으로 이러한 자세를 유지할 수 있는 사람만이 사회지도층으로서 자격이 있다.

절제는 여러 가지 형태로 나타날 수 있다. 교수가 학생들의 성적을 평가할 때 성적이 나쁜 학생을 불러 특별한 사정이 있었는지 들어본 후 최종 성적을 부여하는 것도 절제의 한 유형에 해당한다. 국정감사장에서 국회의원이 피감사인을 향해 고함을 지르거나 거드름을 피우는 경우가 자주 있다. 국회의원이 국정감사를 하면서 피감사인을 날카롭게 추궁하되 적절한 예의를 갖추는 것도 절제의 한 유형에 해당한다. 검사가 피의자를 상대로 엄정하게 심문하되 피의자의 인격을 존중하는 것도 절제의 한 유형이다. 이와 같이 절제는 실생활에서 다양하게 나타날 수 있다. 절제는 무엇보다도 권한이 많은 사람에게 필요한 덕목이다.

경제발전과 함께 많은 기업들이 빠르게 성장했다. 그 결과 10여 년 전에 비해 일반인들이 상상하기 어려운 액수의 보수를 받는 전문경영자와 임원들이 다수 등장했다. 자본주의체제에서 기업가치에 기여한 정도에 비례해 전문경영자나 임원에게 많은 보수를 지불하는 것을 합법적으로 막을 수 있는 방법은 없다. 이들은 노력에 합당한 보수를 받는다고 생각할 것이고, 이것이 자본주의의 원리이다. 그런데 기업의 근로자들은 그들의 막대한 보수로 인해 위화감을 느낄 수 있다. 그들은 자신들이 착취당하고 있다고 생각할 수도 있다. 이러한 가능성을 고려해 진정으로 기업의 미래를 걱정하는 전문경영자라면 자신의 보수 중 일정액을 초과하는 부분을 종업원들의 복지기금으로 기부할 수 있다. 이러한 일이 벌어진다면 종업원들의 사기가 올라가 기업 실적이 좋아질 것이고, 이로 인해 자신의 명성이 올라갈 뿐만 아니라 보수도 증가하게 될 것이다. 전문경영자의 절제가 이러한 선순환이 일어나는 데 좋은 영향을 미칠 수 있다. 물론 이것은 하나의 가상 시나리오이다. 그렇지만 사회지도층의 절제가 단순히 개인의 변화에 그치지 않고 사회 전반에 긍정적인 되먹임 효과feedback effect를 초래할 수 있다는 점에서 충분히 고려할 만하다.

절제는 개인의 차원에서만이 아니라 조직의 차원에서도 행해질 수 있다. 구체적인 사례로 의사협회나 변호사협회가 강화된 자체 정화시스템을 마련하는 것을 들 수 있다. 의사협회에서 의료사고 문제를 공정하게 해결하기 위한 자체 정화시스템을 갖추는 것이 이러한 예이다. 또한 의사들의 진료기록에 대한 주기적인 검토와 평가를 통해 진료나 처방에 대한 표준화가 이루어짐으로써 진료의 객관화를 추진하는 것도 이러한 예에 해당한다. 이를 통해 지역별 의료 서비스의 격차가 점차 해소될 것이다. 이렇게 함으로써 의사로서 사회적 책임을 완수하고 일반인들의 신뢰와 존경을 회복할 수 있다.

법조인들 역시 판례의 표준화를 통해 최대한 자의적인 재판을 줄이는 노력을 해야 한다. 그럼으로써 의뢰인이 어느 정도 재판결과를 예측할 수 있도록 해주어야 한다. 그러면 전관예우와 같은 불공정한 사례를 막을 수 있을 뿐만 아니라 법률지식이 부족하다는 이유로 인한 불이익을 줄일 수 있다. 나아가 변호사협회는 회원들의 권익을 옹호하는 데 초점을 맞추기보다는 변호사로서 권한을 남용하는 사례를 막을 수 있는 자체 정화시스템을 강화해야 한다. 이것이 진정 국민의 기본권을 수호하는 길이다.

의사들이나 법조인들의 모임에서도 그동안 앞 세대 선배들이 물려준 그릇된 관행에 대해 자성의 목소리와 함께 사회적 책임에 대한 논의가 꾸준히 진행되고 있다. 「벌거벗은 임금님」 우화에서와 같이 방관하고 있던 현명한 사람들이 이제는 어떤 방향으로 나아가야 할지 소신을 당당하게 밝혀야 한다. 인터넷 발달에 힘입어 의료지식과 법률지식이 일반인들에게 퍼져나가는 속도를 감안한다면 이들 집단이 스스로 자체 정화시스템을 서둘러 확립하지 않으면 결국 타율적으로 규제를 받게 될 수도 있다. 의료계와 법조계가 우리 사회에서 차지하는 영향력은 어느 집단보다 크다. 따라서 모든 사회구성원들에게서 존경받고 본인 스스로 직업에 대한 자긍심을 회복할 수 있도록 행동으로 보여줄 것을 기대해본다.

절제가 좀 더 발전된 형태가 자기희생이다. 이것은 일반적으로 기대하기 어려운 경지이다. 사회규범이란 일반적으로 적용 가능할 때 의미가 있다. 따라서 자기희생을 요구한다는 것은 사회규범의 범위를 벗어난 것이다. 그렇지만 사회지도층이 자기희생을 보여준다면 그 효과는 엄청날 것이다. 사회지도층 가운데 리더로서 부상하려면 생활 속에서 자신의 이익을 양보하고 살았는지에 대해 사회의 검증을 받아야 한다. 이를 바탕으로 리더가 되려는 사람은 대중에게 군림하기보다는 심부름꾼으로서 공익을 위해 자신의 지식과 능력을 발휘해야 할 것이다.

솔선수범

솔선수범은 초등학생도 잘 알고 있는 말로서 설명할 필요조차 없다. 문제는 사회지도층이나 집단의 리더가 되고자 하는 사람이 갖추어야 할 가장 기본적인 덕목이 솔선수범이라는 사실이 우리 사회에서는 철저하게 외면당하고 있다는 데 있다. 노블레스 오블리주는 바로 사회지도층의 솔선수범을 지적하는 말인데 이를 실천하는 사회지도층을 찾아보기 어렵다.

우리 사회에는 조직의 리더가 되는 경우 적당히 지시나 하면서 자신의 권한을 즐기려는 사람들이 많다. 그렇다고 해서 이것이 부하직원이 해야 할 일을 리더가 해야 한다는 의미는 아니다. 어떤 조직이든 분업과 협업을 바탕으로 작동한다. 따라서 조직의 리더는 리더로서의 역할과 책임이 있다. 그렇지만 현실적으로는 궂은 일들은 부하직원이 대신하므로 리더는 주로 명예로운 일에만 관여하는 경우가 대부분이다. 이러한 관행이 되풀이되다 보면 부하직원들의 고충을 간과할 수 있다. 이러한 의미에서 리더는 수시로 그들의 고충을 이해하고 겸허한 자세를 유지하기기 위해 스스로 궂은 일을 경험할 필요가 있다. 예를 들면 미국의 어느 도시의 시장은 일주일에 하루는 그 도시에서 일하는 청소부나 최하위직의 일을 하면서 서민의 생활을 챙겼다고 한다. 우리나라에서도 어떤 노동조합의 조합장으로 선출된 사람이 노동자로서 일상의 일을 하면서 조합장의 직책을 수행하겠다고 한 적도 있었다. 이와 같이 민주사회에서 사회지도층이란 지배자가 아니고 그 집단을 위해서 봉사하기 위해 뽑힌 사람이라는 사실을 잊지 말아야 한다. 솔선수범이란 진정한 공복으로서의 정신을 회복하는 것이다.

선거철이 돌아오면 국회의원에 출마한 후보자들이 서민들이 사는 지역을 순회하면서 그들의 일을 거드는 장면을 심심치 않게 보여준다. 이것은 솔선수범이 아니다. 그 후보자들은 오직 유권자들의 관심을 끌기 위해 그러는 것뿐이다. 그들이 진정 솔선수범의 정신을 지키려면 국회의원 당선 후 매주 일정 시간을 할애해 지역구의 낮은 곳을 방문해 그들과 애환을 같이해야 한다. 이 경우 언론에 알리지 않는다는 전제조건이 붙는다. 과연 이러한 정신을 실천하는 국회의원이 몇 명이나 될지 의문이다. 이들을 포함해 공직에 있는 사람들의 솔선수범은 실질적으로 마음에서 우러나와야 한다. 자신의 홍보나 승진을 위해 형식적으로 솔선수범을 행하는 것은 모두 위선이다.

고위공직자에 대한 청문회를 보면 이들이 솔선수범의 정신을 얼마나 망각히고 있는지 확인할 수 있다. 자식의 군대 면제, 자녀 취학을 위한 위장 전입, 배우자의 부동산 투기 그리고 본인의 탈세 등은 청문회에서 자주 거론되는 사안들이다. 이러한 행위는 솔선수범에 반하는 행위일 뿐만 아니라 국민들의 의식수준을 낮추는 행위이이다. 이들은 자신들이 보유한 우월한 정보를 바탕으로 더 많은 이익을 추구했을 뿐이다. 이러한 경우 대부분 적당한 변명과 형식적인 사죄 후 그 자리에 임명된 사람들이 막상 임기가 끝나면 많은 보수를 받는 로펌이나 대기업의 고문으로 자리를 옮기는 것 또한 솔선수범에 반하는 행위를 넘어서서 몰염치한 행동이다. 공직에 있는 동안 사회에 기여하는 것에 보람을 느끼기보다는 막강한 권한을 즐기고 퇴임 후에는 금전적인 이익을 추구하려는 마음을 갖고 있는 한 그들로부터 솔선수범을 기대하는 것 자체가 무리이다.

이러한 관행이 바뀌지 않는 현실을 고치려면 무엇인가 특단의 조치가 필요하다. 자발적인 솔선수범이 불가능한 경우에는 제도적으로 솔선수범을 강요하는 것도 한 가지 대안이다. 따라서 일정 직급 이상의 공직에 취임하려 할 때는 그 공직에서 근무한 기간에 비례해 사회의 낮은 곳에서 봉사하는 것을 제도화하는 것도 고려할 만하다. 직업 선택의 자유를 규제하는 이러한 제도에 무리한 점이 있다는 것을 인정한다. 그러나 이렇게 해서라도 뿌리 깊은 관행을 타파하려는 노력과 실천이 있어야 비로소 우리 사회에서 그들의 솔선수범이 정착되기를 기대할 수 있다.

언행일치

언행일치 또한 초등학생도 이해할 수 있는 말이니 더 이상 설명이 필요 없다. 현실적으로 언행일치는 결코 쉬운 일이 아니다. 아마 예수나 석가와 같은 성인들이나 지킬 수 있는 경지일 것이다. 그럼에도 사회지도층에게 이것을 요구하는 이유는 건전한 사회를 위해 일반인들에 비해 상대적으로 언행일치를 실천하려 더 많이 노력해야 하기 때문이다. 정도의 차이는 있지만 이들의 언행은 사회에 적지 않은 영향을 미칠 수 있다.

언행일치라는 관점에서 가장 많이 반성해야 하는 계층은 정치인들이다. 이들은 국민을 상대로 자의반 타의반 거짓말을 하는데 익숙해 있다. 역으로 말해 국민들은 정치인들이란 당연히 거짓말을 하는 사람들로 간주한다. 국민들은 이들 가운데 누가 거짓말을 덜 하는가에만 차이가 있다고 생각하기에 정치인의 언행에 대해 냉소적이고 부정적인 반응을 보인다.

정치인들이 하는 거짓 약속은 대개 공약의 형태를 띤다. 공약은 보통 출신 지역에 막대한 정부 예산을 투입하는 사업을 유치해 시행하는 것을 내용으로 한다. 이러한 공약 가운데는 현실적으로 이행하기 어려운 것들도 있고, 나름대로 근거가 있는 것도 있다. 후자의 경우라 하더라도 그들은 특정 사업이 지역경제나 국민경제 차원에서 객관적으로 어떤 효과가 있는지보다는 이것을 이용해 얼마나 많은 표를 얻을 수 있는지에 더 관심이 있다. 이것은 정치논리가 경제논리를 압도한다는 것을 의미한다. 정치인들은 객관적이고 합리적인 원칙에 입각해 진지하게 검토한 후 공약을 제시하는 자세를 보여야 한다. 그들이 과학적 사고를 해야 하는 이유는 이것 때문이다. 미래사회에서는 과학적 사고를 훈련받지 못한 사람들은 정치인으로서 자격이 없다.

그러나 정치인들이 스스로 이렇게 변하리라 기대하기 어렵다. 그들에게는 이러한 요건이 구속력이 없기 때문이다. 따라서 그들이 공약을 남발하지 않고 가급적 언행이 일치하는 행동을 일상화하도록 하려면 제도적인 장치가 필요하다. 즉, 언행일치를 실행하는 사람들이 정치인으로 활동할 수 있도록 유도하는 제도적 장치가 필요하다. 예를 들면 선거제도를 더 엄격하게 관리하고, 후보자간 상호감시를 제도화해서 상대방의 선거캠프에 자기 진영의 사람을 파견해 선거법의 준수 여부를 감시하는 제도를 실시하거나 일정한 한계 내에서 낙선운동 등을 합법화할 필요가 있다. 이러한 과정에서 상대방을 중상모략하는 일은 엄단하는 조치를 병행하면 정치인들의 공약남발이나 언행불일치를 어느 정도 완화할 수 있다.

우리 사회의 정치풍토를 보면 다음과 같은 우화가 떠오른다. 예전에 바보나라가 있었다고 한다. 그 나라가 바보나라가 된 이유는 간단했다. 똑똑한 사람들이 견디지 못하고 하나둘 떠나기 시작하더니 결국 모두 떠나고 난 후에 바보들만 남게 되었다는 이야기이다. 우리 사회에는 진정 존경을 받을 만한 정치인이 드물다. 그 이유는 이 우화가 시사하는 바와 같지 않나 생각한다. 이제 우리 정치계에는 국가와 민족을 위해서 자신의 역량을 발휘하겠다는 의지와 사명감을 가지고 있는 사람들이 나이, 학력 및 출신과 관계없이 많이 진출해야 한다. 또한 젊은이들은 자신들이 살고 있는 사회에 대한 책임감의 일부로서 투표에 적극 참여해야 한다.

언행일치는 정치인뿐만 아니라 공직에 있는 사람들, 그리고 주요기업의 소유주나 전문경영자와 같이 사회적으로 지도자의 위치에 있는 사람들 모두가 지켜야 하는 기본적인 덕목이다. 이미 지적했듯이 그들이라고 해서 항상 이 원칙을 지킬 수는 없다. 우리가 원하는 것은 그들은 일반인들보다는 언행일치를 위해 남다른 노력을 보여주어야 한다는 점이다. 이것이 어려운 사람들은 스스로 사회지도층의 자리에서 물러나야 한다.

우리 사회에는 말을 아끼는 사람들보다 말을 많이 하는 사람들이 훨씬 많다. 말이 많으면 반드시 실수하게 되어 있다. 그래서 중국의 노자老子도 "말이 많으면 자주 궁해지니, 가슴에 묻어두는 것만 못하다"多言數窮 不如守中고 했던 것이다. 그리고 옛말에 모든 화근이 세치 혀에서 나온다고 한 것도 진실이다. 국가를 대표하는 대통령을 위시해 정부의 요직에 있는 사람들, 나아가 사회지도층에 속한 모든 사람들은 자신의 말이 사회에 미치는 영향력을 내심 즐기는 것처럼 보일 때가 자주 있다. 이것은 천박한 행동이다. 자신의 말이 사회에 미치는 영향력이 클수록 말을 신중하게 하는 자세를 생활화해야 한다. 그러면 사회구성원들은 그들의 말을 더 신뢰하게 될 것이고, 이로 인해 사회 전반에 신뢰의 분위기가 조성될 수 있다. 이것이 언행일치를 강조하는 이유이다.

우리 사회의 미래 전망

20세기 최고의 철학자 가운데 한 사람인 러셀B. Russell은 제2차 세계대전을 종료시킨 원자폭탄의 가공할 위력을 경험한 후 『인류에게 미래가 있는가?』라는 책을 저술하고 반핵운동을 주도했었다. 그의 예언이 적중했는지 지구촌 곳곳에서 잊혀져가던 원자탄의 망령이 되살아나고 있으며 상상을 초월하는 원전사고로 전 세계는 현재 엄청난 불안에 휩싸여 있다. 우리의 미래가 어떻게 전개될지 누구도 자신 있게 예측하기 어려운 실정이다. 이 모든 것이 위대한 물리학자 아인슈타인이 발견한 '세상에서 가장 아름다운 방정식' 으로부터 비롯되었다는 것은 대단히 역설적이다.[8] 아름다움과 추함은 결국 하나의 실체의 다른 면에 불과한 것이 아닌가 하는 생각이 든다.

인간은 과학을 통해 자연의 숨은 질서를 탐구했고, 이러한 노력의 결실로 상당 부분이 밝혀졌다. 그럼에도 우리는 여전히 거대한

---

8 이 방정식은 $E=mc^2$을 말한다.

자연의 일부만을 이해할 뿐이다. 이해할 수 없는 자연의 가공할 힘이 언제, 어디서, 어떤 방법으로 우리가 성취한 모든 것을 무력화할지 모른다. 물론 자연은 그럴 의도가 없으며 우리가 그렇게 해석할 뿐이다.

과학발전을 주도한 것은 인간의 순수한 호기심이었다. 자연과 마찬가지로 과학도 처음부터 어떤 의도나 계획을 바탕으로 발전한 것은 아니었다. 최초의 순수한 호기심이 새로운 과학적 지식의 발견으로 이어졌고, 이러한 과정이 지속되면서 인간의 계획과 의지가 개입하게 되었던 것이다. 그 결과 과학 본래의 순수한 정신은 일정 부분 퇴보하고 인간의 탐욕과 편견이 대신 그 자리를 차지하게 되었다. 모든 것은 변한다는 원칙은 과학의 경우에도 예외가 아니다.

그렇지만 우리는 과학발전으로 인해 인간은 물질적인 풍요만 아니라 의식상승이라는 정신적인 풍요까지 경험하게 되었다는 사실을 인정해야 한다. 과학발전이 없었다면 인류는 지금도 무지와 야만 그리고 주술의 세계를 벗어나지 못했을 것이다. 이러한 의미에서 우리는 과학발전을 가져온 원동력에 대해 다시 한 번 진지하게 생각해봐야 한다. 왜냐하면 이 원동력을 우리 사회에 적용할 수 있다면 현재 우리를 괴롭히는 여러 가지 사회문제들에 대한 이성적인 해결방안을 찾을 수 있다고 생각하기 때문이다. 그리고 이러한 생각은 과학적 지식을 이용해 다양한 사회현상을 설명하려는 최근의 몇몇 시도와도 맥을 같이 한다.

과학은 복잡하고 다양한 자연현상의 이면에 숨어 있는 질서와 힘을 발견하고 해석해줌으로써 우리가 자연을 이해하고 활용할 수 있는 길을 열어주었다. 우리는 이러한 질서를 바탕으로 자연이 조화와 균형을 유지할 수 있다는 사실을 알게 되었다. 이것은 사회도 마찬가지이다. 우리는 복잡하고 다양한 사회현상을 지배하는 질서와 힘이 존재한다는 것을 알게 되었다. 그런데 자연과 다른 점은 이러한 질서와 힘을 생성하는 주체는 초월적인 존재가 아니라 바로 우리 자신이라는 사실이다. 우리 자신이 어떤 질서를 만드는가에 따라 우리 자신과 우리 후손들의 삶이 영향을 받는 것이다. 이러한 의미에서 자연현상보다 사회현상이 더욱 상대적이면서 자기완료적이다.

양자역학은 자연현상을 진정 객관적으로 관찰하는 것은 불가능하다는 것을 보여주었다. 어떤 경우에도 관찰자와 관찰대상을 분리할 수 없다는 것이 입증되었다. 이 점에서 자연과 사회가 본질적으로 차이가 없지만 자연현상에 비해 사회현상에는 우리의 주관적인 생각이 더 많이 개입한다는 사실은 부인할 수 없다. 이것은 어쩔 수 없는 인간의 한계이다. 인간은 어떤 경우에도 자기중심적이고 이기적인 시각을 완전히 버릴 수 없다. 이러한 한계를 극복할 수 있는 존재가 있다면 그것은 오직 시공간을 뛰어넘는 높은 차원의 의식을 가진 존재일 것이다. 평범한 인간에게서 이러한 경지를 기대할 수 없다. 우리는 모두 시공간의 제약 속에서 사고하면서 살아가고 있는 존재일 뿐이다. 따라서 우리는 평범한 인간들이 모여 사는 사회에서 발생하는 여러 가지 사회문제를 해결하기 위한 방안을 검토해야 한다. 필자는 이러한 문제에 대한 해결방안을 모색하는 데 과학적 사고가 큰 도움을 줄 수 있다고 믿는다.

사회는 수많은 다양한 사람들로 구성된 복잡한 조직이다. 개인적인 경험과 타고난 본성의 차이뿐만 아니라 세대 간의 차이, 성별 차이 등으로 인해 항상 여러 가지 사회문제가 발생하고 있다. 아무리 현명한 사람이라도 사회문제를 모두 해결할 수는 없다. 역으로 모든 문제를 해결할 수 있다고 주장하는 사람은 사이비이거나 선동가일 뿐이다. 우리가 기대할 수 있는 것은 사회공동체를 유지·발전시키는 데 장애가 되지 않도록 이러한 문제들을 조정하고 완화시키는 것이다. 이것은 현재 우리 세대를 위해서가 아니라 미래 세대를 위해 절실하게 필요하다. 그리고 이것은 건전한 사회규범이 형성되면 가능하다고 본다. 나아가 과학적 사고가 건전한 사회규범을 확립하는 데 기여할 수 있다는 것이 필자의 시각이다. 우리가 과학적 사고를 수용하는 것은 미래 세대를 위한 최소한의 배려이다. 우리 같이 후손들의 미래를 많이 걱정하는 세대가 이러한 준비를 하지 않는다는 것은 이율배반적이다.

우리는 사회규범에 대해 자유를 구속한다거나 시대착오적이라는 생각을 할 수도 있다. 특히 여러 가지 정치적, 경제적, 그리고 사회적 갈등을 체험하지 못한 젊은 세대는 그렇게 생각할 수도 있다. 그렇지만 사실은 정반대이다. 자연에도 숨은 질서가 있어 우주만물이 조화와 균형을 유지하듯이 사회에도 사회규범이 있어야 사회가 조화와 균형을 유지할 수 있다. 중요한 것은 건전한 사회규범과 그렇지 않은 사회규범을 구분하는 일이다. 우리에게는 사회구성원 모두가 지킬 수 있도록 표준화되어 있으면서 객관적으로 수용할 수 있는 덕목을 반영한 사회규범이 필요하다. 이러한 사회규범은 사회의 조화와 균형을 유지시켜 사회발전에 기여하지만 그렇지 않은 사회규범은 오히려 부조화와 무질서를 조장해 사회공동체를 와해시킬 수 있다.

우리 후손들이 평화롭게 행복을 추구하기 위해 필요한 사회규범을 형성하는 데는 적지 않은 시간이 소요될 것이며 사회구성원 모두의 적극적인 참여가 요구된다. 어떤 경우에도 건전한 사회규범은 사회구성원들의 자발성에 의존해야 하기 때문이다. 따라서 우리는 이러한 시간을 단축하고 노력을 절약할 수 있는 방법으로는 무엇이 있는지 고민해야 한다. 이러한 관점에서 필자는 과학적 사고를 사회규범에 접목시키는 작업은 상당한 의미를 가진다고 믿는다. 이미 앞에서 언급했듯이 과학적 사고의 장점은 불필요한 논쟁으로 인한 사회적 낭비를 줄여주는 것이기 때문이다.

불멸의 작곡가 베토벤의 9번 교향곡, 일명 합창 교향곡을 생각해보자. 지휘자의 지휘에 맞춰 여러 가지 다양한 악기들과 사람의 목소리가 절묘한 조화를 이루면서 듣는 사람들에게 커다란 감동을 준다. 이러한 교향곡을 들을 때 여러 가지 소리가 무질서하게 합쳐진 소음이 아니라 절묘하게 어우러진 화음으로 들리는 이유는 교향곡 전반에 걸쳐 이어지고 있는 다양한 소리들의 조화와 균형 때문이다. 그리고 이러한 소리의 조화와 균형은 우연히 형성된 것이 아니라 예술적 영감을 바탕으로 작곡가가 작곡의 원칙을 따랐기 때문에 가능한 것이다.

사회도 마찬가지이다. 각자 나름대로 자신이 원하는 가치를 추구하지만 이로 인해 불협화음이 생기고 갈등이 증폭되는 것을 피할 수 있을 때 비로소 사회는 하나의 공동체로서 건전하게 유지될 수 있다. 이것을 가능하게 만드는 무형자산이 바로 건전한 사회규범이다. 이러한 사회규범은 시간이 흐르면서 자연스럽게 형성되는 경우가 일반적이지만 사회구성원들이 과학적 사고로 무장하고 있다면 더욱 빨리 형성될 수 있다고 생각한다. 이에 해당하는 사례로는 앞에서도 잠깐 언급했던 좌측보행에서 우측보행으로의 전환을 들 수 있다.

우리 사회에서 좌측보행은 일제시대 이래 오랜 관습이었다. 관습이란 쉽게 바뀌지 않는 사회규범의 일부이다. 그런데 최근에 이것이 우측보행으로 바뀌고 있다. 우측보행을 선호하는 근거는 우측보행을 하면 교통사고를 줄일 수 있을 뿐만 아니라 다른 사람과 접촉 가능성이 낮아져 더 효율적이라는 것이다. 지금 당장은 사람들이 오랜 습관으로 인해 혼란이 있지만 조만간 우측보행이 대세가 될 것이다. 이것은 과학적 사고를 반영해 사회규범이 형성될 수 있다는 것을 보여주는 사례이다. 나아가 이것은 과학적 사고를 반영한 사회규범이 사회구성원 모두에게 바람직한 결과를 가져다 줄 수 있다는 것을 보여준다. 이미 앞에서 강조했듯이 과학발전을 가져온 기본 특성인 재현성과 예측력을 갖춘 사회규범은 누구나 지키려 할 것이고 이로 인해 서로에 대한 신뢰까지 높아질 수 있다.

오늘날 우리 사회는 변동성, 불확실성 및 복잡성으로 대변되는 예측 불가능한 상황에 처해 있다. 이로 인해 우리 후손들이 미래에 어떤 상황에서 살아가야 할지 예측하기 어렵다. 우리 세대가 그들을 위해 특별히 노력을 하지 않는다면 그들은 더욱 변동성이 심하고 불확실한 여건에서 쉽지 않은 삶을 살아야 할 것이다. 우리를 둘러싸고 있는 자연환경과 사회환경 모두 그들에게 더욱 불리하게 작용할 것이기 때문이다. 이것은 미래 세대에 대한 우리의 책임을 외면하는 것이다.

현재 우리나라에서 일자리를 구하지 못한 청년백수가 100만 명을 넘었다고 한다. 이것은 비단 그들만의 문제가 아니며 현재의 문제만도 아니다. 이것은 우리 모두의 문제이며 우리 후손들이 살아야 할 미래의 문제이기도 하다. 일자리를 구하는 것을 포기하고 적당히 현실에 안주해 살기로 작정한 젊은 세대가 점점 늘어나고 있다는 사실은 그들이 미래에 대해 아무런 희망을 갖지 못하고 있다는 명백한 증거이다. 또한 우리는 아직도 지역감정을 완전히 극복하지 못했으며 노사갈등, 빈부격차의 확대는 언제라도 우리 사회를 분열시킬 수 있는 뇌관처럼 잠복해 있다. 오랫동안 우리를 괴롭혀온 남북문제도 어떤 방향으로 전개될지 전혀 예측할 수 없는 미궁에 빠져 있어 많은 사람들을 불안하게 하고 있다. 무엇보다도 젊은 세대는 기성세대를 전혀 이해하지 못하며 기성세대 또한 젊은 세대와 소통이 불가능하다는 사실이 우리 사회의 미래에 대한 전망을 어둡게 하고 있다. 시간이 지날수록 세대 간의 갈등이 증폭될 것이라는 우려가 현실로 다가오고 있다.

이와 같이 어느 하나 쉽게 해결하기 어려운 여러 가지 사회문제들이 우리 앞에 놓여 있기에 우리의 임무는 후손들이 더 안전하고 평화로운 가운데 자신이 원하는 가치를 추구할 수 있도록 사회적 기반을 만들어주는 것이다. 이를 위해서는 사회구성원 모두의 자발적인 참여와 희생이 요구된다. 더 이상 무임승차가 용납되어서는 안 된다. 우리는 과거 모든 선진문명은 정신이 물질을 통제했을 때 번성했고 그 반대의 경우에는 몰락의 길로 접어들었다는 역사적 교훈을 잊어서는 안 된다. 그러한 정신은 지식과 믿음이라는 두 개의 축이 절묘하게 조화를 이룰 때 힘을 발휘한다는 사실 또한 잊지 말아야 한다. 지식의 영역과 믿음의 영역을 혼동하는 가운데 이루어지는 정신작용은 오히려 적지 않은 부작용을 낳았다는 역사적 사실이 이것을 뒷받침하고 있다.

이러한 의미에서 우리 사회가 후손들을 위해 반드시 마련해야 하는 것이 바로 건전한 사회규범이다. 이것은 누구나 수용할 수 있는 보편성과 누구나 인정할 수 있는 객관성을 기반으로 하면서 공동체를 유지 · 발전시키는 공유와 신뢰의 정신을 담은 그런 덕목들로 구성되어야 한다. 이러한 사회규범이 우리 사회에 정착한다면 무한경쟁과 성공지상주의로 대변되는 냉혹한 사회분위기 속에서도 자신이 원하는 행복을 설계하고 이것을 추구하는 것이 결코 불가능하지 않을 것이다. 건전한 사회규범에는 절제, 배려, 양보, 신뢰 및 공유의 정신이 포함될 것이므로 우리 모두 정체성을 유지하면서 자신의 행복을 추구할 수 있기 때문이다.

우리가 후손들에게 물려주어야 할 가장 소중한 유산은 물질적인 성취가 아니라 정신적인 가치이다. 그리고 그 실천방법은 사회를 구성하는 모든 계층이 정신적 가치를 공유하고 이에 대한 신뢰를 확대시키는 것이다. 보이는 것은 보이지 않는 것에 의해 지배받는다. 물질과 정신은 이러한 관계를 벗어날 수 없다. 물질적인 성취가 그 진정한 의미를 드러내려면 반드시 이를 뒷받침하는 정신이 함께해야 한다는 사실을 깊이 이해해야 한다. 필자는 아인슈타인의 표현을 원용援用해 다음과 같이 말하고 싶다. "정신없는 물질은 천박하고, 물질 없는 정신은 위태롭다." 우리는 이러한 정신적 가치를 유지하고 발전시켜 우리 후손에게 물려주어야 한다. 그리고 이것을 행동으로 옮기는 과정에서 안내서의 역할을 하는 것이 사회규범이라는 사실을 명심해야 한다. 그래야만 우리 사회에서 진정한 의식상승이 일어날 수 있으며 이를 바탕으로 선진국의 대열에 동참할 수 있다. 우리 사회의 많은 사람들이 이러한 변화가 건전한 사회규범을 형성하는 것으로부터 시작된다는 단순한 진리를 잊지 않기 바란다.

참고도서 및 추천도서

필자들이 이 책을 준비하면서 직·간접적으로 참고했던 책들이다. 독자들에게 일독을 권하고 싶다.

인간과 사회에 대한 이해

* 박문호(2008), 『뇌, 생각의 출현』, 휴머니스트
* 박재선(2010), 『세계를 지배하는 유대인 파워』, 해누리
* 윤영수·채승병(2005), 『복잡계 개론』, 삼성경제연구소
* 이영환(2006), 『위험의 경제학』, 율곡프레스
* 장회익(1998), 『삶과 온생명』, 솔출판사
* 최민자(2010), 『통섭의 기술』, 도서출판 모시는 사람들
* Akerlof, George & Kranton, Rachel(2010), *Identity Economics*, 안기순 옮김, 『아이덴티티 경제학』, 랜덤하우스(2010)
* Armstrong, Karen(2006), *The Great Transformation*, 장영목 옮김, 『축의 시대』, 교양인(2010)
* Armstrong, Karen(2009), *The Case for God*, 장준형 옮김, 『신을 위한 변론』, 웅진지식하우스(2010)
* Axelrod, Robert(1984), *The Evolution of Cooperation*, 이경식 옮김, 『협력의 진화』, 시스테마(2009)
* Beauregard, Mario & O'Leary, Denyse(2007), *The Spiritual Brain*, 김영희 옮김, 『신은 뇌 속에 갇히지 않는다』, 21세기북스(2010)
* Bohm, David(1996), *On Dialogue*, 강혜정 옮김, 『창조적 대화론』, 에

이지21(2011)
* Buchanan, Mark(2007), *The Social Atom*, 김희봉 옮김, 『사회적 원자』, 사이언스북스(2010)
* Costa, Rebecca(2010), *The Watchman's Rattle*, 장세현 옮김, 『지금, 경계선에서』, 샘앤파커스(2011)
* Dixit, Avinash & Nalebuff(2008), Barry, *The Art of Strategy*, 이건식 옮김, 『전략의 탄생』, 쌤앤파커스(2009)
* Edelman, Gerald(2006), *Second Nature*, 김창대 옮김, 『세컨드 네이처』, 이음(2009)
* Edelman, Gerald(1992), *Bright Air, Brilliant Fire*, 황희숙 옮김, 『신경과학과 마음의 세계』, 범양사(2006)
* Fukuyama, Francis(1995), *Trust*, 구승회 옮김, 『트러스트』, 한국경제신문사(1996)
* Gleick, James(1987), *Chaos : Making a New Science*, 박배식 · 성하운 옮김, 『카오스』, 동문사(1993)
* Hawkins, David(1995), *Power vs Force*, 이종수 옮김, 『의식혁명』, 한문화(2006)
* Kandel, Eric(2006), *In Search of Memory*, 전대호 옮김, 『기억을 찾아서』, 랜덤하우스(2009)
* Kramer, Samuel Noah(1981), *History Begins at Sumer*, 박성식 옮김, 『역사는 수메르에서 시작되었다』, 가람기획(2000)
* Lorenz, Edward(2006), *The Essence of Choas*, 박배식 옮김, 『카오스의 본질』, 파라북스(2006)
* Ostrom, Elinor(1990), *Governing the Commons*, 윤홍근 · 안도형 옮

김, 『공유의 비극을 넘어』, 랜덤하우스(2010)
* Sandel, Michael(2009), *Justice*, 이창신 옮김, 『정의란 무엇인가』, 김영사(2010)
* Sandel, Michael(2010), *Why Morality*, 안진환 · 이수경 옮김, 『왜 도덕인가?』, 한국경제신문사(2010)
* Shoichiro, Takahashi(2008), *RISEI NO GENKAI*, 박재현 옮김, 『이성의 한계』, 책보세(2009)
* Sowell, Thomas(2004), *Applied Economics*, 이영환 옮김, 『테이크아웃 경제학』, 율곡프레스(2006)
* Wilson, Edward(1978), *On Human Nature*, 이한음 옮김, 『인간의 본성에 대하여』, 사이언스북스(2000)

과학에 대한 이해

* 김용준(2005), 『과학과 종교 사이에서』, 돌베개
* 여인형(2007), 『퀴리 부인은 무슨 비누를 썼을까?』, 한승
* 이길상(2009), 『화학사상사』, 연세대학교 출판부
* 최무영(2008), 『최무영교수의 물리학강의』, 책갈피
* Bodanis, David(2000), $E=mc^2$, 김민희 옮김, 『$E=mc^2$』, 생각의 나무(2001)
* Bohm, David(1980), *Wholeness and the Implicate Order*, 이정민 옮김, 『전체와 접힌 질서』, 시스테마(2010)
* Bryson, Bill(2003), *A Short History of Nearly Everything*, Broadway Books

* Dawkins, Richard(2006), *The Selfish Gene*, 홍영남 옮김, 『이기적 유전자』, 을유문화사(2009)
* Hawking, Stephen & Mlodinow, Leonard(2010), *The Grand Design*, Bantam Books
* Feynman, Richard(1998), *The Meaning of it All*, 정무광 · 정재승 옮김, 『과학이란 무엇인가?』, 승산(2008)
* Feynman, Richard(1987), "*Surely You' re Joking, Mr. Feynman*!", 김재삼 · 양종만 · 최승희 옮김, 『"파인만씨 농담도 정말 잘하시네요!"』, 도솔(1999)
* Gould, Stephen Jay(1977), *Ever since Darwin*, 홍욱희 · 홍동선 옮김, 『다윈 이후』, 사이언스북스(2009)
* Kaku, Michio(2004), *Einstein' s Cosmos*, 고중숙 옮김, 『아인슈타인의 우주』, 승산(2007)
* Kurzweil, Ray(2005), *The Singularity is near*, 김명남 · 장시형 옮김, 『특이점이 온다』, 김영사(2008)
* Ladyman, James(2002), *Understanding Philosophy of Science*, 박영태 옮김, 『과학철학의 이해』, (주)이학사(2003)
* von Bayer, Hans Christian(2003), *Information : the New Language of Science*, 전대호 옮김, 『과학의 새로운 언어, 정보』, 승산(2007)
* Wilson, Edward(1998), *Consilience*, 최재천 · 장대익 옮김, 『통섭 : 지식의 대통합』, 사이언스북스(2005)

우리 사회에 대한 이해

* 다산 정약용 (2005), 『목민심서』, 창작과 비평사
* 도산 안창호(2006), 『안창호 평전』, 동녘
* 백범 김구(2005), 『백범일지』, 돌베개
* 신영복(2010), 『감옥으로부터의 사색』, 돌베개
* 이규태(2000), 『한국인의 의식구조』, 신원문화사
* 이기백(1999), 『한국사 신론』, 일조각
* 조영래(2009), 『전태일평전』, 사단법인 전태일 기념사업회
* 조영래(1991), 『진실을 영원히 감옥에 가둘 수는 없습니다』, 창작과 비평사
* 충무공 이순신(2010), 『난중일기』, 민음사

기타

* 김원일(2008), 『어둠의 혼』, 휴이넘
* 김은국(Richard Kim, 2010), 『순교자(*Martyr*)』, 도정일 옮김, 문학동네
* 이미륵(2006), 『압록강은 흐른다』, 정규화 옮김, 다림
* 이청준(2003), 『당신들의 천국』, 문학과 지성사
* 최인훈(2009), 『광장』, 문학과 지성사
* 황순원(2006), 『카인의 후예』, 문학과 지성사
* Frankl, Viktor(2005), 『죽음의 수용소에서』, 이시형 옮김, 청아출판사
* Sienkiewicz, Henryk(1991), 『쿼바디스』, 청목사

찾아보기

ㅅ

ㅇ